クリと日本文明

元木　靖著

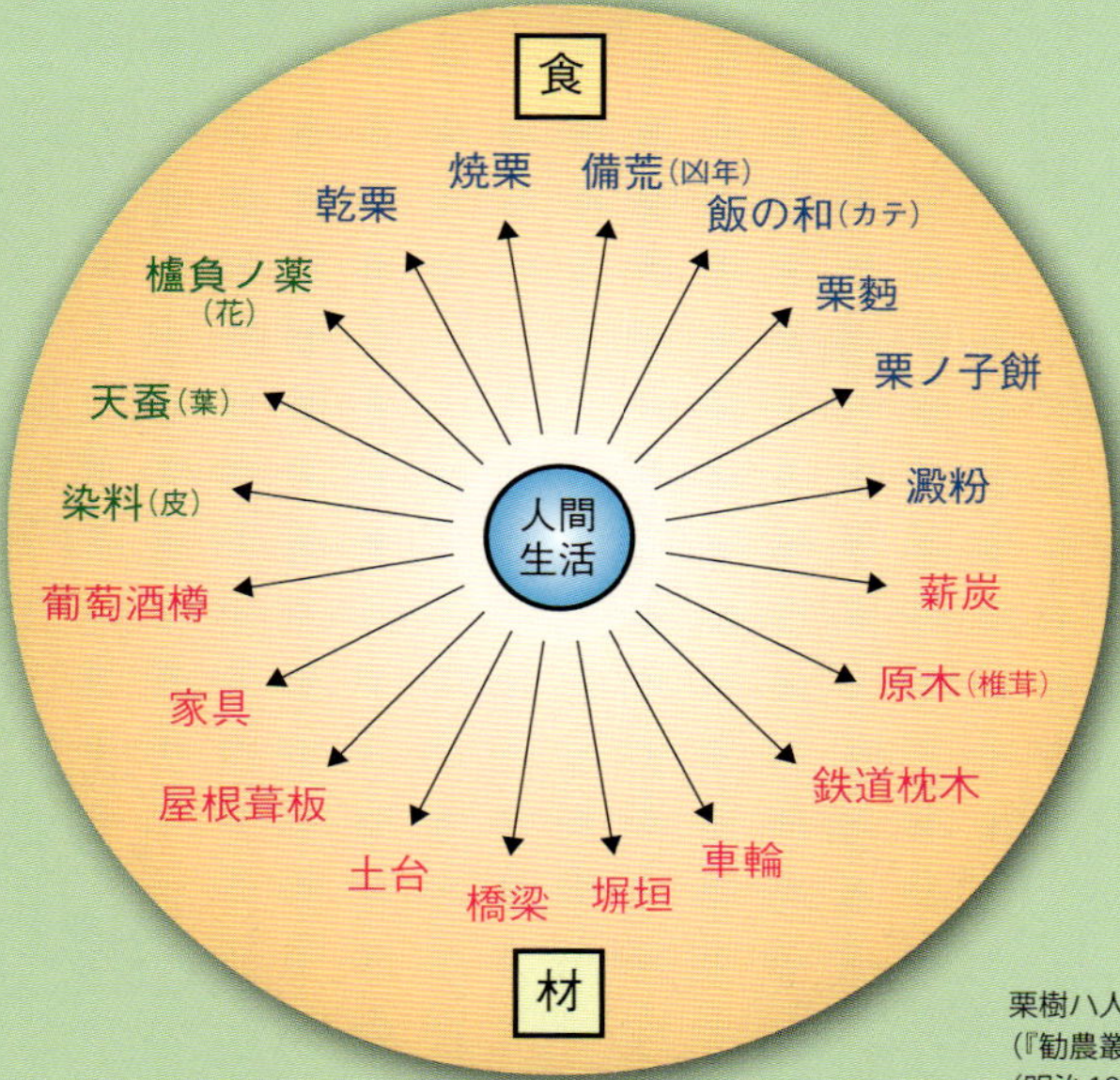

栗樹ハ人生有益ノ植物
(『勧農叢書 栗樹栽培法』
(明治18年)より作成)

海青社

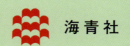

Ⅰ　クリの利用が発見された縄文時代の三内丸山遺跡と明治期のクリ栽培勧農書

(上) 青森県三内丸山遺跡の復原図。左側の大型高床建物の復原図は、6本柱で長方形の地面に穴を掘り、柱を建てて造った建物跡。柱穴は直径約2メートル、深さ約2メートル、間隔が4.2メートル、中に直径約1メートルのクリの木柱が入っていた。地下水が豊富なことと木柱の周囲と底を焦がしていたため、腐らないで残っていた、と考えられている。(三内丸山遺跡公式ホームページより。写真提供：青森県教育庁文化財保護課)

(下) 1885 (明治18) 年に出版されたクリ栽培書。「栗樹ハ人生有益の植物ニシテ世ノ需要甚ダ多シ…」という書き出しではじまる本書には、クリ (丹波系のクリ) を山地に植栽する図柄と共に、さまざまな接ぎ木、取り木の方法等、具体的な栽培技術が紹介されている。

Ⅱ　クリ栽培景観の諸相　（左下の写真以外は茨城県かすみがうら市の例である）

▲クリ樹の新植（2005.4.30）

▲接ぎ木用のクリの台木（2005.2.26）

▲結果したクリ樹（2005.9.13）

▲クリの花（2013.6.22）

▲クリの収穫作業（長野県小布施町2008.9.16）

▲クリの毬と果実（2005.9.16）

Ⅲ 栽培クリの整枝と樹形

▲超低樹高のクリ樹（左は整枝後、右は葉と実をつけた状態）

▲機械管理のために枝の出る位置を高くした低樹高のクリ樹

▲放任型で管理された高木のクリ樹

クリ園内に他の植生が侵入し、
それらと接触した枝や、自らの
枝で覆われた部分は枯れ、幹の
みが延び、上部が開放形にな
り、頂部に果実をつける。

▲管理されず放置されたクリ樹

Ⅳ クリの出荷量および結果樹面積からみたクリの主要生産地

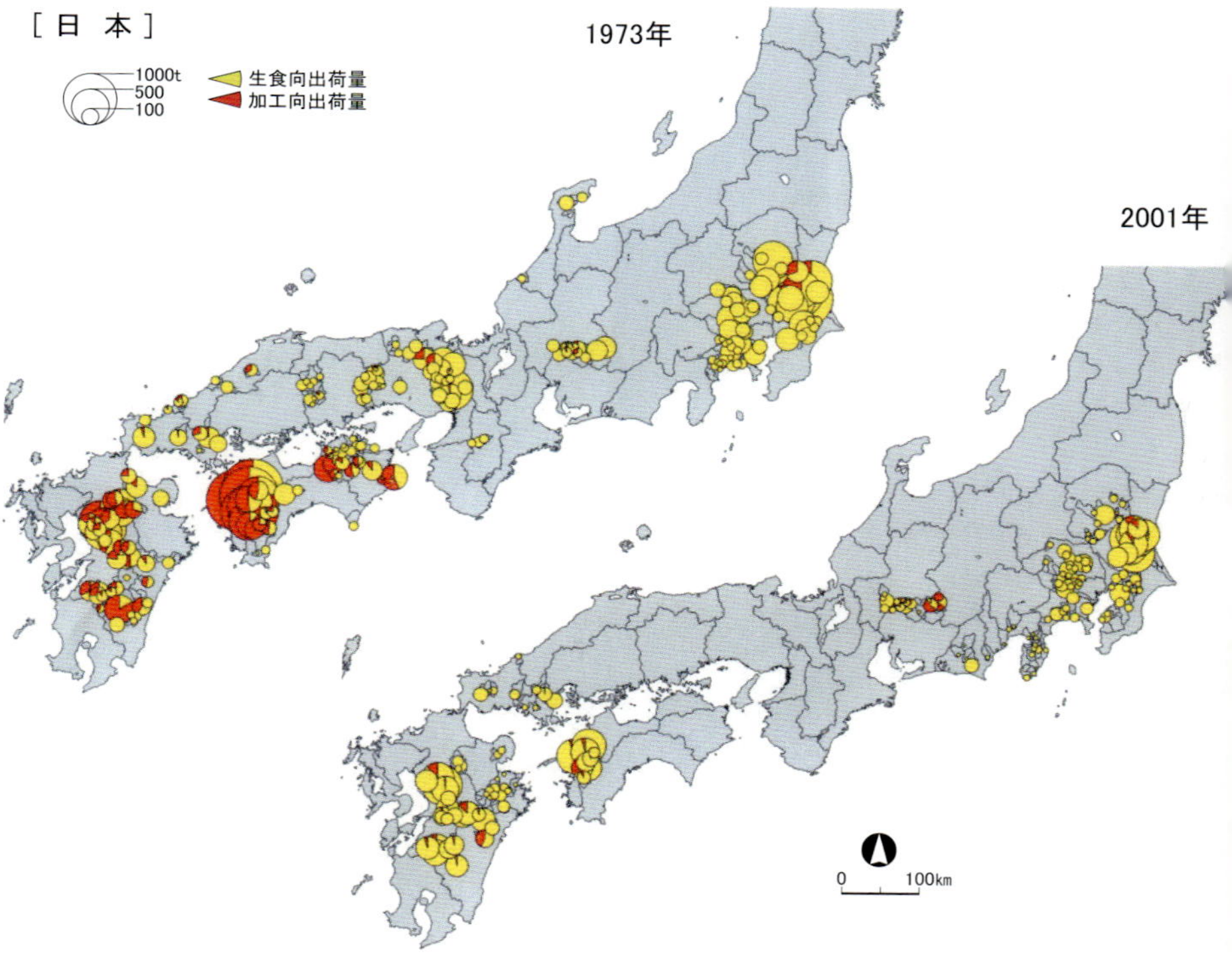

▲クリ出荷量の変化（資料：農林省「果樹生産出荷統計」）

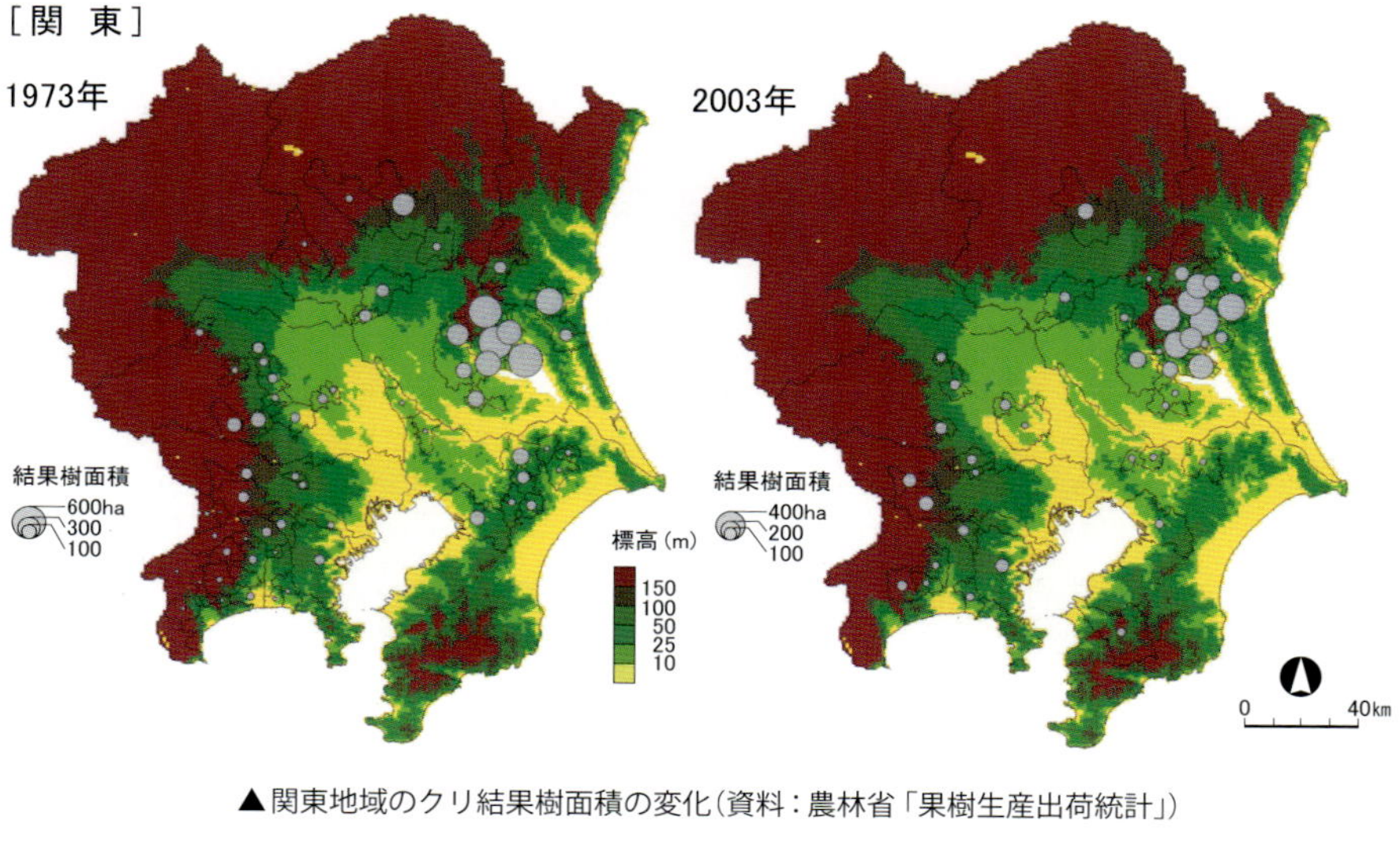

▲関東地域のクリ結果樹面積の変化（資料：農林省「果樹生産出荷統計」）

V 天然のクリ樹を生かした公園

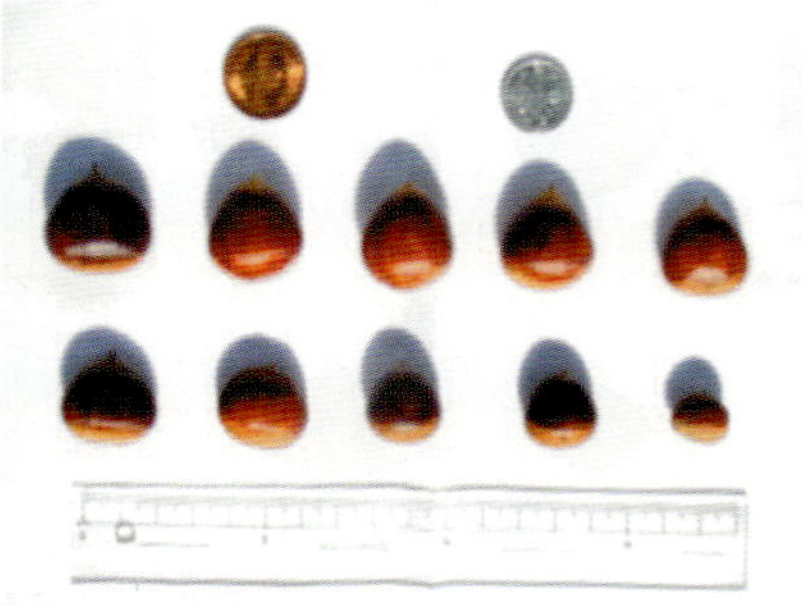

▲小樽公園（北海道小樽市 2005.9.30） 右は公園で採集したクリの実を十円玉・一円玉と比較したもの

▲手宮公園（北海道小樽市 2005.9.30） 右は倒木した切り株跡に植えられたクリ苗

▲栗公園（北海道茅部郡森町、2004.10.22）

公園内の立看板で「茅部栗」について、下記のような説明が記されている。

（特徴）最も古い栽培植物の一つ。縄文時代の遺跡からも大量に出土している。高さは15m～20mで若木はなめらかだが大木では樹皮は淡褐色で縦に裂け目があり葉は互生し、長さ7cm～15cmの長楕円形で針状の鋸葉があります。

（用途）実は食用、材は固くて強く水の中でも腐らず、しかも加工が簡単なため建築材、家具材、土台、枕木等、森町の桟橋にも使われました。

Ⅵ クリの食文化

▲くりきんとん（岐阜県中津川市、写真提供：すや）

▲純栗かの子（長野県小布施町、写真提供：桜井甘精堂）

▲クリご飯定食（小布施町 2005.11.11）

▲焼きグリ（茨城県笠間市 2014.5.2）

▲栗あんソフトクリーム（小布施町 2005.11.11）

▲かち栗最中（兵庫県丹波市、写真提供：かち栗最中本
舗 井上）

▲クリの収穫時期に設けられた看板（北京市密雲県 1997.8.19）

▶焼きグリ販売（雲南省 2003.9.4、左：国道沿い、右：都市内）

▲クリ園と栽培農家（韓国忠清南道公州市 2009.3.18）

▲生グリの販売（2009.11.10 忠清南道扶余市）

まえがき

「クリ」は、日本列島に自生し古代から今日まで、日本人の生活と深いかかわりをもってきた植物である。本書は、このクリと日本の文明との関係について考察を試みたものである。これまでにも縄文遺跡に関する研究をはじめクリをとり上げた例は少なくない。しかし古代から現代までの歴史のながれに視野を広げてクリについてみたものはなかったように思う。また、少し欲張ったかたちになるかも知れないが、本書ではクリを通して、いまの時代が問いかけている日本の課題にも目を向けてみようとした。

いまの日本は、これまでの近代化によって獲得した技術文明を基礎として、「豊かな」社会を形づくっているが、反面ではさまざまな問題にも直面している。※1 例えば、日本は、「ジャパン・アズ・ナンバーワン」（エズラ・ヴォーゲル、一九七九）と注目されたのも束の間、進行するグローバル化の波の中で、巨大都市への人口の一極集中、人口分布の地域間格差の拡大、自然と人間生活とのつながりの希薄化、雇用の喪失問題、あるいは高齢化の進行などの困難な問題が急速に顕在化してきている。いまの日本は豊かではあるが、個人の生活レベルにおいても国のレベルにおいても、霧の中に包まれ、これからの時代の方向が見通せない状況におかれている。※2

※1　例えば、鬼頭　宏氏は、今日の状況を「歴史の転換期」と捉え、百年以上前にヨーロッパの一隅に生まれ、いやおうなく世界のあらゆる土地を巻き込んで成長してきたひとつの文明が、いま、その最後の局面にはいろうとしている、との認識を示し（鬼頭、一九八三：一九四）、中世史家の網野善彦氏は「高度成長期以後に生まれた人々と、それ以前との間には、ほとんど「異文化」といってよいほどの断絶が生まれつつある」（網野、一九九三）と述べ、また自然科学者の市川定夫氏は「私たちの環境は、まさに危機的な状態にある（市川、一九九九第3版：はじめに）と警告している。

※2　最近、急浮上してきた「地方創生」の政策は、その実効性如何は別として、日本の状況がいま如何に深刻化しているかを、政治の問題としても取り上げざるを得なくなってきたことを物語るものといえよう。

ところで、このようないわば時代の転換期には、分析的な研究だけではなく大局観あるいは総合的観点に立った研究が必要なことは、経済史家のマルク・ブロック※3が早くから指摘している。また、戦後の日本人に新しい世界観を提示してくれた梅棹忠夫氏は、「日本文明をその歴史的奥行」の中から、すなわち「数千年にわたる歴史を背景に、現代日本を理解」(梅棹編、一九八八：はじめに)することの意義に言及している。

ただ、梅棹氏は従来の研究を振り返り、「じゅうぶんに成功したとはいいがたい」と述懐している。また、世界の比較文明史研究の第一人者である伊東俊太郎氏も、今日的な問題を文明史の問題として重視しなかったことを、これまでの文明史研究の欠点(山折編、二〇〇五：二〇五)としている。確かに、近年、文明史や環境史と銘打った研究はこれからの社会の動きを洞察するうえで貴重であるが、「今日的な問題」に焦点を絞ったものは少なく、折角の提言も抽象的な例が少なくない。こうした中にあって著者が専攻してきた地理学は、理論よりも実証に重きがおかれ、かつ個別化する科学の時代にあって総合的な地域認識を重視し、「環境の科学」※4とも言われてきた。

そこで本書では、文明史の観点と地理学の観点を組み合わせる形でクリをめぐる事象の整理を試みた。とくに日本社会に大きな変化をもたらしてきた近代以降の事象に焦点をあて、その実態解明を行い、それらを文明史の中に位置づけて考察できるように配慮した。また日本のクリを世界の中に位置づけて論じ、日本の文明史の

※3　マルク・ブロックは、次のように述べている。「研究の発展の過程には、多くの分析の仕事よりも、むしろたとい外見上は時期尚早ではあっても、総合することが一層役立つ時期、いいかえると、問題をとくことを試みるよりも、むしろさし当たっては問題をうまく提起することがとくに重要な時期がある。農村史は、わが国では、こうした時期に達しているようである」(マルク・ブロック／河野・飯沼訳、一九五九：三〜四)

※4　田辺健一氏は、地理学の対象としての地域を構成するものが自然と人文の両分野にわたるものであるため、自然科学あるいは社会科学の二つだけの分類では、そこに地理学を位置づけることが困難なことを理由に挙げ、「環境の科学」の呼称を与えている(宮川・田辺編、一九六四：序)。

特色にふれ、いまの日本の立ち位置を明確にし、日本の歩みかたの特徴を探求しようとした。無論、本書は「クリ」に関する研究をベースとしたものであり、本書の第一の目的は、日本におけるクリと人々とのかかわりを、系統的・総合的に解明することにある。したがって、日本の歩みかた全体との関連性については、議論は不十分であることを断っておきたい。なお、クリ[※5]がこのようなことを考える指標として相応しいか否かについては、序章で述べることとする。

二〇一五年六月十八日　記

※5　「クリ」の表記は、固有名詞的な表現あるいは原論文などで「栗」が使われている場合を除いて、原則としてカタカナを使用した。

クリと日本文明

目次

Ⅱ部　日本の近代化一〇〇年―クリの産業風土形成―　

コラム

序章　文明化と「日本人と植物」

一　文明の語りかた

◇文明と文化の関係

人類は生存のために、それぞれの与えられた環境のもとで、さまざまな「地域文化」を生み、それらを継承・発展させてきた。私たちが生活の基盤として立脚する文化的伝統である。しかしそれだけではない。人類の歴史は、人間自身がつくり上げた文明の領域を拡大しつつ、自然（の大地）を改変しつつ社会の発展につなげてきた。そして交通と通信・情報の進歩・革新の時代を経て、今日の巨大な都市文明社会が成立してきた。一方その結果、各地の個性を育んできた地域文化は変容し、文明化あるいは文明の虜となってきたものも少なくない。衣食住のあらゆる分野をみわたしてみると、そのような意味で文明と文化のちがいは、区別しがたくなってきている。というより、人類が大自然の中で生きるために見出してきた知恵を、総称して「文化」というならば、今の時代は文化の特質がみえにくくなり、薄れてきつつあるように、私は思う。たしかに、技術の進歩によって、昔とくらべはるかに暮らしやすい時代となった。ところが、人々はこの「暮らしやすくなった時代」に、ほんとうに充実感を感じているのであろうか。

植物から文明史を問い直す

今日の私たちの生活は、一面では日々時間に追われ、また数々の環境問題に直面している。しかし近代化を目指した出発の段階には、誰もそうしたことは予想さえしていなかったはずである。[※1]ここに文明の落とし穴（パラドックス）がある。とはいえ、私たちはグローバル化が進む世界システムの中で生きていかざるを得ないし、またそうした変化を望んでいる面も人類の本質として有している。文化を所与の自然への適応によって生み出され、文明を自然の制約を人工的に克服する手段として見るとき、両者の調和をいかにして見出してゆくかが現代の私たちに課せられた大きな課題と言えるのではなかろうか。

従来、人類史を跡づけるために文明史が語られてきたが、その語りかたは常に進歩史観によっていた。しかし文明の進歩にも落とし穴があることがはっきりしてきた以上、文明の語りかたに関して進歩史観のみではなく、人間生存の根本にある自然界の生物との具体的なかかわり方の中に、文明史の反面をみる見方があって良いのではなかろうか。植物や動物と人間との係わり方の変化を通して、文明史を問い直すことが必要になってきている。

※1　典型的な例として、今日の時代を特徴づける「自動車」について述べたアメリカの経済学者の見解を引用しておく。「自動車の意図したものは立派である。しかし、その意図しなかった影響は広く、しばしば高度に破壊的である」。「一見無害に見える革新の結果を予言し得たか。自動車は家族を分裂させ、大気を汚染し、道徳律を変え、人口全体を都市へと移動させ、自然を破壊し、この高価な機械を購入するのは余儀ないことだと感じさせて、多くの人をより貧しくしてしまった」。「自動車は、人間をある場所から他の場所へと移動する機関だが、人間の発明品中、これほど深い社会的・環境的影響を与えたものはまれである」。白井訳（一九七五）『環境経済学入門――経済成長と環境破壊――』参照。

二　日本のこころと植物

◘ 人間の「こころ」と植物

現代に生きる私たちの生活には、文明の進歩が大きく貢献していることは言うまでもない。しかし、人間の「こころ（心）」[※2]は、根本的には文明の進歩が規定しているわけではない。こころを支えてきたものは何か。それは基本的には、生物としての人類を包んでいる自然である。無論、個々の人々のこころは多様である。だが日本人あるいは日本のこころというように、大きな見方をすると共通して日本の自然、とりわけ気候の反映としての植物とのかかわり合いの中で育まれてきた、「文化」的心性に根ざしていることに気づく。文化人類学者の石田英一郎氏は、日本人が環境の変化に弾力的・柔軟な適応をする特性を有することを指摘し、その要因を「牧畜生活の欠如した植物的な自然性」にあり、それがまた「感情性・情緒的」な生活上の知恵を育んできたと述べている（石田、一九七二）。

日本は、ユーラシア大陸東端にあって温帯の国であり、世界一広い大陸と海洋との間に位置する。このため日本では、夏と冬の季節の交替が劇的に繰りかえされ、一年がすぎてゆく。夏と冬との間におとずれる春と秋には、植物が花を開き、実をむすぶ。春には日本人のこころがたかぶり、活動的になり、一方秋には収穫の喜びを感じ、こころの落ち着きをとりもどす。

※2　「人間の精神作用のもとになるもの」「知識・感情・意志の総体」（『広辞苑』十三版）

◘ 自然＝植物への感謝の念

日本には地震、津波、火山災害、そうして頻繁にくりかえされる風水害や土石流などの自然災害が多い。そのために、どれだけ多くの人命が犠牲になってきたか計り知れない。このことについては、地質学的に新しい造山運動によって生じた日本列島の宿命であると単純に言い切ることはできないが、そのような側面の中に私たちの生活の場がつくられていることは否定できない。しかし、歴史を振り返り、身近な一年を顧みたとき、人々が感じてきたことは自然への一方的な対立ではなく、自然への順応あるいは感謝の念ではなかろうか。自然の恵みが、自然災害の苦難から立ち直る勇気を与えてくれる故である。日本人のこころの心髄には、時代を超えて、このような植物によって媒介されてきた生存にかかわる知恵が備わっている。近代文明社会になったとはいえ、今に生きる私たちのこころには、国土の自然―植物―人間のかかわり合いのなかで培ってきた知恵が、遺伝子のように引き継がれてきているようにも推察されるのである。

三　なぜ、「クリ」を取り上げるのか?

◘ 「生命の木」クリ

中尾佐助氏(一九七六)は、著書『栽培植物の世界』において、次のようにいう。

「人類史的にみると、果実は栄養分濃厚な食品として、主食的な地位がまずはじめ

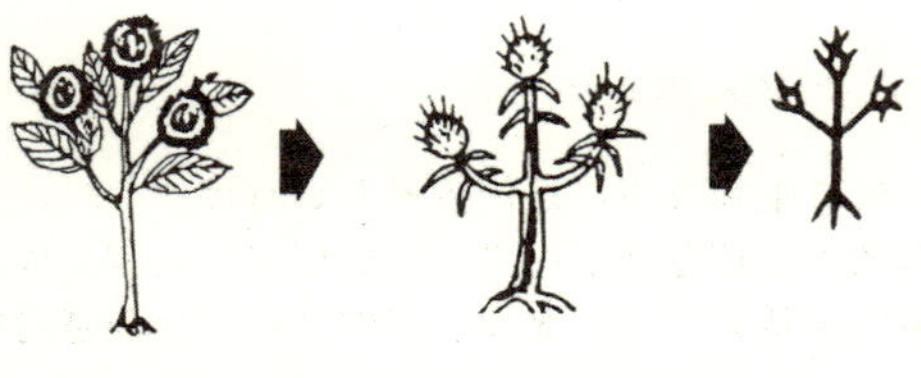

図1　漢字「栗」の誕生(赵 2006: 50)
注：原図は《常用汉字演变图说》(吴颐人著)と《汉字演变五百例》(李乐毅著)。

に確立したといってよいだろう」と。このことは多くの実証例が示している。東アジアの場合、そうした植物を代表する一つとして、クリを上げることができる。

クリについて中国の赵丰才氏（二〇〇六）は、次のように解説している。すなわち、その概観は全身に毛が生え、ハリネズミのようであるが、成熟すると毬《いが》が裂けて、中から二、三粒の堅果が現れる。また栗という漢字は、上はクリの果実で、下は木のイメージから創造された典型的な象形文字であり、文字というよりはむしろ絵といったほうがいい（**図1**）。考証できる中国の漢字の中の甲骨文、金文と大、小篆の栗という字は、いずれもたくさんの果実を結んだ木の様子を表わしており、本義は〝栗子〟である（**図2**）。中国においてクリは、人類の生存と繁殖に伴う「生命の木」として、早くから熟知されてきたのである。

日本においても、クリは、列島に自生し、遙かに古くから人々の生活にかかわってきた。しかも稲が日本に伝えられる以前からクリは列島の人々の食生活を支えてきただけでなく、後述するようにいわゆる〝樹穀〟[※3]として重要な役割を果たしてきた。秋の風物詩としての、〝栗拾い〟や〝栗ご飯〟を楽しむ風習はいまでも各地に残されている。もちろん、今日の都市化された時代に秋の風物詩というと、中にはミカンやリンゴ、ブドウ、ナシ等の果樹を思い起こす人が多いかもしれない。しかし、それらの果樹の多くは近代以降にわが国に導入された〝液果〟であって、デンプン質が多く、脂肪、蛋白質、無機質、ビタミンも豊かなクリとは栄養学的にも本質的に異なっている（猪崎、一九七八）。

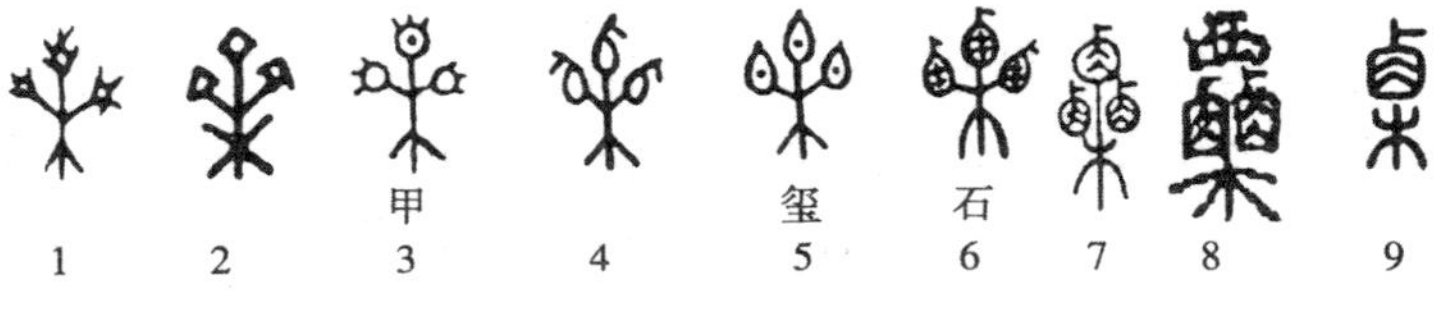

図2　「栗」の字の変遷

（赵 2006: 50）

1. 2. 3. 4. 5：甲骨文、6：石鼓文、7：金文、8：大篆、9：小篆

◘ クリの多面的な価値

ところで、クリは、その果実に対してだけではなく、その幹や枝の部分が建築材料や燃料として重宝されてきたことはよく知られている（コラム1参照）。人間生活とのかかわりにおけるクリの持つ多面的な価値※4は熱帯のバナナ※5とも似たところがある。クリ樹は私の経験であるが、柔らかさと堅さを兼ねそなえた性質をもっている。素性がよく、ナマの場合は、柔らかく、人間が扱いやすい。しかし伐採後乾燥すると固く、水に強く、建築材としては好適である。青森県の三内丸山遺跡で発見されたクリを使った遺物は、クリが建築材料として重要な役割を担っていたことを立証している。この遺跡から出土したクリの実とクリ材を使った建築の痕跡は、クリと人間のかかわり合いの密接さを雄弁に物語っている。鉄道の枕木としてのクリ材の利用は、近年までもみられたのである。なお、今日わが国にみる多様な種類の集約果樹と比べてみると、クリは粗放果樹であり、その収益性という点で、大きく見劣りがする。しかしこのことは、クリが果樹と林業の双方の特徴を持つ植物として理解されてきた所以である。

◘ 文明史を語る植物

今日では、クリは食糧としても材としてもマイナーな存在になっている。しかし、秋の毬からこぼれたクリの実拾いの風景は風物詩として健在であるし、また都市型社会のなかで開発されてきた高級クリ菓子は、クリと人間とのかかわり合いの変化の方向を特徴づけている。縄文時代以来の日本人が歩んできた生活と、文明化

※3　樹木に着生する種実の内、吾々人間の食物に供し得るもの即ち栗・胡桃・橡・楢等あり、樹穀林とは樹穀を生産する樹林で、林制上恒久政策によって増殖したものである（遠藤、一九三八：二七四）。

※4　このことについては、かつて田中諭一郎氏は次のように指摘している。「凡そ天下に果樹の名を冠する植物は其の数少なからざるも栗の如くに多くの長所を有する果樹は希であろう」（田中、一九三三、一九三五：二）。

※5　日本ではバナナというと果物でしかないが、本来のバナナは重要な主食であり、料理用バナナなどには、熱しても果肉が澱粉質のままで、糖化して柔らかくなることがないものも多い。蒸したり、煮たり、焼いたりしてみると、果肉はまるでイモのような感じになる（堀田、一九七七）。

がもたらしてきた文化変容の方向と特色を理解するうえで、クリは重要な植物指標とみることができるのである。

四　本書の目的と構成

本書の目的は、このようなクリに着目して、人間とのかかわり合いの変容をたどり、逆に文明と文化とのかかわりを照射しようとも意図した。日本文明の進歩に適応しながらこれだけの歴史を、生きてきた植物はほかにないであろう、というのが著者の見解である。ところが、これまでクリについては、考古学をはじめ歴史学、植物学、民俗学などさまざまな学問分野において注目されてきたが、多くは断片的な扱いであり本格的に取り上げたものは極めて少ない。管見の範囲では、フランスにおけるピットのクリ文化に関する総合的な研究(J-R Pitte, 1986)、中国における歴史的な研究(赵、二〇〇六)、日本における森山軍治郎氏の民俗学の立場からの研究(例えば、森山、二〇〇一a、二〇〇二)を除くと、研究は皆無といっていい状態である。もちろん、クリに関する栽培技術や病理学的な研究は多い[※6]が、クリという植物を通じて今日の文明と文化とのかかわり合いを考察したものはほとんどない。

本書は序章と終章を除き四部八章で構成した。I部では日本の文明史の枠組みを概観したうえで、日本列島におけるクリと人間のかかわり合いの歴史の全体像を把握し、その過程で両者の関係が近代になってから大きく転換してきたことを明らか

※6　わが国で初めてクリのみについて主要単行本十六篇、主要文献一五二五点を収録し、系統的にまとめた猪崎編(一九七八)を参照。

にした（第一章、第二章）。Ⅱ部では、近代に入って日本社会に商品経済の波が浸透する中で芽生え、地域社会の都市化と相俟って発展したクリの産業風土の形成について実態を分析し、そのメカニズムを明らかにした（第三章、第四章）。Ⅲ部では、日本経済が高度経済成長期をへてから以降、農村の縮小の反面で都市型社会が急成長し、かつグローバル経済がすすむなかでのクリの生産地と消費地にみられる新しい傾向について考察した（第五章、第六章）。そして最後のⅣ部では、日本の動きを世界のクリ生産動向の中に位置づけて、変化の大局とその社会経済的背景について考察した（第七章、第八章）。なお、本論の内容を補完する意味を含めて、七点のコラムを配した。

コラム1

長野県：クリの総合力──循環の思想──

民俗学者の野本寛一氏は、クリが焼畑における土地利用の循環の中に位置づけられ、さまざまな機能を果たしてきたことを詳細に再現・紹介している(野本、2012)。その一部(旧水窪町域の人びとの、栗の木にかかる民俗展開、その循環思想)を引用させていただく。

①有本は、18戸だったがすべての家で山作・畑作(焼畑)を行っていた。地形や日照条件によって輪作々物などを変えた。南向きの土の深い所では例えば次のようにした。一年次＝ソバ→二年次＝粟(土の深いところには桑を植えた)→三年次＝小豆→四年次＝里芋(エゴイモを植え、茶の実を蒔く)→五年次＝馬鈴薯。お茶は7・8年から10年摘み、茶の木を伐って焼畑にする。これとは別に、一年次＝稗→二年次＝粟→三年次＝小豆を栽培し、四年次に栗の木の苗と榛《はん》の木の苗を植え込んで栗林にするという型もあった。15・6年以上おいて(休閑させて)再度焼畑にした。栗は粒の大きいものを選んで苗に仕立て、二間おきに植えた。榛の木の苗はヒョー越峠近くから掘って来た。(略)栗材は板屋根にしたが屋根板を取る場合は30年以上育てた。他に畑のヨセ木、家屋の柱や根太にも使った。もとより、端材は燃料にもなる。有本の屋根は栗板→杉皮→トタン、と変遷した。もとより栗の実を拾った。最も多い年で干し栗にして36俵あった。(略)なお、シバ栗の粒を選《よ》り分けることを「タンナン」と呼んだ。栗の実は自家用にしたり、売ったりした。干した栗を食べる分だけ出して炒り、それを臼杵で搗いてから皮と実を選別し、栗の実(身)とササゲを煮て食べた。元旦には柿と栗は食べるものだとした。特に栗は歯固めとして重視した(水窪町有本・守屋金治郎さん・明治37年生まれ)。

②山作で、一年次＝ソバ→二年次＝稗→三年次＝小豆と作って四年次に栗の木の苗を植え、栗山にした。15・6年以上おき、ハタキ木と称し、まず枝をおろし、幹の部分を伐り出して畑のヨセその他に使った。枝や余材を地面に広げ、乾燥させてから焼いた。土を焦がさなければだめだと言い伝えていた。小正月には径7センチ長さ40センチ程の栗材を4本セットにして2本の男木(柱木)に結わえ、これをアワンボー(粟↗

↘ 穂)と称した。男木は正月に立てた門松の心木で長さ2〜3間の杉材である。杉も栗も水をあげていない冬場に伐るので耐久力がある。アワンボーを結わえるのはグゾバ(葛)の蔓である。男木・アワンボーは玄関以外、蔵の前などにも飾る。男木は使用後ハザナル(稲架の横木)に、アワンボーは傾斜畑の土止めのヨセを固定させる杭として使う(水窪町有本・南屋林平さん・明治35年生まれ)。

③水元家は山地主で広大な雑木山を持っていた。ヤマグリ・シバグリなどと呼ばれる栗の林がたくさんあった。毎年2月10日前後に隣組の人びとと相談して栗拾いの日を決めた。多い者は一日で四斗も拾ったが、全員で拾った栗を寄せ集め、その総量の三分の一を山地主である水元家で受け取り、残りを参加者で等分した。栗林は山の頂が擂り鉢のように窪んでいるところからシナバチクボ(擂鉢窪)と呼ばれているところで、その南向き傾斜だった。そして、そこは焼畑地でもあった。この地で水元家が行った焼畑の輪作は、一年次＝稗(裏作に麦)→二年次＝粟→三年次＝大豆・小豆→四年次＝粟→五年次＝大豆・小豆、といったもので、四・五年次には里芋を栽培することもあった。そして、六年次にそこに栗の苗を植えた。「桃栗三年柿八年」と言われる通り、三年目からは栗の実がなったのだが、水元家では、ここを50年間休閑させ、その間栗山として利用した。シナバチクボは水元家の人びとに焼畑作物をもたらし、さらに、水元家とその近隣の人びとに大量の栗の実を恵み続けた。50年たつとその栗の木で水舟(水槽)を作ることができた。50年ものの栗の木からは大量の屋根板材、根太・柱材などを得ることができた。必要な材を伐り出した後の枝や端材、それに雑木などを焼いて再度4・5年の焼畑輪作をしたのである。ここには山の地形や日照条件・地質など山の個性を熟知した上での山地利用があり、大きな循環が展開されていたのである(水窪町大野・水元定蔵さん・明治22年生まれ)。

Ⅰ部　クリと日本文明——通史的展望——

Ⅰ部の概要

最初に日本の文明史に関する代表的な見解について概観し、そこに流れる基本的な枠組みを確認したうえで（第一章）、クリと日本社会あるいは日本人とのかかわり合いが歴史の中でどのように変化してきたかを考察する（第二章）。

第一章　日本文明の史的枠組みに関する諸説

一　生態学の視点からの文明史

◆「文明の生態史観」

日本文明について考える時、第二次世界大戦後最も注目されたのは、梅棹忠夫著『文明の生態史観』であろう。本書において梅棹は、日本の近代化を単なる西欧文明の模倣ではなく、むしろ西欧とは並行進化をしてきた歴史の帰結であるという見方を示唆したのである。すなわち、西ヨーロッパと日本は、ユーラシア大陸（旧世界）の中ではともに大帝国の周辺に位置し、その文明の影響を受けてきた後進地域であったが、近代以降両地域は世界をリードするような文明国になったことについて、生態史的な進化モデルを示した。ユーラシア大陸内の乾燥と半乾燥地に登場した旧世界の帝国（第二地域）と、大陸周縁部の湿潤な遅れた地域（第一地域）の歴史の道すじの型に着目した。そして、前者は破壊と文明の興亡が繰り返されてきたのに対して、後者は徐々にその遅れを挽回したのみならず、文明の蓄積によって先行して近代化を遂げたことを、以下のように説明したのである。

「第一地域というところは、まんまと第二地域からの攻撃と破壊をまぬかれた温室みたいなところだ。その社会は、その中の箱いりだ。条件のよいところで、ぬくぬくとそだって、何回かの脱皮をして、今日にいたった、というのがわたしのかんがえである」（梅棹、一九六七：九七）。

この説明は、日本に即していえば、アジアでいち早く近代化を遂げてきた日本の独自性を生態学的観点から示唆したスケールの大きな日本文明史の枠組みということができよう。近年、国際日本文化研究センターで行われたシンポジウム（山折編、二〇〇五：「第Ⅱ部　新しい文明の創造のために」）において、多くの論者が高い評価を示したように、梅棹の文明の生態史観は、その後の文明論の基本的な枠組みとして注目された。そのことは次のような発言に端的に示されている。「やっぱり私たちは、みんな梅棹先生に影響を受けている。私は文明が装置であるという考えや文明はシステムであるというテーゼは、正しいと思って今でも継承しています」（山折編、二〇〇五：二四二、伊東）。「日本では風土論とか、生態論とか、環境史とか、これがやっぱり文明論の柱にならざるを得ないのです。こういう志向はやっぱり西洋文明を論じる人たちにはないと思う」（山折編、二〇〇五：二五四、園田）。

◆「縄文日本丸」

もちろん日本は、伊東氏も指摘したように、「完全にオートジェニックに文明を形成した」わけではなく、世界との交流の影響を多分に受けてきたことはいうまでもない（山折編、二〇〇五：二四二、伊東）。そのことを分りやすく図解したのが、環境考古学や森の文明論を展開されてきた安田喜憲氏の「縄文日本丸」のモデル（**図1**）である（山折編、二〇〇五、安田、二三〇）。すなわち「日本の屋台骨には、縄文文明から営々と続く森の文明、それから弥生時代の稲作文明の時代の伝統があって、それに中国文明とか南蛮文明とか欧米文明がやってきて、帆の役割を果たしている」。このモデルは、梅棹の文明史観を踏まえつつ、日本文明史の枠組を歴史に即してよりクリアーに示したものである。いずれにせよ、梅棹モデルを根底に置いたこのような見方は、抽象度は高いが、最も基本となる枠組みということができる。

二　風土論からの文明史

◘「土地に刻まれた歴史」

「風土」については、和辻哲郎氏による先駆的な業績がある（和辻、一九七九）。この和辻の「風土」に対する考え方を踏まえ、さらに具体的な風土論の視角を示して、日本文明史を試みたのが古島敏雄氏（一九六七）と玉城　哲・旗手　勲両氏（一九七四）の成果である。

両者の特徴は前述のような日本文明論のモデルとは対照的で、実証的である。古

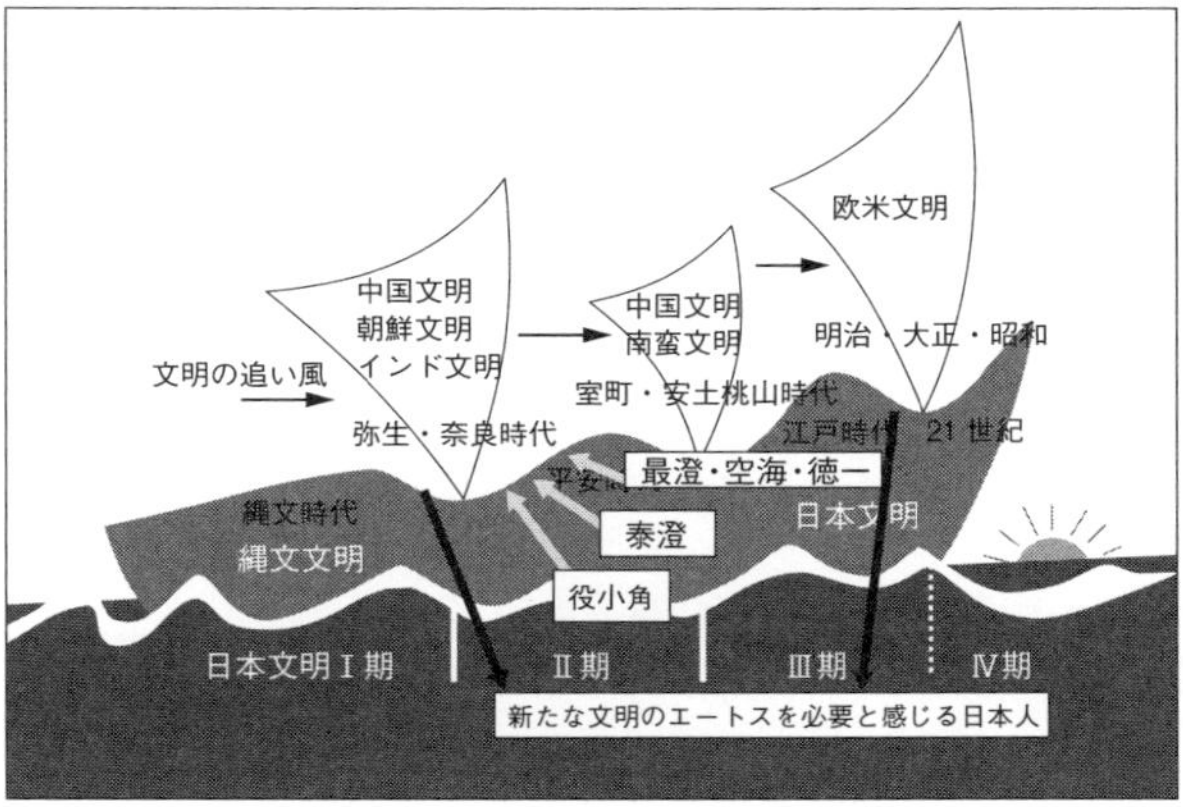

図1　縄文日本丸（安田、原図）

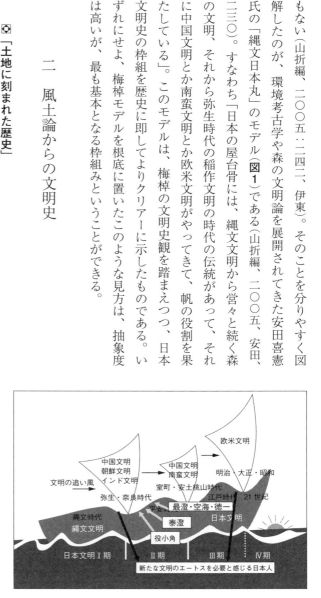

島は、従来の風土に対する考え方に対しては、「その歴史性の分析がないまま固定化している」と批判を加えたうえで、日本文明の中核となった古代・中世の大和平野の開発、および小農村落の成立と海岸平野の開発景観に着目しつつ、土地（農地）に刻まれた歴史の検証をこころみた。必ずしも日本文明史を全体的に扱ってはいないが、日本の文明史の核心をきわめて具体的に説明している。古島はまた、「人間の生存条件として稲作を採用するか、家畜飼育を伴う麦類作を採用するかの分岐点を何におくべきかについて、私見を立てることはできない。しかしそれを出発点におけば、自然に対する働きかけは、異なった運動方向を示す。この運動の過程で人間労働の加わった自然の姿は変わってくる」（後記、二二一～二二二）として、文明史の方向性にも言及している」。

◘「文明的大地」の形成

玉城・旗手（一九七四）は、日本の農業の歴史における労働の蓄積の主要な形態としての「大地の延長」の発展、すなわち「文明的大地」の形成という視点を示した。さらに文明の発展の一般的な形態は、自然から人間を遠ざけるという結果をもたらす傾向があるが、大地の延長としての農業は自然と対立する文明とはいえず、自然の中に同化してしまう文明であった、と注目すべき視点を提示している。具体的には灌漑設備をもった日本の稲作農業の定着と発展を示す重要な画期を次のように提示した。

前　期　導入期。おおむね弥生時代。
第一期　定着期。おおむね古墳時代から律令期まで。
第二期　普及期。古代後期から中世。
第三期　大拡大期。戦国時代から近世中期。
第四期　改良期。近世後期から近代。

いわば、日本の風土形成の過程でその根幹をなしてきた稲作を主軸においた文明史であるが、それだけではなく日本の農業技術の伝統が、純モンスーン・アジア的稲作型ではなく、畑作型と混合している点を取り上げ、日本の農耕文化の独自性が発展したということができる(玉城・旗手、一九七四：三六)、と注目した点も見逃せない。

以上、両者の風土論の視点に立った日本文明史は、稲作に限定していることと、高度成長期以降の新しい動向に対する分析は決して十分ではないが、縄文時代約八千年の長い人口停滞の時代から抜け出すことを可能にさせた主役が稲作である(本間、一九九〇)ことを踏まえてみれば、日本文明の枠組みを内側から理解するためにも重要な意義があると考えられる。ちなみに、日本の近代以降近年にいたる水田開発と稲作展開については著者が、日本の開田史を総括的に展望した上で、その実態を詳細に明らかにしている(元木、一九九七)。

三　人口波動を基礎においた文明史

◇ 文明諸類型の交替の歴史

日本文明史を定量的に理解しようとする時の総合的な指標は、人口の動向である。その意味で鬼頭　宏氏の成果が注目される。鬼頭は日本の縄文時代以降の人口の変遷を推計し、そこにみられる人口の波動と歴史的に明らかにされてきた文明システムとの関係について整序し、日本文明史は、「日本文明というひとつの文明単位の変遷としてではなく、日本列島を舞台にした文明の諸類型の交替の歴史として取り上げるのが適切」（鬼頭、二〇〇二：二七）である、との見方を示した。人口波動に対応した四つの文明システムとは次の如くである（**表1**）。

◇ 四つの文明システム

第一の人口波動に対応する「縄文システ

表1　日本文明史の時代区分

<table>
<tr><th colspan="2">文明システムの変換</th><th colspan="2">日本文明史*</th><th colspan="2">一般的区分</th></tr>
<tr><td colspan="2">0. 旧石器システム</td><td rowspan="4">1. 日本文明の土壌</td><td rowspan="4">自然社会</td><td>旧石器時代</td><td rowspan="6">原始・古代</td></tr>
<tr><td>1. 縄文
システム</td><td>←汎人類文明
→豊かな狩猟採集経済</td><td>縄文時代</td></tr>
<tr><td rowspan="5">2. 水稲農耕化
システム</td><td rowspan="5">←古代中国文明
→イミテーション国家の形成
国風文化の成立</td><td>弥生時代</td></tr>
<tr><td>古墳時代</td></tr>
<tr><td>2. 唐文明の導入</td><td rowspan="6">農業社会
（第一次文明）</td><td>奈良時代</td></tr>
<tr><td>3. 日本文明の創造</td><td>平安時代</td></tr>
<tr><td rowspan="2">4. 文明の展開</td><td>鎌倉時代</td><td rowspan="2">中世</td></tr>
<tr><td rowspan="3">3. 経済社会化
システム</td><td rowspan="3">←中国「近世」文明（宋元明清）
南蛮文明（西欧近世）
→伝統文化の成立</td><td>室町時代</td></tr>
<tr><td rowspan="2">5. 文明の成熟</td><td>安土桃山時代</td><td rowspan="2">近世</td></tr>
<tr><td>江戸時代</td></tr>
<tr><td rowspan="4">4. 工業化
システム</td><td rowspan="4">←近代欧米文明
→近代国家の成立
工業化</td><td rowspan="4">6. 地球文明の場へ</td><td rowspan="4">工業社会
（第二次文明）</td><td>明治時代</td><td rowspan="4">近・現代</td></tr>
<tr><td>大正時代</td></tr>
<tr><td>昭和時代</td></tr>
<tr><td>平成時代</td></tr>
</table>

（鬼頭 2002による。*上山春平『日本文明史1　日本文明史の構想――受容と創造の軌跡』をもとに作成）

ム」は、狩猟・採取・漁撈に基礎を置く自然社会で、深く自然環境の中に組み込まれている。

第二の人口波動は、「水稲農耕化システム」による農業社会への移行である。国家形成も進み、七〜八世紀には律令制度や文字・宗教などの支配装置を体系的に中国（唐）から導入した。

第三の文明転換の底流にあったのは（南北朝の頃に起きたと考えられる）、経済社会化という現象であった。この一連の変化は、人間の行動が経済合理性を重視するようになったという意味で「経済社会化」と呼ばれる。市場経済の農村への波及は、労働集約的農業技術と勤勉な労働が結合した家族労働中心の小農経営を成立させた。

第四の人口波動に対応するのが、「工業化システム」である。江戸時代の産業発展の結果、幕末期には、薪炭を中心にするエネルギー供給が十分ではなくなりつつあった。それを救ったのは工業化である。開国により欧米を軸とする近代システムに参入した日本は、十九世紀末以降、工業化に邁進する。（鬼頭、二〇〇二：二七〜二八）

以上は、文明の諸類型の交替という見方に疑問が残るが、人口との関連で日本文明史に光を当てたところにユニークさが認められる。

四　都市発達の視角からの文明史

◇日本の都市発達のプロセス

今日の日本は、東京に代表される一極集中型の巨大都市を中心に、地方都市や農村地域までを包括するような形で社会が構成されている。ここに至るプロセスは、矢崎武夫氏にしたがっていえば、「原始的生活様式の変化と政治都市の萌芽→律令体制下の都市→中世前期の都市→中世後期の都市→近世封建都市→封建都市の解体・変化過程→明治維新と近代都市の萌芽→産業革命と近代都市の発達」と見るのが一般的な理解である（矢崎、一九六二：一九七四）。

しかしこうした都市発達の過程を日本文明史の枠組みという観点から見ると、留意すべきことは、世界における都市の出現は約五千年前まで遡るが、日本の場合、都市の発達は相当に遅れたことであろう。藤本　強氏（二〇〇七）は、都市を「都」と「市」に分け、「都」としての政治的都市はともかく、「市」としての経済的機能を明確にした都市はせいぜい律令体制下の時期に遡るにすぎないことを明らかにしている。このことについて、日本の都市史をアジアの中で位置づけて論じた玉井哲雄氏（二〇一三）は、明治以降の近代都市を除けば、日本都市史は大きく平城京・平安京に代表される古代都城と江戸、大坂をはじめとする近世城下町という二つの類型で代表することができる。その過渡期である中世には典型的な都市類型は認められない、という。一方、網野善彦氏は、日本では中世前期および中世後になってから経済的動機をもつかたちで都市が展開するとし、次のように説明する。十三世紀後半から十四世紀にかけて、列島の社会は全体として大きな転換期を迎え、社会は確実に貨幣経済の段階に入り、すでに為替手形の流通する信用経済を十分に支えるだけの商業・交易・流通・交通のネットワークが列島の全域に形成されはじめた（網野、一九九三）。両者の見解は必ずしも一致しないが、日本の都市発達が遅れたこと、しかその過程で二大画期がみられたことについての認識は変わらない。この点は重要である。

◆ 都市と国家と水田の関係

このことと関連して、もう一つ注目しておきたいのは、それでは歴史時代初期の都市がどのようにして登場してきたかという点である。木内信蔵氏は、世界的にみて初期の都市は、必ずしも商工業者のみによって構成された訳ではなく、それはいわば農業都市として発生してきたことを指摘している（木内、一九七九：七四）。この点については矢崎も、都市発生の基礎的な条件は、農村の構造変化にあり、それを受け農村社会がより大きな社会文化体制に統合される過程の一つに都市化があると論じている。そして農村社会は、特殊化された派生的社会文化体制として国家的あるいは地方的に統合されるが、かかる権力的組織が統合されるごとに新た文明が生まれてきたという（矢崎、一九七四：四四八）。日本の場合、このメカニズムに即して考えてみると、都市の発生・発達は、国家の形成と連動してきたこと、しかもその基礎的条件として一般に水田が大きな意味をもってきたことはよく知られている。

矢崎は日本の都市発達をアジアの中に位置づけ、さらに次のように見解を示している。日本では国家が水田をはじめて租税制度の基礎とし「班田収授法」を実施したことは、「東南アジア、中国大陸南部等を含む稲作地帯において、水田を課税の基礎とする制度を確立したのは、恐らくこの国家のみではなかろうか」と。このことは、日本社会の都市発達が決して早かったわけではないにもかかわらず、国家の形成が急速に進められたことを示唆したわけである。日本の文明史の枠組みを理解する際に、都市と国家と水田とのかかわりは重要な意義をもっている。

五　むすび

以上のように、日本文明史についてはいくつかの観点から提出されているが、これらに共通する点に着目してみると、その基本的な枠組みを理解することが可能である。それは、日本列島において水田が形成され稲作が発展してきたことが、最も根幹的なことであって、その前に縄文、後に工業化が加わるというかたちで構成されている。別な表現をすれば、日本の文明化は水田農耕が定着して以来の経済活動の発展を基礎とした政治システムの形成、および都市化の流れの中で進んできたのであるが、さらにその方向が今日では日本列島の枠を超え、グローバルシステムのもとで進んでいる。次章ではこうした文明史の枠組みを視野に入れた上で、クリと人間とのかかわり合いがどのように推移、変容してきたかを検討する。

第二章　歴史におけるクリと人間のかかわり合い

一　稲作以前

◘ 考古学者の貢献

佐々木高明氏は、名著『稲作以前』(一九七一)において、日本列島では焼畑農耕が稲作農耕に先行していたことを示唆したが、その際他の食糧資源との関連については十分に言及されなかった。しかし、クリが縄文時代の遺跡から頻繁に出土する事実(西田、一九八九、一九九五)は、クリが焼畑だけではなく、稲作以前(縄文時代)から重要な食糧であったことを物語っている(渡辺、一九九六、二〇〇〇)。日本列島においては、野生のクリ(*Castanea crenata* S. et Z. シバグリ)が北海道西南部から九州にかけて分布する。この事実も、クリがクルミやトチノミ等の堅果類とともに、列島に住む人々にとって重要な資源であったことを傍証している。

ところで、縄文遺跡から出土したクリの分布は、東北地方から中部地方に多い(千野、一九七六、安田、一九九八、渡辺、二〇〇〇)。このことは、クリと人々とのかかわりが東日本において深かったことを示すことかもしれない。

平成十二年十一月に国の特別史跡に指定された青森県の三内丸山遺跡は日本を代表する縄文遺跡である(口絵Ⅰ参照)。ここで「直径一メートルを超えるクリの巨木柱」が発見され注目されたが、それだけではなく「発掘された柱根はすべてクリ材」(鈴木、二〇〇二)であったこと、出土したクリの実が野生のクリの実より大きいこと、そしてその遺伝子多様性が少ないこと等が明らかにされた。安田(一九九五)は、これらの事実を踏まえ、さらにクリの花粉の出現率の分布の地域性と土偶分布の地域性の対応関係に着目して、縄文時代前期にはクリの集約的利用が始まっていた、と推定している。同氏は「土偶はこのクリの集約的利用と深くかかわった大地母神ではなかったか」、「そうしたメジャー・フードとしてのクリに関連した儀礼があったであろうことは、現在においてもコメにかかわる豊穣儀礼が数々存在することからも容易に推測できることである」という仮説を提示した。

東北日本と西南日本

もちろん、このような指摘は、西日本におけるクリと人々とのかかわり合いを過小に評価したものではない。ただしクリは陽性植物としての性質を持っているので、西日本の低地帯に分布する照葉樹林の薄暗い森の中にはほとんど成長できない。ところが、照葉樹林帯に位置する縄文前期の鳥浜貝塚(福井県三方町)において、クリの実はもっとも重要な食糧の一つであったことが確かめられた(西田、一九八九、一九九五)。このことに関して西田は、クリが成長していたのは集落周辺の明るい開けた場所、すなわち人的影響を強く受けて成立した環境があったことを示唆し、その経済効果を次のように記している。

①集落の近くでクリの実を収穫するなら、労力は確実に大幅に減少する。
②クリの実は、多くの鳥獣の重要な食糧でもあるが、集落の近くのクリならば、鳥や獣を追い払うことで人が独占的に利用することも可能である。
③集落周辺の土壌は、集落が排出する廃棄物によって肥えており、成長や生産量が増加する可能性がある。
④集落の周辺ではたえず薪の伐採などが行なわれるが、この時、利用価値の高い植物はなるべく切らないように選択的に伐採されると、利用価値の高い植物の密度はさらに高くなる。食糧や薬として価値の高い植物が、選択的に保護されることは多かったにちがいない。
⑤集落の周辺に成長している有用な植物は、人々が観察する機会も多く、成長や病害などの知識を集積させることにもなる。栽培技術が発達してくる温床となる。

さらに、このような人間と植物の関係について、自然が生産した資源を利用する「採集」とは異なる、言わば「栽培」というものの原初的な姿、すなわち定住によって人里植物を生み出し、そして人々が採集民から栽培民への過程を踏み出したことを示すものではないか、という見解を示された。

要するに、クリは暖帯落葉樹林では主要な構成樹種として、照葉樹林帯では二次林構成樹種としての性質をもち、きわめてひろい範囲に分布する樹種である[※1]（千野、一九七六）。

このように植物資源としてのクリは、日本列島のひろい範囲において用いられ（千野、一九七六）、稲作開始以降の保存食糧としても重要な位置にあった（西田、一九八九、渡辺、一九九六）。その保存食糧としての利用は、例えば砂グリ（貯蔵クリ）の分布を調査した辻　稜三氏（一九九四）によると[※2]、ほとんど全国に及んでおり、大きな地域差は認められない（**図1**）。

なお、佐藤洋一郎氏はクリの殻のDNA解析により三内丸山遺跡出土のクリの「品種改良」に言及している。しかも佐藤（二〇〇〇）は縄文時代に日本列島の各地で「品種改良」が行われ、その状態は「東高西低」であって、東日本では盛んに行われ、西日本ではそれほど進んでいなかったのではないかと推定している。

◘ クリの「半栽培」論

それでは果たして、当時のクリはどのような形で生産生活とつながっていたのであろうか。千野裕道氏（一九七六）は、縄文文化は多様性のある自然環境の下でクリを保護・管理していたことを認めつつ、しかし、ついにその生産の段階にまではいたらなかったという。これに対して、クリの集約的利用あるいは「半栽培」論が展開されている（Kitagawa, 2004）。特に辻　誠一郎氏（一九九七）は、遺跡から出土するクリの果実の大きさの変化に着目した南木睦彦氏の説[※3]を引用して、次のように述べている。

※1　ちなみに、クリは北海道西南部、本州、四国、九州と朝鮮半島南部の温帯下部から暖帯に広く分布する落葉樹で、とくに冷温帯のブナ林と暖温帯の照葉樹林の中間帯に多く、この中間の植生帯をクリ帯とよぶこともある（岡本、一九九五）。

※2　砂グリ（貯蔵クリ）の報告があった市町村数は六〇五（全国の四分の一）に及んでいたという。

※3　縄文早期で現在の野生のものと同様の大きさであったが、前・中期には大きくなり、後期から晩期にかけてその倍ほどの大きさになったことを示し、縄文時代を通して継続的に品種改良が加えられていった、とする。

「縄文文化の展開期（縄文前期・中期）、クリは資源利用体系に組み込まれ、品種改良と栽培によって資源維持システムがつくられていく過程が、三内丸山遺跡の生態系の変化から浮き彫りになってきた」、「クリを中心に据えた人為生態系こそ、縄文文化を高度に展開させた大きな原動力であったと換言してもよいだろう」。

以上を要するに、稲作以前におけるクリと人間の生産生活とのかかわり合いについては、未だ必ずしも明解にされているわけではないが、縄文遺跡からは北海道と九州を除く青森県から高知県までの範囲にクリが出土していること、とくにその出土例が東北地方から中部地方に多いこと（渡辺、二〇〇〇）、さらに少なくとも自然のクリ樹から採集した果実が利用されていただけではなく、何らかの人間の干渉あるいは管理がなされていたことまでは、これまでの一致した見解といえよう。北川のいう「半栽培」という表現もその意味で妥当であろう。

残された疑問

ただし、今日のクリ栽培に対する通念に基づいていうならば、若干の問題が残る。後述することからも明らかなように、どのような管理の形態であれ、当時は林木としてのクリ樹がその基礎であったことは否定できない。また、大粒のクリの実がまとまって出土したことが有力な根拠

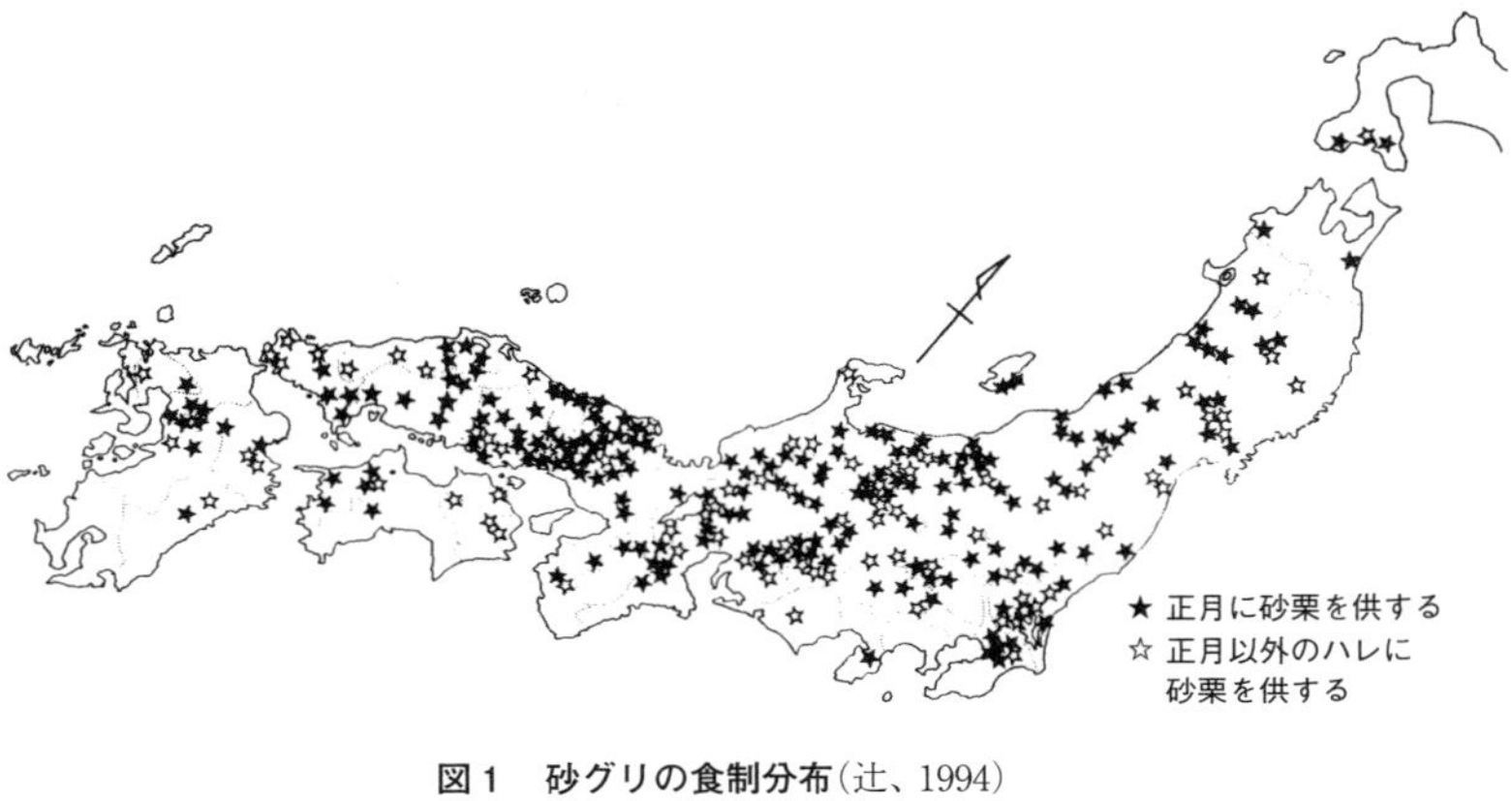

図１　砂グリの食制分布（辻、1994）

とされていることについても、実際には大小さまざまな実をつける木から大粒のものだけが集められたことも、十分に考えられる。[※4] 仮に天然のシバグリより大きい果実が多く発見されたとしても、その大きさは樹齢や枝の付き具合によって異なるだけではなく、生育場所の土壌条件（肥沃度）などによって変異の幅がきわめて大きい（Jasper Guy Woodroof 1979 : 245）。集落周辺の土壌が排出する廃棄物によって肥えていた場合、そこには大粒のクリのみができた可能性も小さくはなく、そうした状態をもって「栽培」と呼べるかどうかは、なお検討の余地があろう。

※4　一八八五（明治十八）年に出版された『栗樹栽培法』には「栗ハ老樹久シキヲ経テ實大ナルモノ」との記載がみえる。

二　稲作の定着以降

わが国における稲作導入は、第一章でみたように、古代国家の誕生を可能にし、今日の都市文明の端緒となった。そうして、推測をまじえて言うならば、稲作以前に果たしていたクリの生産生活における位置や役割に大きな変化をもたらした。稲作がそれまで重要な役割を果たしてきたクリと直ちに入れ替わったというわけではない。歴史時代に入ってからもクリと人間との結びつきは長期間にわたって持続したのである。ただ、少なくとも歴史時代以降におけるクリ樹の植栽には二つの方向性、あるいは変化が生じてきたと考えられる。一つはその植栽地域が稲作以前に増して地域性を帯びてきたとみられること、もう一つは新たな意味をもってクリの植栽が続けられてきたことである。

◎ 記紀、万葉集にクリの名

『古事記』、『日本書紀』、『万葉集』等にもクリの名が認められる。このことから明らかなように、奈良朝および平安朝時代にはクリは盛んに利用され、農山村では五穀（米、麦、栗、豆、黍または稗）と同じに常食とした地方もあったようである。小林（一九八六：二〇一）は、原始・古代社会ではクリやクルミなどの堅果類が五穀の不作時の救荒作物として利用され、平時にあっても山間部の居住者には間食としての貴重な食糧であった、と述べている。北川（Kitagawa, 2004）は、「クリやトチの実の利用は農耕が大陸より伝わった後も行われ」、しかも植物の結実は年平均気温の低い地域では気候の変動に大きく左右されるので、「農耕による食糧供給が十分でなかった東北地方では、食糧の安定供給という意味で半栽培文化が広く浸透した」「しかし、半栽培文化は和人の文化であり、北海道のアイヌ人の間ではひろがらなかった」と推測している。北川の指摘は、半栽培文化がその後の農耕を受け入れる前提になったという観点に立ったものであるが、稲作が不安定なあるいは未確立なところにおいては、クリ栽培が残存したことを示唆したものとして注目される。

歴史時代に入ってから救荒作目としてのクリへの関心が強まったことは、意識的に奨励された事実（記録）からも窺うことができる。伊藤（一九五五）によれば、「古来クリの実は飢を助けるものとして凶作の備えとし昔から官の命により、または庶民の声として各地に植えられたものである」。例えば、有名な山城国綴喜郡符作村の栗栖林のクリの場合、天武天皇（六八〇年）御手植の両株より増殖し、方三町に植栽され(『山城誌』)、持統天皇の御代(六九四年)にも、天下に認令してクリを勧殖した、という。

このことと関連して、最近、神谷(二〇一三)は、中世荘園骨寺村(一関市厳美町本寺地区)の磐井川に面した地域において、「十世紀頃から野や林を燃やして田畑の開発が行われ」、「カイコン」周辺に突然クリ林が広がってきたことをクリ花粉の増加から明らかにした。そして、この事実が骨寺村の『栗所干栗』(「初出物日記」)に関係した可能性が高いこと、すなわちクリのまとまった栽培が始まって干栗が公事物となった、という注目すべき報告をしている。

◘ クリ植栽の奨励

ところで前述の伊藤は、このようなクリの植栽はその後藩政時代に至って、山村の農家には格別の奨励指導が行われ、記録からみて「山地の至る所に植栽され、現在シバグリの集団林を各地にみることができるのは、いろいろの変化はあったにしても、当時の名残りをあらゆる面で引き継いだものと推察」している。しかし藩政時代において、クリの造林が最も期待されたのは、稲作が普及しつつあったものの きわめて不安定であった東北地方ではなかったろうか。遠藤(一九三八：二七四)は、樹木に着生する種実の内、吾々人間の食物に供し得るもの、即ち栗・胡桃・橡・楢等の樹穀を生産する「樹穀林」は、「林制上恒久政策によって増殖したものである」と述べ、江戸時代における穀樹林の形成について詳述している。それによれば、クリは樹穀林の中にあって最も重要な位置にあったことが諸藩の政策を通してはっき

※5　「江戸時代初期に於ける凶作は元和・寛永・延宝・元禄の年代に多く、特に弘前・盛岡・会津が甚だしかった。この凶作の後に諸藩がそれぞれ樹穀特に栗について考慮し施設したのである。……(中期、後期略)……要するに、各藩は救荒・備荒・夫食貯用としての栗林増殖に対してはむしろ積極的態度を持し、その多くは御林・御立

りと窺うことができる。[※5]

三　藩政時代

◆丹波系クリの発祥

歴史時代に入ってからクリ植栽が奨励された背景には、以上みたような樹穀としてのクリへの期待からだけではなく、今日に丹波グリあるいは丹波系のクリの名声を残した、もう一つの流れがあった。丹波系のクリとは、一般的にいえば果実の大きなクリのことで、この品種は列島に自生する在来のシバグリの改良種である。しかし、果実の大きなクリ、イコール丹波系の栽培種ではない。前述したように、青森県の三内丸山遺跡（縄文遺跡）からは果実の大きなクリが発見され、これが「栽培」あるいは「半栽培」などとして議論を呼んだが、今日の栽培グリの起源とみられる丹波系のクリとは地域的にも、発生的にも同一のものではないことは明かである。仮に、東北地方において「大きな果実のクリ」が栽培種として発生していたとしても、今日に繋がるものではない、と見るべきであろう。

つまり、丹波系のクリとはその名称にも示されているように、畿内周辺において見出された大粒のクリのことを指す。延喜式（九〇五～九二七年）には「古より丹波、但馬、阿波の諸州栗を産す。今も丹波の山中より出ずるものを上品とす。大きさ卵の如し。諸州之を栽培するも丹波に及ばず」（田中、一九三三、一九三五訂正再版）と

山・御立林又は御山空地等に仕立てられたが、野山・寺林等に仕立てられたものもあった。増殖の方法は、主として種子の直播や苗木植付又は根分や萌芽の立残しによったもの及び天然生の苗木をそのまま育てたものもあった。而して生立した栗林は中期以後半々取分（秋田・新庄等）の制が多く行われ、末期に至っては盛岡藩の如きその割合を四十六から三十七にし、秋田でも半々取分を三十七とした。この取分の制度も栗林造成奨励の一方法であった。尚ほ盛岡藩の如きは栗を献植したものの生活を保証する等極めて積極的な奨励方法も採った。かくして出来た栗林に対しては禁伐御留林伐採制限火締等を令達し時々の御山及び立林見廻りにより違反者を摘発して罪科に処す等してその保護につとめ、又盛岡藩の如き下枝を切払ふ等して撫育にも注意し専ら栗林の成立を意としたが、一面弘前・新庄の如き栗の品種に特に関心をもったものもあった」（遠藤、一九三八：二八六～二八七）。

あり、「爾来この文を引用して本朝食鑑を始めとして多くの文献に丹波栗の記事が出ている」（上原、一九五五）。また、古い栽培歴を持つ摂丹地方に遺伝的変異の蓄積が多いこと（在来品種が多いこと）に着目して、わが国栽培クリの発祥地であることも示唆されている（志村、二〇〇三）。

◘ 江戸時代に有名になった丹波グリ

ところで、丹波の系統を引く改良クリは、「江戸及び京洛にあって呼び物となり、参勤交代の武士によって」ひろめられ、全国的に著名になったようである。志村（二〇〇三）によれば、品種の記録は江戸時代の一六三八（寛永十五）年に松江重頼の俳諧書の「毛吹草」中にみられる丹波の父々打栗（チチウチグリ）が最初である。また、このクリは和知町（現・京都府京丹波町）から丹波町地域に産する大グリのことで、以後多くの園芸書や農書等に記述があり、丹波から産する大グリを丹波グリの代名詞で呼び、さらに周辺の摂丹地域からの大グリも丹波グリと呼ばれるようになった、という。また宮崎安貞『農業全書』（元禄十＝一六九七年、岩波文庫一九三六）に「栗に大小あり、丹波の大栗を勝れたりとす」とあり、さらに明治一〇年代の勧農叢書（梅原・濱村、

図2　山地への栗の植え付け
『勧農叢書　栗樹栽培法』（梅原・濱村 1885）より

一八八五)には、「栗ハ丹波栗又ハ中丹波栗ト称スルモノヲ最良トス」とある(口絵I参照)。これらのことからみて、丹波系の大グリは少なくとも江戸時代末頃までには成立し、畿内以外の山地を中心とした広い範囲に通じていたと考えられる(**図2**参照)。

◆ 都市形成に導かれて発展

『農業全書』には「丹波にても大栗は大かた屋敷廻り山畠などの畦々ばかりうへて、山中には大栗はまれなりと云うなり」とあって、丹波グリの栽培状況を暗示している。丹波グリは前述の『延喜式』および『和名類聚抄』には、栗子、平栗子、(扁栗子)、搗栗子、甘栗子、削栗子などの名があげられており、生果のまま(食された)だけでなく、加工品としての搗栗子が多量に諸国から貢進された事実(小林、一九八六：五九)、また『類聚国史』には桓武天皇の十七年(八〇〇年)には伊勢、美作より早栗を献ずるのをやめるという記事がある(上原、一九五五)。

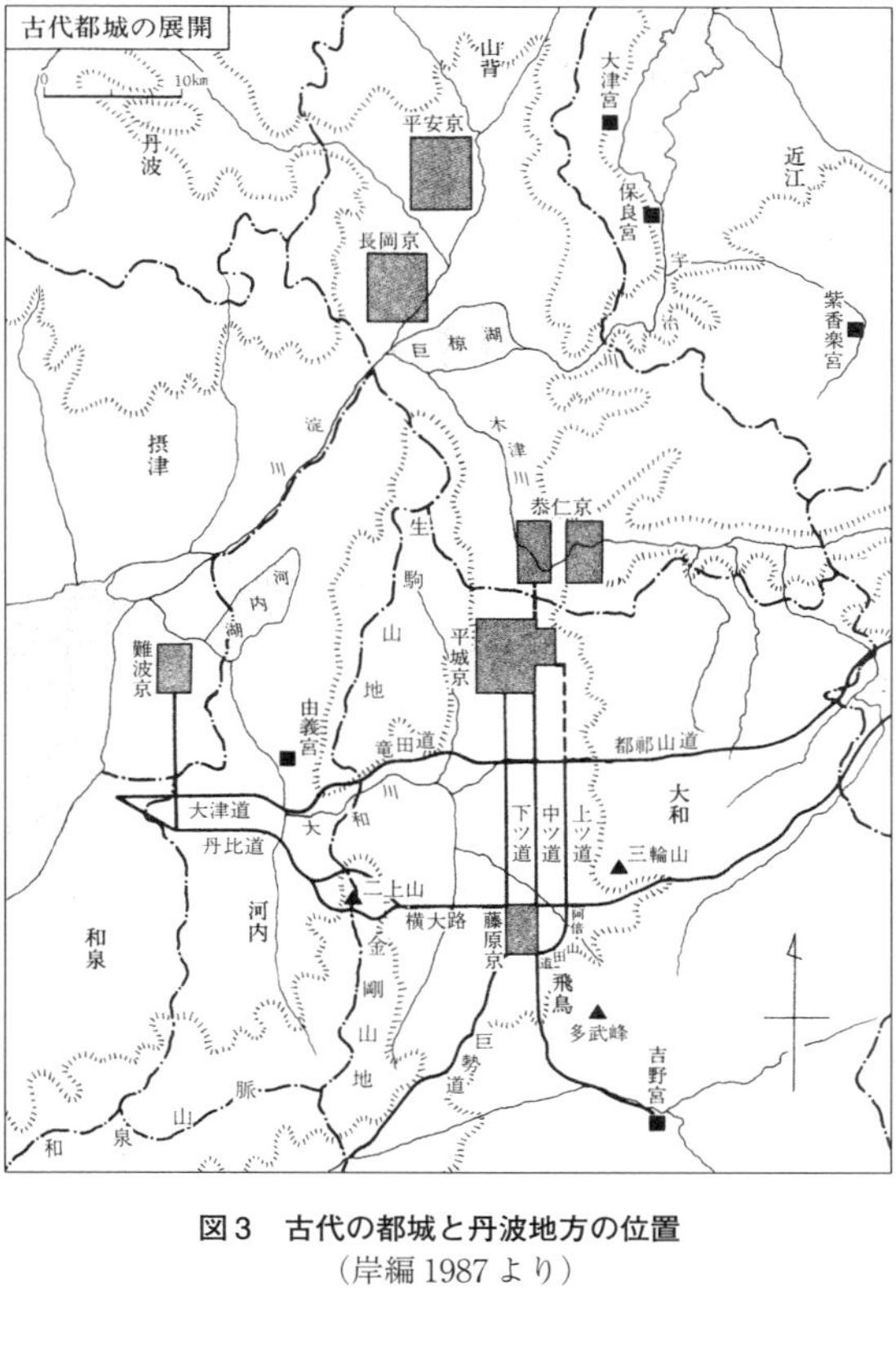

図3　古代の都城と丹波地方の位置
(岸編 1987より)

以上のことから判断して、穀樹としてのクリとは別に、献上物さらには土産物としての役割が期待されて、大きいクリが注目され、その起源地の丹波地域がその後の普及の中心となったとみてよいであろう（**図3**参照）。また、前述のように江戸時代の大名の参勤交代を通して、丹波グリは列島の西から東へもたらされた。

要するに、古代国家が成立してから近世に至るまでの間に、畿内周辺から産出する大粒のクリが注目され（記紀をはじめ多くの書物に記録）、王朝時代の献上物として、あるいは江戸時代の参勤交代のときのみやげ物とされた記録が残されている。このことは、クリの植栽、さらに栽培が日本の律令時代や封建時代の都市の形成に合わせて進められてきた系列が存在したことを意味するものといえる。

四　近代化の時代

◘ 明治初期のクリの植栽観

日本列島におけるクリと人間との関係は、以上のように稲作以前と以後とでその社会環境の変化に応じて徐々に変わってきた。しかし縄文時代以来つい近年に至るまで、クリといえば林業経営における特殊林産物、あるいは粗放的果樹として理解されてきた。縄文遺跡から出土したクリを巡ってその「栽培文化論」がさまざまに展開されてきたが、近代以降においてさえ一般の果樹と比べてその収量性が低いことが問題にされてきたのである。

しかし、この理由はクリの役割が小さかったことを意味するものではない。むしろ稲作と比較してさえ、人々の生活との関連ではクリがきわめて多面的な役割を期待されてきた故に、果実生産に特化し得なかったのではなかったか、と推測される。例えば、『勧農叢書 栗樹栽培法』（一八八五＝明治十八年）には、「栗樹ハ人生有益ノ植物ニシテ世ノ需要甚多シ」とあり、その要点が詳細に記されている。**図4**はそれに若干の資料を加えて作成したものである。ここに示されるように、クリは果実（救荒食、菓子、儀礼食、乾栗、焼栗等）と、材（枕木、葺板、薪炭材、建築材料等）の両面から多面的な活用がなされてきたことが理解されよう。このような多面的価値を持つクリ（コラム1参照）に対する認識は、その後近代化の時代に入ってからも変わっていない。

緑川（一九二五）は、「食糧問題解決の一助として栗の造林を勧む」という一文を埼玉県山林会報に載せ、人間生活において最も安全なる生活をなさんと欲せば完全なる住宅と、豊富なる食糧とを要することを強調して、クリがその何れの面からみても重要なことを訴え、「丹波栗の如き良果を得んとせば果樹栽培の法によるもよろしく、又将来は材も利用せんと欲せば柴栗の植栽もよろしい」、と言及している。

一方、第二次世界大戦後でさえ、クリは「気候、土質を選ぶことはスギ・マツより

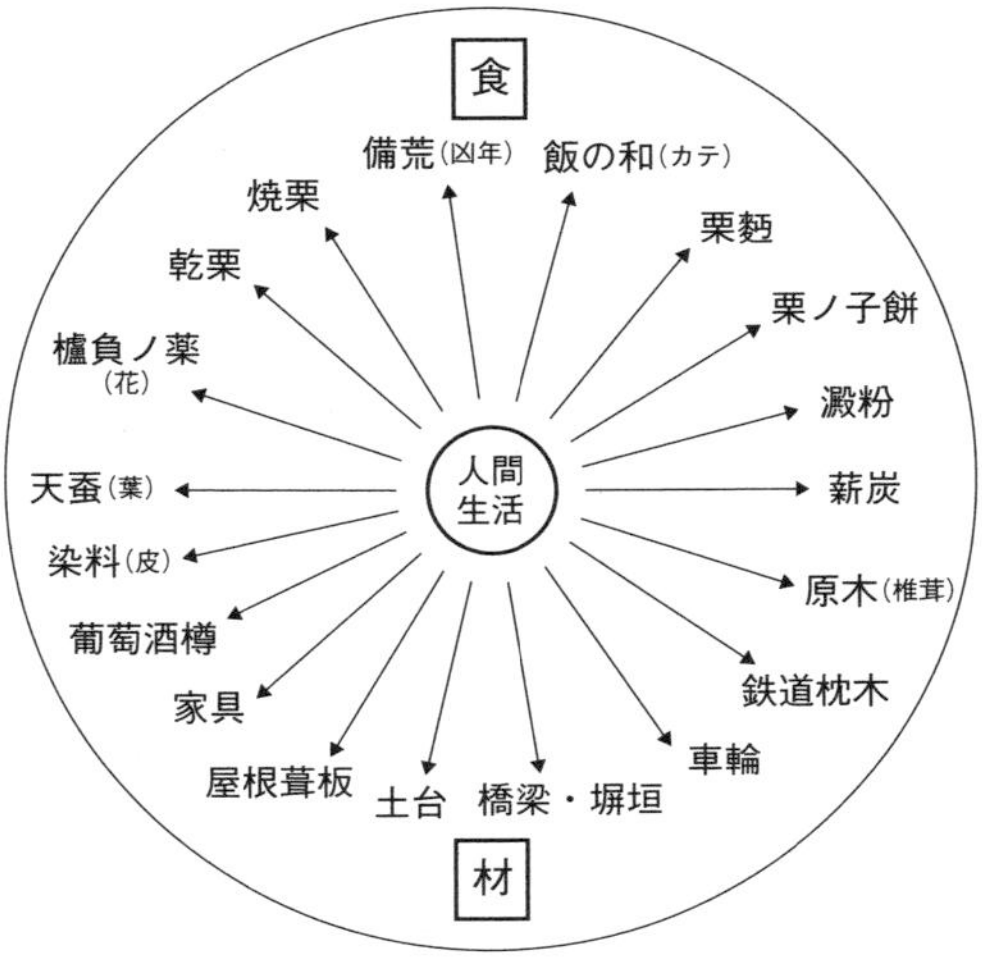

図4　クリと人間生活とのかかわり合い
栗樹ハ人生有益ノ植物『勧農叢書 栗樹栽培法』（1885年）より作成

も多く、一般農作物よりは遥かに少ない」（伊藤、一九五五）とか、「他の果樹とくらべたなら集約林業の域を出ない」（兵藤、一九五七）と形容されてきた。したがって栽培管理上からいえば、当時の丹波グリの場合もシバグリと大きな区別はなかったものとみられるのである。

◘クリの園芸的植栽の萌芽

近代以降の商品経済の進展に合わせて、いわゆる今日のクリ栽培につながる丹波系品種の園芸的クリ栽培が萌芽をみる（元木、一九六九）。その時期は、一九〇六（明治三十九）年に京都府立農事試験場綾部分場が設立され、丹波グリの品種（全国の主産地から多数の出品を得て品種の調査および名称の協定などを行った）や果実害虫の殺虫法、および接ぎ木法などの試験調査が開始された前後とみられる。現在有力生産県である愛媛県では一八七七（明治一〇）年に中山グリが商品として最初に販売され、以降八七年には郡中港から阪神へ初出荷され、一六（大正五）年には中山グリの代表品種「赤中」が命名されている（愛媛県果樹研究同志会・婦人園芸同志会『愛媛のくり』、一九九〇）。茨城県においても一八九八（明治三十一）年に中生丹波、盆、長光寺などの丹波系品種の畑地栽培が始まり、一九一九年には平地林開墾による大規模な栽培が誕生し、二一（大正一〇）年には県農会によりクリの指導圃が設置され、奨励金の交付が開始されている（兵藤、一九五七）、熊本県では一九一五（大正四）年に京都の丹波地方から接ぎ木した早生丹波と銀寄の苗木を取り寄せて栽培が開始された（元木、一九七四）。

※6　「わが国における栗栽培は近年著しく発達したるに係わらず果樹としての統計が不備なために其の現状を精密に示しがた

さらに、その後もクリ栽培を奨励する動きが続いた。こうした状況については、当時、クリ栽培法について詳しい紹介をした田中諭一郎の『栗の栽培法』（明文堂、一九三三、一九三五訂正再版）のなかでも明確に述べられている。※6

◆ 林業経営的栽培と園芸的栽培の併存

このように、わが国の丹波系クリの商業的栽培は明治後半頃から大正・昭和初め頃に萌芽をみ、定着しはじめる。しかし他方では天然のシバグリの植栽に対する要請も前述の如く強いものがあり、いわばわが国のクリ生産全体としては、シバグリを中心とした林業経営的クリ植栽と丹波系の園芸的クリ栽培※7が併進する状態が存続したのである。こうした両者の関係がいつから、どのように変わってくるかを正確に区別した統計はないが、昭和初期以降の農林省統計には林業副産物としてのクリと栽培グリの生産統計があるので、これをもとに前者をシバグリ系、後者を丹波グリ系のものに分けて、都道府県別の分布状況を一九三〇（昭和五）年、四二（昭和十七）年、五五（昭和三〇）年、七五（昭和五〇）年について検討してみると（**図5**）、概略以下のことを指摘することができる。

第一に、昭和初期頃には林業副産物としてのクリの生産はほぼ全国にわたって行われており、生産量も相当多かったとみられる。シバグリ生産がほぼ全国に展開していたことを示していたことが分かる。なお、一九四二年の林業副産物の生産量はきわめて少ないが、戦後の動向から判断すると、その後副産物としてのクリ生産は、東京、名古屋、大阪・京都などの主要都市を含む地域で減少し、それらの地域

いのは誠に遺憾である。しかし諸方面の観察を総合して推測するに栽培反別は五〇〇〇町歩を超え産額は五〇〇万円を下らぬとみられ、而も年と共に益々発達する模様である。勿論この中の大半は従来の粗放的栽培の域を脱しないであろうが、最近一〇年間の趨勢を見るに他の果樹と同様平坦地或いは緩傾斜地を利用して所謂集約的栽培を企てるものが俄に激増し、栽培品種も順次統一されてきて全く面目を一新した感がある」（田中、一九三三、一九三五：七）。

※7 シバグリは、北海道中部から九州南端へかけた日本全土と、南朝鮮に野生する温帯果樹で、気温への適応範囲は広い。これに対し、丹波系の栽培グリは比較的耐寒性が弱く、現在の主要品種には、年平均気温一〇～十五℃、年間最低気温マイナス十五℃、十月の平均気温十五℃以上が必要といわれ、分布上、年間最低気温がマイナス十五℃以下になる宮城・秋田付近が北限とされている（茨城県クリ振興協議会、一九六五）。

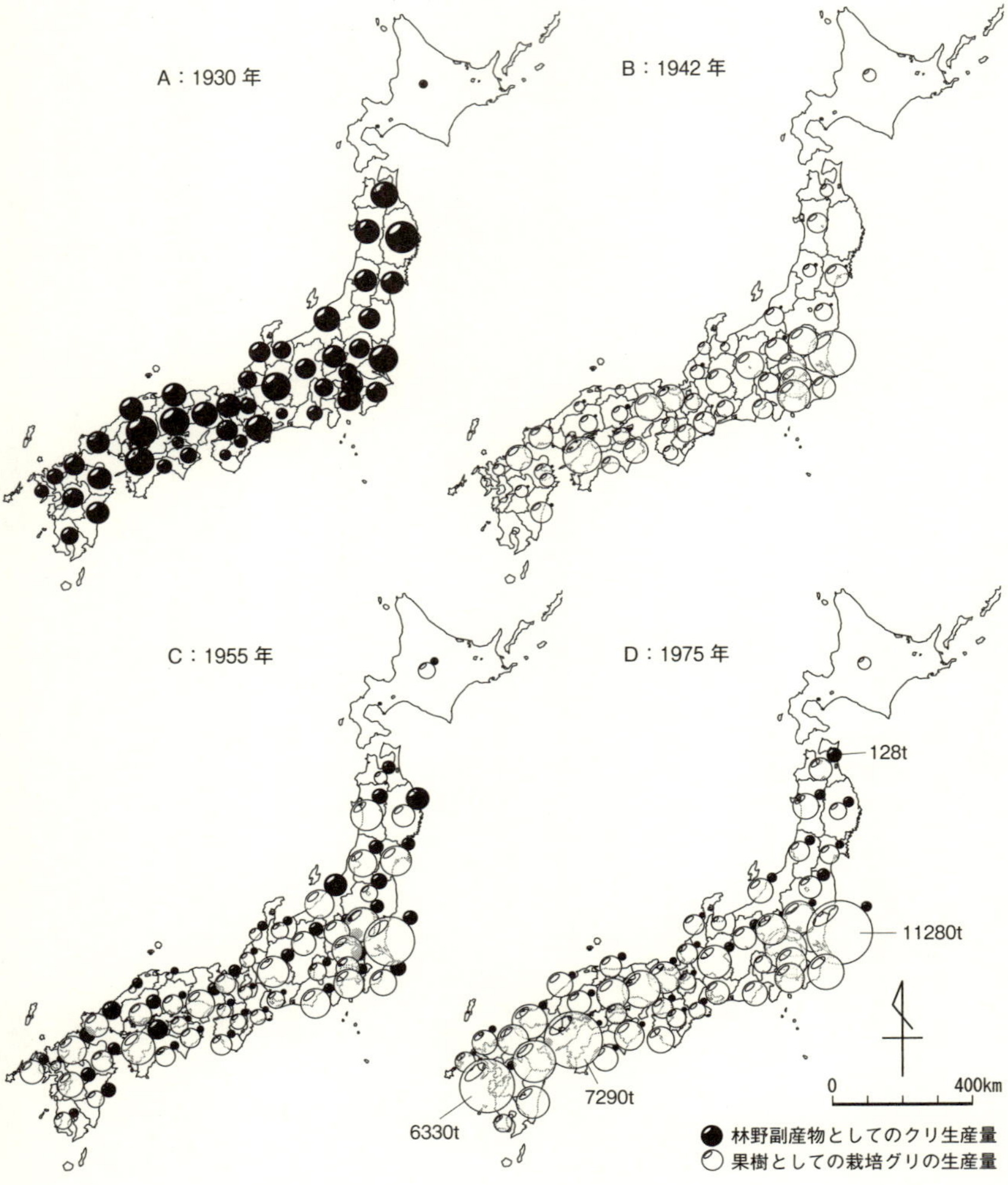

図5　特殊林産物としてのクリと栽培グリの生産量分布の変遷

注 各都道府県のクリ生産量(すべてトン)は立法根を直径とした球体で表示した(縮小)。
資料　A：第7次農林省統計表(1932年)　B：第1次農商務省統計表(1943年)
　　　C：第32次農林省統計表(1956年)　D：第52次農林省統計表(1977年)

から離れた東北日本や西南日本では比較的遅くまで存続しつつ、全体として減少していったことが分かる。

第二に、栽培グリについては、一九三〇年当時の状況は資料がなく図示されていないが、四二年の状況をみる限り、関東以西の西南日本を中心に生産地が形成されてきたこと、さらに戦後の五五年には東北や九州の遠隔地で生産量が増え、また七五年では再び関東以西の西南暖地に収斂し、とくに茨城や愛媛、熊本の諸県での生産増加が目立つようになる。

五　経済成長の時代

◆ 果樹としてのクリ

明治以降、商品経済の波が全国的に浸透するようになり、農村においても新しい産業風土の形成が進展する。その代表の一つは果樹部門であった。特に第二次世界大戦後の果樹需要の高まりを背景に、さまざまな果樹の新・増植がみられた。そしてクリも果樹として注目されたのである。※8 特に一九五〇年に対する六四年の増加率でみると、クリはかき・うめ・ぶどう・ももに次いで約四倍に伸長、一九六〇年に対する六四年の動向では、クリがもっとも大きく、次位のみかんの約二倍の一二六パーセントを示した(元木、一九六九)。

果樹としてのクリ栽培は、経営的にみた場合、一般のりんご、ぶどう、もものよ

※8　商品果樹としてのクリ栽培は、品種的にはシバグリではなく、丹波系の品種であった(茨城県クリ振興協議会、一九六五)。

うな果樹に比べ、高収益は期待できないが、時間当りの労働報酬でみると、高い労働生産性を示す（**表1**）。いわば、クリは果樹とはいえ粗放性の高い果樹である。しかもクリの場合、土地条件や栽培の目的あるいは栽培管理などに応じて土地生産性や労働生産性にもかなりの差が認められる。

◘ クリタマバチ被害

このような二つのタイプのクリ生産地域の分布の変化を対比してみると、日本の太平洋ベルト地帯とその周辺において栽培グリの生産地が発展するに及んで、林業副産物としてのクリ生産はその周辺部に分化しつつ、衰退傾向を示したことが分かる。[※9] この点は両者の関係から推測できることであるが、林業副産物としてのクリ生産が急減した理由は、高度成長期にクリの材（薪炭材も含めて）としての利用が衰退したこと、および後述するように

表1　果樹の生産費および収益性（10a当り）

果樹名＼項目	収量（kg）	粗収入（円）	第2次生産費（円）	純収益（副産物差引）（円）	家族労働力報酬（円）	家族労働（時間）	1時間当家族労働報酬（円）	年間平均労働力（人）
なし（長十郎）	3,557	107,568	105,321	952	46,636	416.4	112.0	69
りんご（紅玉）	4,621	95,570	64,597	30,143	50,311	299.1	168.3	44
ぶどう（ジベレリン処理デラ）	1,640	196,352	80,595	115,757	147,339	333.9	441.2	51
みかん	3,308	166,231	100,611	64,700	95,807	286.6	334.3	43
かき（富有）	3,218	105,470	55,344	49,819	77,637	250.4	360.0	32
もも（大久保）	1,614	87,717	56,899	29,530	57,555	305.5	187.5	?
クリ	2,763	53,428	24,963	28,452	38,284	88.3	434.0	9

重要農産物生産費調査報告（農林省1964）による。ただしクリは全国クリ生産県生産流通対策連絡協議会資料（1966）より、1965年の栽培面積の上位7県の平均で表した。

※9　日本社会の近代化との関連でいえば、先鞭を付けた動きはシバグリの枕木需要の影響が大きかった。国鉄資料によれば、「大正の初めごろまでは、枕木といえばクリといわれる程で、全体の九〇パーセントを占め……、その後伐採による資源の減少で、昭和三・四年頃は全体の五〇パーセント……」とあり、第二次世界大戦前頃までのクリ樹資源の豊富さと、それに対する需要が大きかったことが伺える（日本枕木協会、一九五九）。

※10　クリタマバチは夏にクリの芽に産卵し、冬は幼虫の形でクリの芽の中ですごし、春先ににクリの芽の動きとともに虫えい（虫こぶ）をつくる。一九四一（昭

一九五五（昭和三〇）年頃に猛威をふるったクリタマバチ被害[※10]が、栽培グリ以上にシバグリに大きな影響を及ぼしたことが大きく関係している。丹波系クリ栽培の先覚者の兵藤直彦氏（一九七八）は、クリタマバチ被害と関連づけて次のように述べている。

「玉蜂はクリ界に革命をもたらした。最高の被害はシバグリで、クリ材資源は潰滅したまま、いまだに復興の曙光だにささない。果樹用のクリ園では、一時は全滅に近い被害をこうむったが、全滅した跡に耐虫性の優良品種が植えられて旧に倍する進歩をとげた。[※11]

◇シバクリから栽培グリへの転換

例えば、この経緯を統計的にみると、わが国のクリは一九三九（昭和十四）年には約三万三〇〇〇トンの収穫があったが、四五年には約一万四〇〇〇トンで戦前の四十二パーセントに低下し五四年には二万八〇〇〇トンに回復した。しかしその後数年間はほとんど変化がなく、五五年の三万六〇〇〇トンを最高として、以降は連年その九〇パーセント台に低迷し、六三年には二万五三〇〇トンとなった。一方、丹波系クリの栽培面積については一九六一年以降急速な伸びを示し、六一、六二、六三年の三年間にそれぞれ四二〇〇町、一三〇〇町、二七〇〇町の増反があり、六三年の総面積は一万六二〇〇町となった。[※12] 以上のことから、日本の高度経済成長の始まった頃が、シバグリから栽培グリの転換を決定づけた時期とみてよい。シバグリから丹波系ク

和十六）年に岡山県で大発生したクリタマバチの被害は、あっという間に日本全土を侵害して、一時は日本グリもこれでおしまいか、とさえ思われた（為国、一九六九：一二三）。

※11　兵藤氏は玉蜂革命の功績を、以下のように指摘している。①クリへの朝野の関心を深めた。②茨城グリは時代に取り残されないですんだ。③韓国グリの脅威が去った（日本のクリ園は接ぎ木苗であるために玉蜂の前に耐虫性品種のクリ園は生き残ったが、韓国のクリ園は実生苗であったから、完全な全滅であった）。④クリ果の格式が上がった。

※12　一九六一年以後急速に栽培が増加したのは、市況の刺激だけではなく農林省園芸試験場で新たに育成クリタマバチ抵抗性品種の筑波や伊吹などの普及が本格化してきたこと、および山林とくに経済性の低くなった薪炭林などにクリを導入する意欲が急速に高まったことによるものと考えられている（海老原編、一九六七：七～八）。

リ栽培への移行は、果実、用材・枕木などに対する需要の変化に応じ、一九五五年頃までにはほぼ終了したとみられる。ちなみに、このような変化の状況については、岩手県の遠野盆地について、次のような興味深い記載がみられる。

「陸中(岩手県)遠野の奥にはクリ林を何十町歩ももった山林地主がいた。(略)秋になると村人に自由にクリをひろわせた。そこでは凶作の年も被害が軽くてすんだが、凶作のおそれの少なくなった明治三〇年代に政府からの要請で、鉄道の枕木に切り出し、そのあとを桑畑にしてこの地方の産業をあらたにした」(下中、一九五八：三三七〜三三八)。

「遠野盆地の土淵というところにも、もとはずいぶん広いクリの原生林があって、クリの実が凶作年の重要な食糧になったものであった。やはり共有の山林であった。このクリ林は明治末期になると鉄道の枕木にするために伐りたおされ(略)、クリ林を伐りたおしたことが貧しい農民たちの生活を大きくおびやかし、離村する者があいついだと伝えられている」(宮本、一九六三：一八〜一九)。

◘ クリ栽培の急速な発展

さて、このようにシバグリから栽培グリへの転換の時代を経たあと、日本のクリ生産はどのように推移したのだろうか。**図6**は、一九六〇年代以降の栽培グリ生産の動向を栽培面積と収穫量からみたものである。これによると、まず高度経済成長

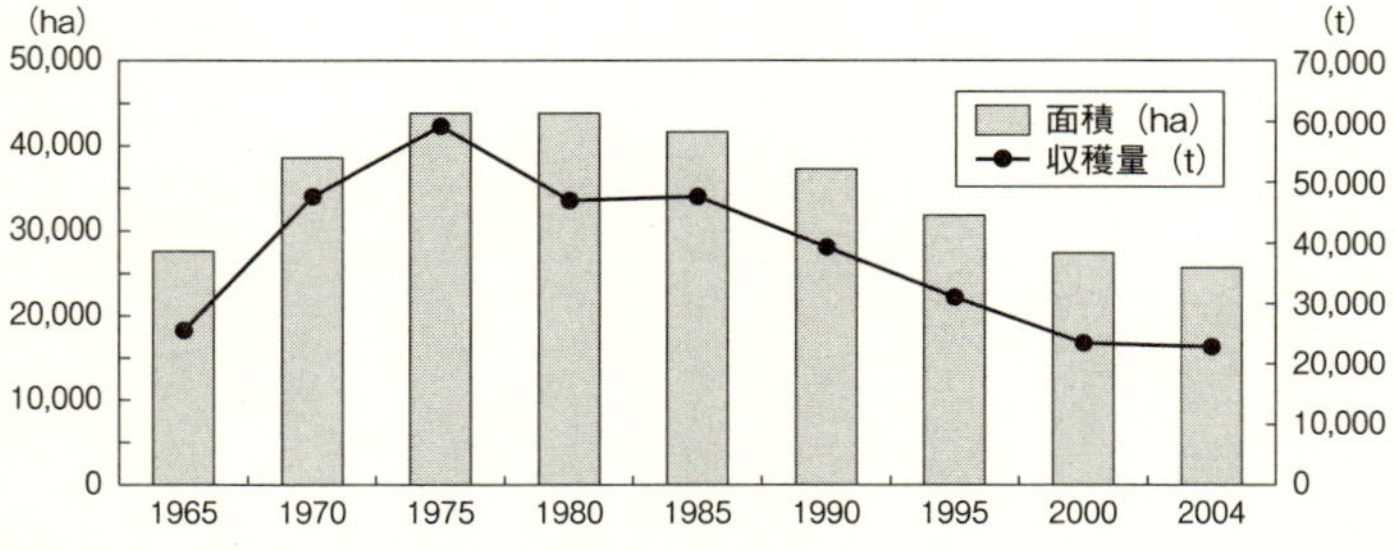

図6　日本における高度経済成長期以降のクリ生産の推移(農林水産省統計表により作成)

期にクリ生産が急速に伸びたことが分かる。

とくにクリ生産の急増期は一九六五年と七五年の約一〇年間であり、この間にクリ栽培面積は二万七〇七六ヘクタールから四万四三三二ヘクタールへ、クリ収穫量は二万六一三三トンから五万九八一八トンとなり、増加率はそれぞれ六十三・七パーセントと一二八・九パーセントに達した。茨城県クリ振興協議会（一九六五：一）はこの動きを次のように記している。

「クリはいま我が国で最も増殖の著しい果樹の一つである。近年の果樹振興機運も労力の逼迫から、栽培管理にあまり手間を要しないクリが時勢に適したものとして急激な植栽をみるにいたり、今後の需給関係の見通しについても、国は予想外の作付増加から、改めて手直しを加えなければならぬ程の活況である。現在ではクリの栽培が県の計画に基づく事業として、日本各地で大規模に開墾増反を伴って行われており、農業構造改善事業の基幹作目として計画実施されつつある地域も十指にとどまらない」。

六　国際化の時代

◇ クリの増産から減産へ

ところが、一九八〇年代に入って、クリ生産は**図6**に示すとおり一転する。すなわち、生産は年々減少を続け、二〇〇四（平成十六）年現在では栽培面

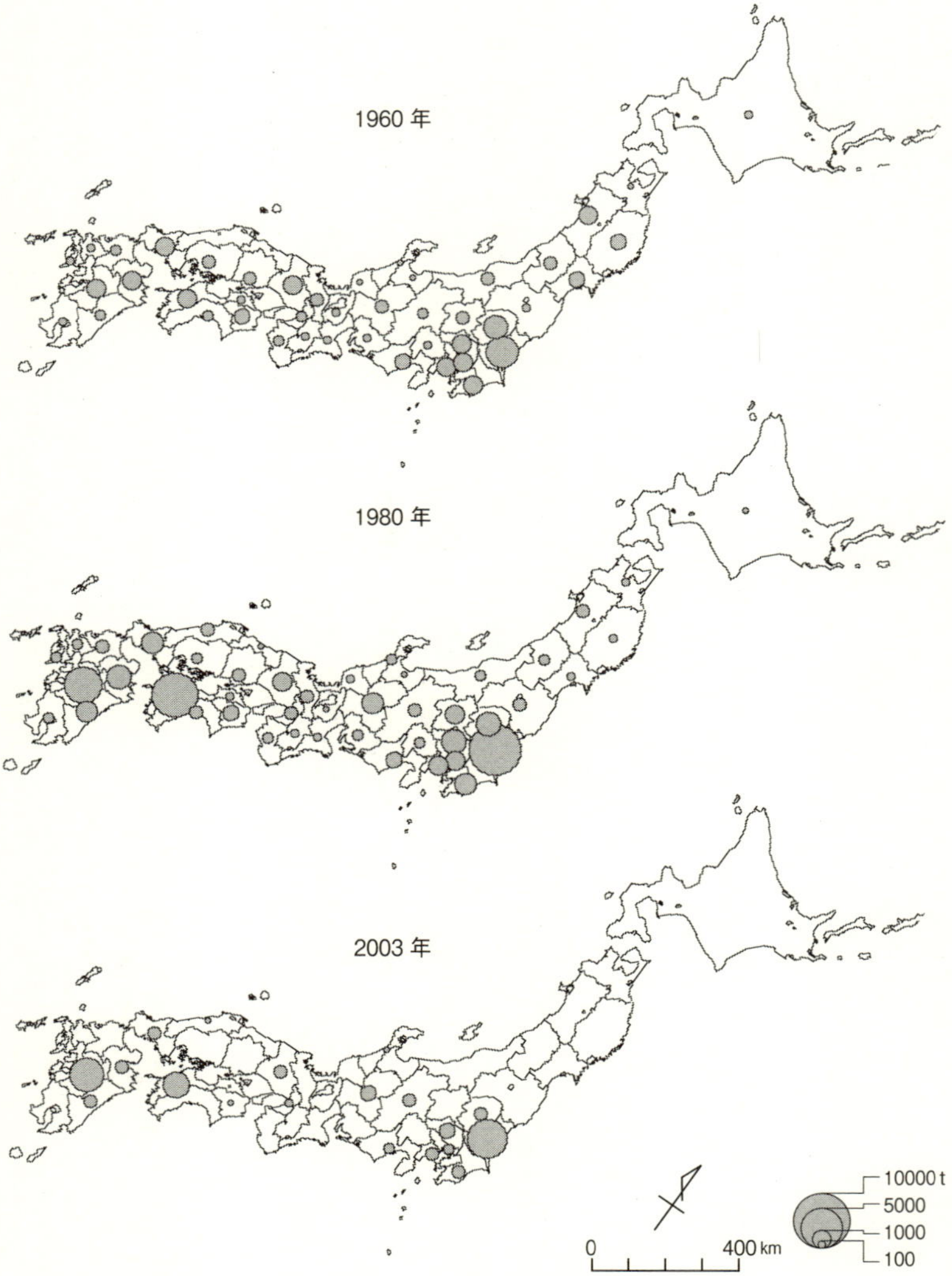

図7　果樹としてのクリ収穫量分布の変遷
（農林〔水産〕省統計表により作成）　注：沖縄県を除く

積が二万六二八〇ヘクタール、収穫量が二万三九五四トンとなり、一九六五年当時の栽培を下回るところにきている。最高を記録した七五年と比較すると栽培面積でマイナス四〇・七パーセント、収穫量でマイナス六〇パーセントと大幅減となった。

それでは、こうした変化がクリ栽培の地域的分布とどのように関連して引き起こされたかを全国的に概観するため、クリ生産（収穫）量の分布を示す（**図7**）。これによるとクリの生産量は成長期には関東地方を中心に全国的に拡大していったが、急減期に入り産地は明確に分化し、相対的に茨城県や愛媛県、熊本県等の主産県に収斂する傾向が認められる。

◎ 林地から畑地へ

図8はクリの作付場所（林地か、耕

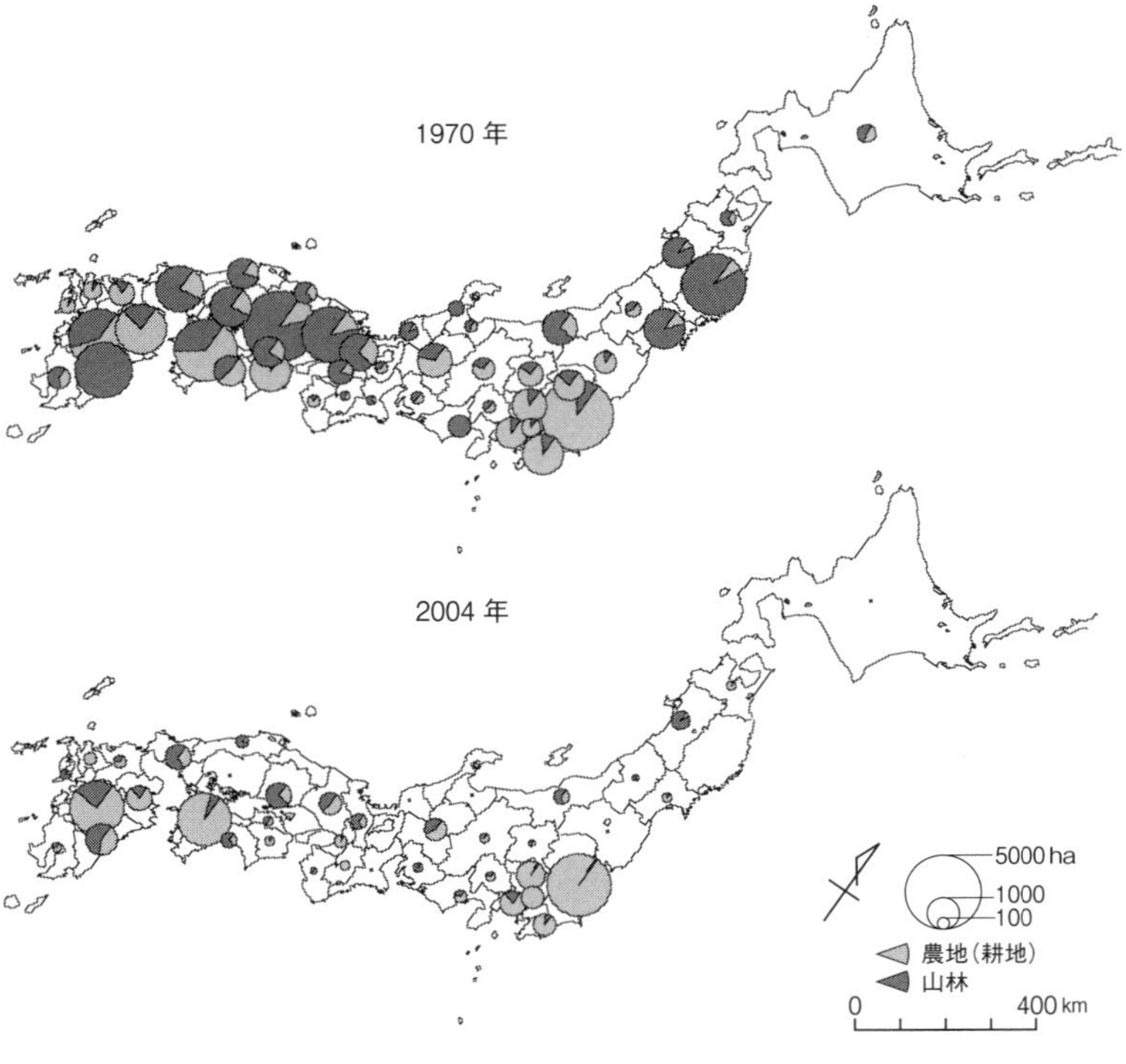

図8　クリ栽培面積の地目別構成の地域差
（林野庁の資料により作成）　注：沖縄県を除く

地か）の変化の様子を分布図として示したものである。図によると、クリはそれぞれの地域条件に応じて耕地や林地に拡大していったのが、減少期に入り耕地で栽培される傾向が強まってきている。クリの作付地が林地から耕地へと向かう変化は、とくに西南日本において顕著になっている。

◘ 諸変化の背景

この背景については、第六章で詳述するが、わが国のクリ生産をめぐる内外の環境変化に注目しなければならない。その特徴を予め記しておくと、次のように要約できよう。

第一は、外国産クリが攻勢をかけてきたことがある。従来クリは貯蔵に適し、加工に用いられることから市場外流通が多く、総流通量の約半分が市場外で動き回っていると推定される。市場外流通の主流は輸入グリ（天津甘グリ、韓国産剥きグリ）で、これに一部国内産も含まれ、その用途は天津甘グリが生食、韓国産むきグリと国産生グリは甘露煮や菓子類の原料など加工需要である。こうした中にあって、韓国クリはクリタマバチで大被害を受けたものの、日本からの耐虫性苗木を導入しつつ、一九七六年には韓国産むきグリの日本への輸入が開始されたのである。

第二は、国際化の時代に入って日本の農林業や漁業などが海外からの第一次産品の輸入攻勢を受け、第一次産業地域からの労働力の流出と、一方、農林業従事者の高齢化と兼業化が進み経営に大きな影響を及ぼしたことである。またクリの生産が第三は実需者からの新しい要望（大口の流通や良質グリの需要）への対応が遅れしてきたことである。

要するに、日本の社会が経済活動のグローバル化とともに人口が巨大都市へ集中し、「都市型社会」が進む中で、稲作以前から密接なかかわりを保ってきたクリと人間とのかかわり合いは、いま大きな変化の時代に至ったのである。

七　むすび

以上、わが国におけるクリと人間とのかかわり合いについて、既存の文献および統計をもとに通史的な展望を試みた。その流れは一応、**図9**のように要約できる。

図9は、稲作以前から日本列島に生活する人々にとって基本食糧および用材としての一翼を担ってきたクリが、歴史時代に入ってからは都市の成立と発展の過程でその役割を変化させつつ、今日に至るまで持続してきたことを示している。図中の時代（経済環境）の推移とクリの役割、利用目的およびクリの品種と栽培技術との関係から、クリ―人間のかかわり合いが近代以降大きく変わってきたことが理解されよう。

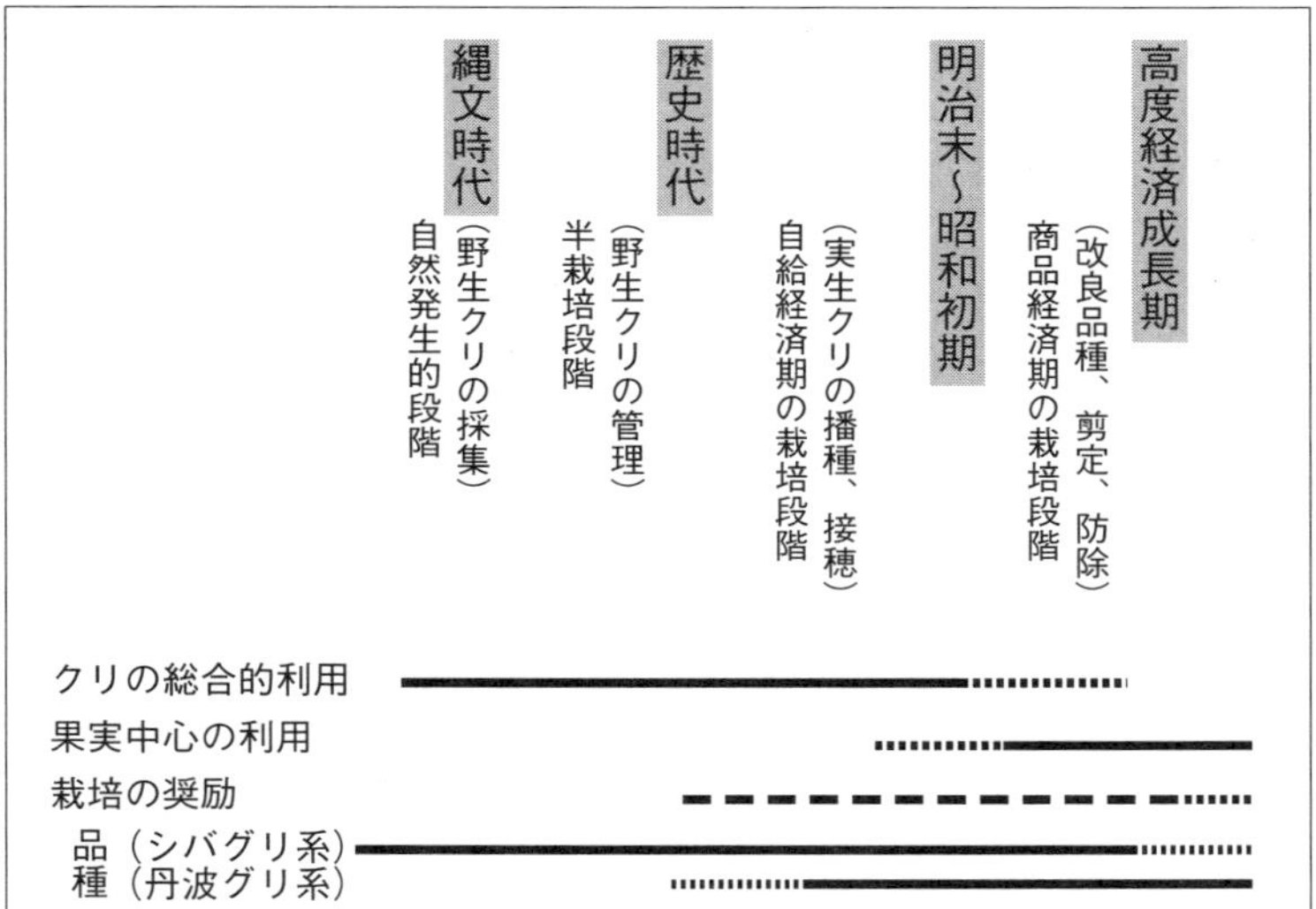

図9　クリ（実・木・林）と人間の関係史

コラム2

樹木文化を支えてきたシバグリ

1994年、青森市郊外の三内丸山遺跡(5000年前の縄文)において、直径80 cm、高さ20 m近いクリ材を使った建物が発掘された。巨大な柱を周囲に建てたウッドサークルである。類似のサークルは富山湾に面した能都町の真脇遺跡や金沢市のチカモリ遺跡でも発見されている(会田1996)。

三野紀雄氏(2000)によると、北海道の道南地域ではクリ材は縄文時代から住居の建築材料として使用され、縄文中期に最盛期を迎え、その後は燃料としての他はほとんど利用されなくなったという。

森山軍治郎(2002)氏は、従来資源の枯渇、茅(萱)場の減少、家屋数の増加がすすむ中、本州における民家の屋根の構造改革時のクリ化現象が板割職人の技術と相俟って促されるようになったことに注目している。板割職人の伝統は平安時代以来のもので、それが江戸時代になって都市の町屋へと継承されたが、飛騨の山村では屋根板のクリ材化が寛政期以後、幕末・明治に著しくなったという。

明治から昭和初期にかけて全国的に鉄道が敷設されるようになった時のクリ材の利用は、本文でも指摘した通りである。その際、利用されたのはシバグリの大木であり、いわゆる「枕木はつり」の人たちにより膨大な量が伐採された。豊田禮彦氏の編纂になる「斐太後風土記」(明治六年)にある絵のような光景は各地でみられた(並河1990)。

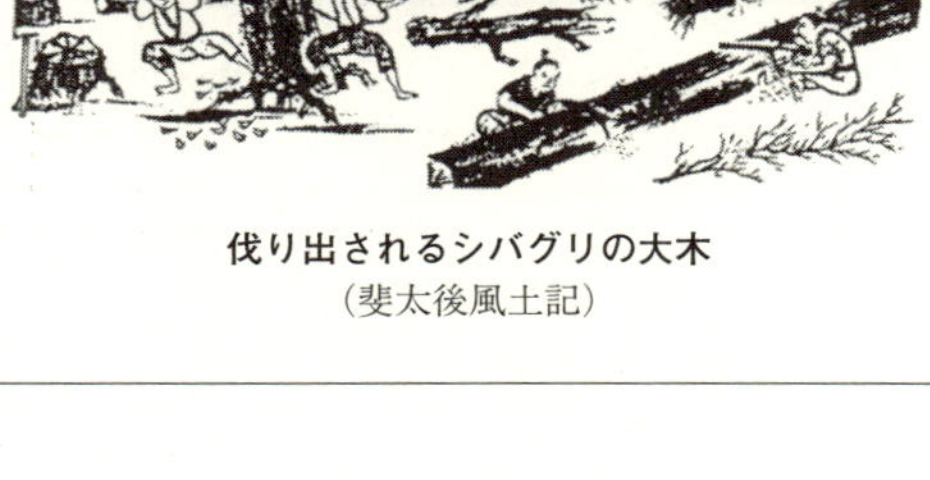

伐り出されるシバグリの大木
(斐太後風土記)

Ⅱ部　日本の近代化一〇〇年

―クリの産業風土形成―

Ⅱ部の概要

明治に入り近代の時代になると、日本のクリ生産は地域的に大きな変化をみせる。第一は、縄文時代以来クリ生産の多かった東北日本から、関東地方および西南日本の比重が大きくなったことである。第二には、産業風土の形成とでも呼ぶべき産地形成の流れが顕在化したことである。その一つは首都東京を取り巻く関東平野に展開するようになったクリの産地形成、もう一つは大都市地域から離れた、主として西南日本の遠隔地における動きである。第三章と第四章では、それぞれクリの産業風土形成の姿について、事例調査を踏まえ検討する。

第三章　クリ産業風土形成（Ⅰ）
——東京大都市圏下・茨城県の事例——

一　クリ栽培の発展過程

首都東京周辺の関東平野においてもっとも典型的なかたちでクリの産業風土形成が進んだ地域は茨城県である（口絵Ⅳ参照）。茨城県ではすでに第二次世界大戦前に果樹としてのクリ生産が開始され、戦後の高度経済成長期には大きく発展した。この間のクリ栽培の動向は、大きくは三つの時期に区分することができる。第一期は一八九八年から一九四四年まで（導入期）、第二期は一九四五年から一九五九年にかけて（普及期）、第三期は一九六〇年以降（発展期）である。

◘ 第一期（導入期）

茨城県における丹波系のクリ栽培の開始は、千代田村（現・かすみがうら市）において、中生丹波・盆・長光寺などの品種が畑地で肥培された一八九八（明治三一）年にさかのぼる[※1]（兵藤、一九五七）。しかし、当時のクリ栽培の一般的な状況は、次のようであった。

※1　しかし日本の当時のクリ栽培については次のようにみられていた。「栗は多く藪、山地及宅地周りに栽植せられ畑地を特に栗林とするもの極めて希れなり（大熊仲次郎編、一九一三：二六八）」

「現今ノ状況ヲ見ルニ、殆ド果樹トシテ目セラレズ、多クハ山間雑木林中ニ自生シ、果実ハ僅カニ森林副産物トシテ処理セラレ、材ハ薪炭用ニ供セラルルニ過ギズ……（茨城県産業調査書、一九一一）」（森田、一九五七）と述べている。

すなわち、シバグリが中心で、丹波系の積極的クリ栽培は少なかった。※2 しかし、その後一九一九（大正八）年には、平地林開墾による十三ヘクタールの大規模経営の出現、また二一年には茨城県農会によるクリ指導園の設置および奨励金の交付などが行われた。茨城県におけるクリ栽培地域の形成という点では、いわば萌芽期に相当する。

本格的に導入期と呼ぶことができるようになったのは、一九二九（昭和四）年の茨城県クリ出荷組合連合会の設立以降である。組合は新治郡農会の斡旋で、石岡地方十九ケ村「後述する発展地域にほぼ相当する範囲」の地主層を中心に設立された。これは昭和農村恐慌による米作および養蚕の不況に対応すべく結成されたが、全国的にみると当時は、地主層を中核とする農会の活動が生産面のみでなく流通面にまでもおよんだことがよく知られている（例えば、安藤、一九六四：六一～七三）。

いずれにせよ、かくして、一九四二年には茨城県のクリ生産量は四、二一九トンに達しこの時期のピークを示すに至った（**図1**）。また経営的には、県内各地に散在するシバグリの小規模かつ副業的栽培から、地主層を中心とした丹波系栽培グリの大規模かつ商業的栽培へと移行しはじめた時期である。組合は、三一年にはアメリカ合衆国向け輸出に成功し、一方で不安定な市価に対する防御を期しながら、他方で

※2　千代田村に隣接する出島村（現・かすみがうら市）の一九一一年の「茨城県新治郡志士庫村是」によれば、クリに関する記載がないことから、当時農業経営の中心は米・麦・大豆生産が主で、クリの持つ意義はきわめて小さかったことが窺える（大八木・石井、一九八〇）。

東京市場における茨城栗の銘柄を確立していったのである。その結果四四年の青果物統制による組合解散までに、茨城県のクリ栽培地域は全国第一位の栽培面積および生産量をあげるに至った（確立期）。

◇ 第二期（普及期）

第二次大戦の影響で、一時、栽培面積・生産量とも低下した時期であるが、一九四八年以降の三年間は増加傾向を示した。その要因の一つとして農地改革があげられる。農地改革によって、導入期に行われていたクリの開墾小作が解放され、自作農となった農家がそのままクリ生産を継続し、クリ栽培に対して積極的な意義を見出したことである。そのことは、戦後の復興期にあって面積自体には大きな動きがなかったにもかかわらず、クリの生産量が急速に増加した点に窺うことができよう（**図1**）。また地主層にとっては、彼らが所有していた広大な平地林に対する解放要求の動きに対して、平地林を早急に開墾して耕作権を設定することへの関心を高めた。当時、クリは今日以上に粗放性の高い作物であり、労力的にも管理が容易であった点もその助長要因となった。[※3] このような形でクリ栽培は農家各層に普及し、その面積も増加するようになった。

※3　茨城県の農地慣行では、接木した栗苗を平地林を開墾した畑に植えれば、耕作権の設定が確認された。

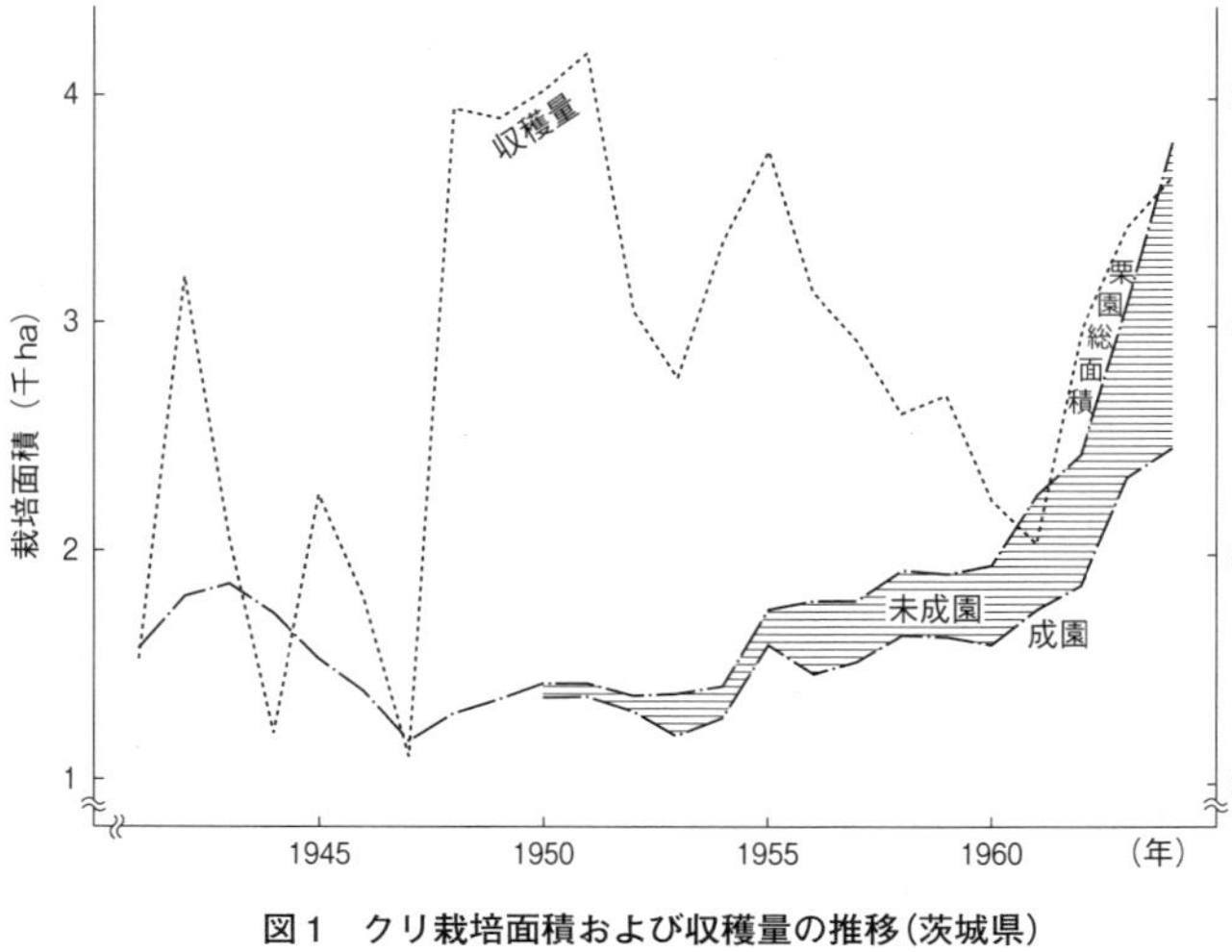

図1　クリ栽培面積および収穫量の推移（茨城県）
（茨城県農林水産統計年報より作成）

◎ 第三期（発展期）

農地改革による自作農家の増加と、戦後の果実需要の増大により、全国的に各果樹の栽培面積・生産量ともに増加した時期である。しかし、クリ栽培については、第二章で述べたように全国的に猛威をふるったクリタマバチの影響で一時停滞した。茨城県の場合、一九五四年頃にクリタマバチ被害が問題となり、それからの回復が耐虫性苗木の育成・普及（**写真1**参照）の行われた一九六〇年頃であるから、実質的には他の果樹より約五年おくれて発展をみた。ちなみに、旧農林省園芸試験場ではクリの育種自体は一九四七（昭和二十二）年に開始していたもののクリタマバチ抵抗性品種の育成に目標をしぼって選抜事業を始めたのは五一年からであった。

従来から、茨城産のクリは東京市場において大きな地位を占めていた[※4]ので、クリタマバチ被害は果実需要の増大と重なり、価格の高騰をもたらした。一方、生産流通面での組織的な対応として、五九年には戦前の茨城県クリ出荷組合連合会に対比される茨城県クリ振興対策協議会が、石岡市を中心とする二十一市町村を構成員として結成されたことも見逃せない。同協議会のもとで以後、苗木の配布その他の指導が行われるようになった。しかも一九六一年に農業基本法が施行され、農業の選択的拡大が叫ばれ、六二年には果樹農業振興特別措置法が公布されたことが大きな契機となった。[※5] こうしたなかで耐虫性品種の普及などで栽培の安全、有利性が確認されると、新しくクリ栽培を始める農家が現われ、急速な発展を示したといえよ

写真1　平地林を開墾造成されたクリ苗木圃
千代田村（現・かすみがうら市）1966年

※4　一九六三年の東京市場における産地別クリ取扱高でも、茨城県からの入荷が全体の九割を占めてる。

※5　地域的には、以下の点も重要な背景となっていた。クリ栽培発展の核心地となった千代田村（現・かすみがうら市）では、一九六一年に国道六号（土浦―石岡間）の舗装工事が完了し、それに併せてモータリゼーション・ブームが到来し、市川、下土田、上土田地区を中心

う。前掲**図1**によると、発展傾向は五〇年からの未成園面積の拡大に窺われるが、とくに六〇年以降は面積、生産量共に著しい発展をみたのである。

なお、小池(二〇〇二)によれば一九六一年の六号国道の舗装後に現れたクリの直売が発展し、六六年に千代田村果樹観光協会が発足した。観光農園の宣伝、観光客の入園斡旋と調整、資材の斡旋、受け入れ体制の整備、九八年には観光協会内に各専門部会(栗、梨、ぶどう、柿、イチゴ、バーベキュー)が設立された。また部会ごとに研修・講習会の実施、入園料や販売価格などの決定を行うようになった。国道沿いの直売店と果物狩りをさせる形式の観光農園は、村内から周辺の八郷町(現・石岡市)をはじめとした周辺に広まった。そのような場所では駐車場の確保や広大な果樹園の開放などの集客に関心が向けられるようになった。観光客に対しては大型バスを利用した大口団体とマイカーによる小口個人客別の対応、あるいは直売店の設置やインターネットによる宅配利用客への対応等、新しい変化が生じてきている。

二 クリ栽培の分布と地域区分

◇ 県中央部の洪積台地

一九六四年現在、クリ栽培は茨城県の果樹総面積

に道路脇に即席の露店(掘っ建て小屋)を出し、クリや梨を直売する動きが自然発生した。その後、さらに果樹観光農園が周辺に発展し、農村地域の雰囲気や景観は大きく変化するようになった。

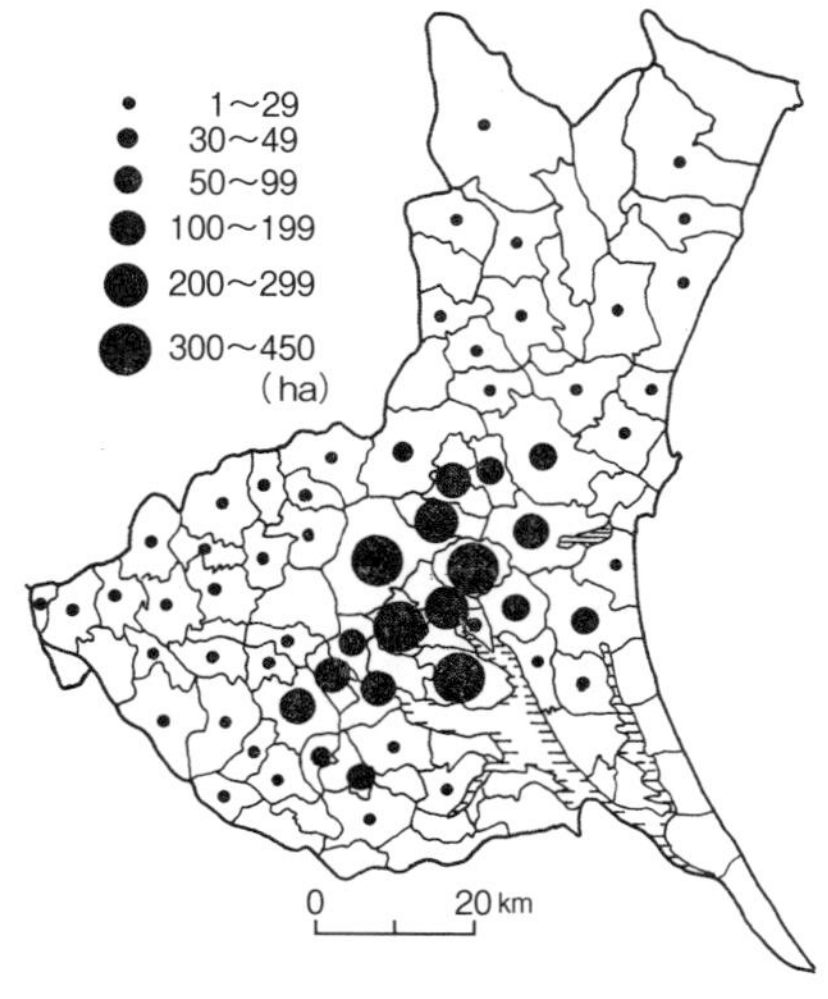

図2 クリ栽培面積分布図(茨城県1964)
(1965年 中間農業センサスにより作成)

(五一〇ヘクタール)の六十三・三パーセントを占め、県中央部に集中する(図2)。とくに丹波系クリ栽培が開始された筑波山東麓の新治郡が最も多く、全県の五十四・〇パーセントを占める。次いで北東部の東茨城郡が十九・〇パーセント、西茨城郡が一〇・八パーセント、さらに南西に位置する筑波郡五・八パーセント、稲敷郡が三・九パーセントとなっている。すなわちクリ栽培総面積の九十三・五パーセントが南北にわたる茨城県の中央部に分布している。

この地域の地形は、海抜三〇メートル前後の洪積台地を、北西から南東方向に走る浅い主谷とそれに通ずる波状の支谷が刻む。しかし全体として平坦な地形をなす点は、日本のクリ栽培地域の多くが傾斜地に分布するのに比して特徴的である(図3)。地形の平坦性は管理・収穫・出荷の面で有利な経営的条件を創出している。また台地上に堆積する酸性の瘦せた火山灰土壌は、一般農作物に対してしばしば不利な条件として作用し、したがって今日まで広大な平地林を残存させた一要因とされてきたが、クリ樹は酸性に強く、リン酸吸収性が高いことなどから比較的有利な作目とされてきた(兵藤、一九五七)。さら

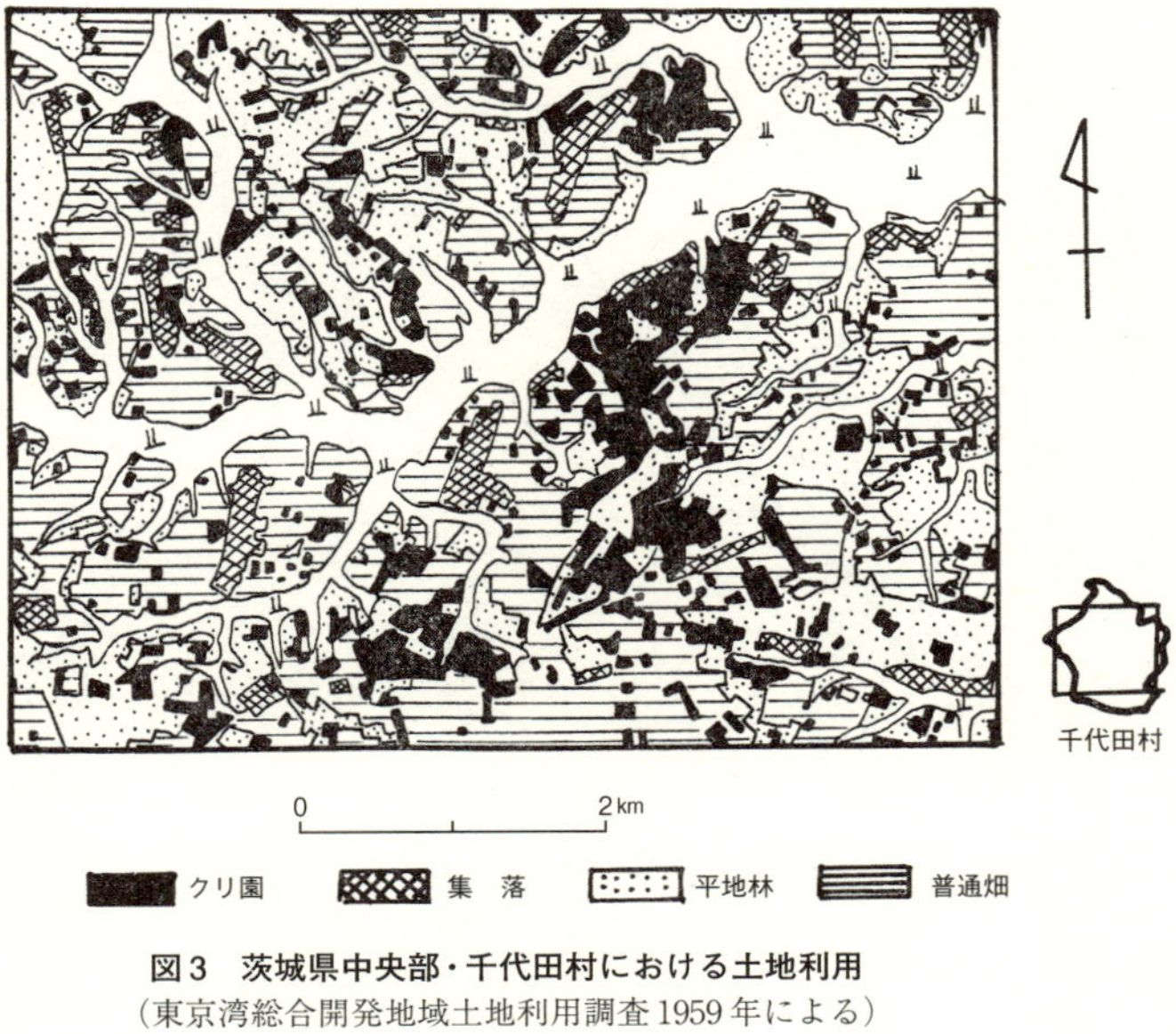

図3　茨城県中央部・千代田村における土地利用
(東京湾総合開発地域土地利用調査1959年による)

に、火山灰土壌は幼樹の徒長を早め、凍傷や胴枯病を誘因して、クリ栽培上悪条件となる反面、園の土壌を深くし、土中の適温を保ち易く、クリ樹の成長に好影響を与えていることもクリ栽培発展の自然的要因となっている（茨城農試、一九六四）。

◎ 地域的発展の同心円構造

それでは、茨城県のクリ栽培は地域的にどのように発展してきたか。その状況を市町村を単位として検討しよう。まず、県全体のクリ園率（対耕地面積）は、一九六〇年の〇・八パーセントから六五年には一・八パーセントに倍増している。そこでクリ園率一パーセント以上の市町村に注目すると、その数はこの間に十三から二十二に増えたが、各市町村のクリ園率は二〇パーセント以上の千代田村（現・かすみがうら市）を中心とし、周辺の市町村ほど低くなっていることが分かる（**図4**）。

一方、クリ未成園率（対クリ園総面積）は、県平均で一九六〇年には三十六・九パーセントであったが、六四年には五十二・六パーセントに達し、県内のクリ園の半分以上を未成園が占めるようになった。そして六四年のクリ未成園率の

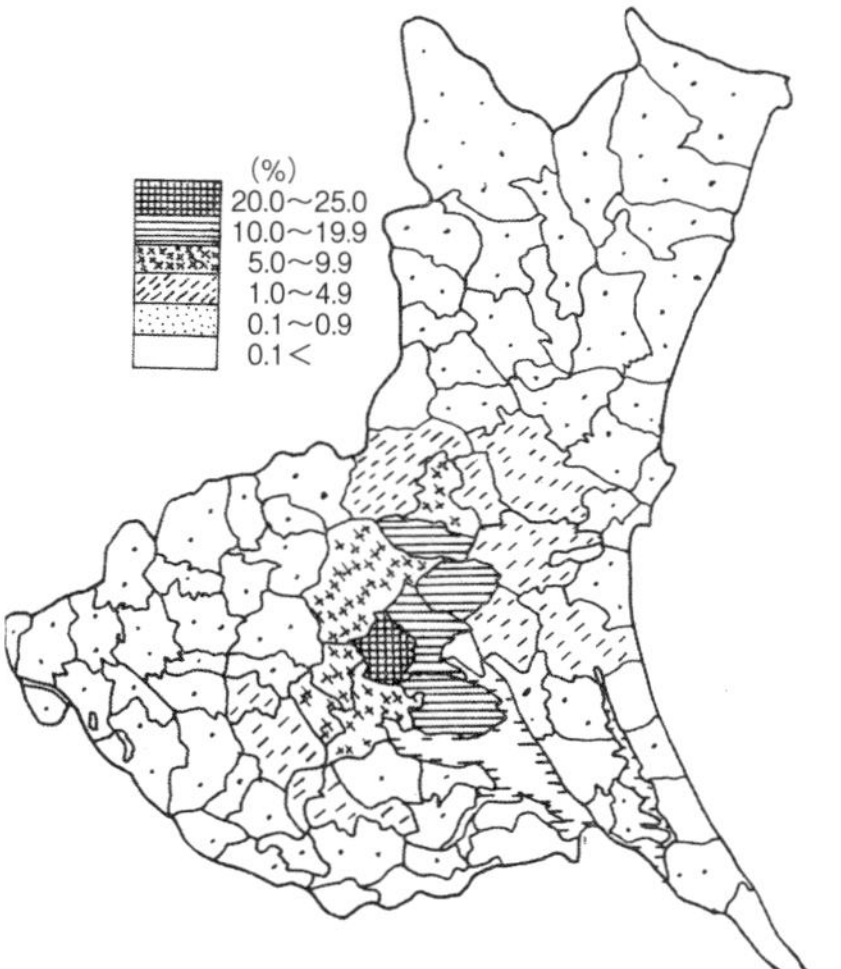

図4　クリ園率（1965年、対耕地面積）
（1965年 中間農業センサスにより作成）

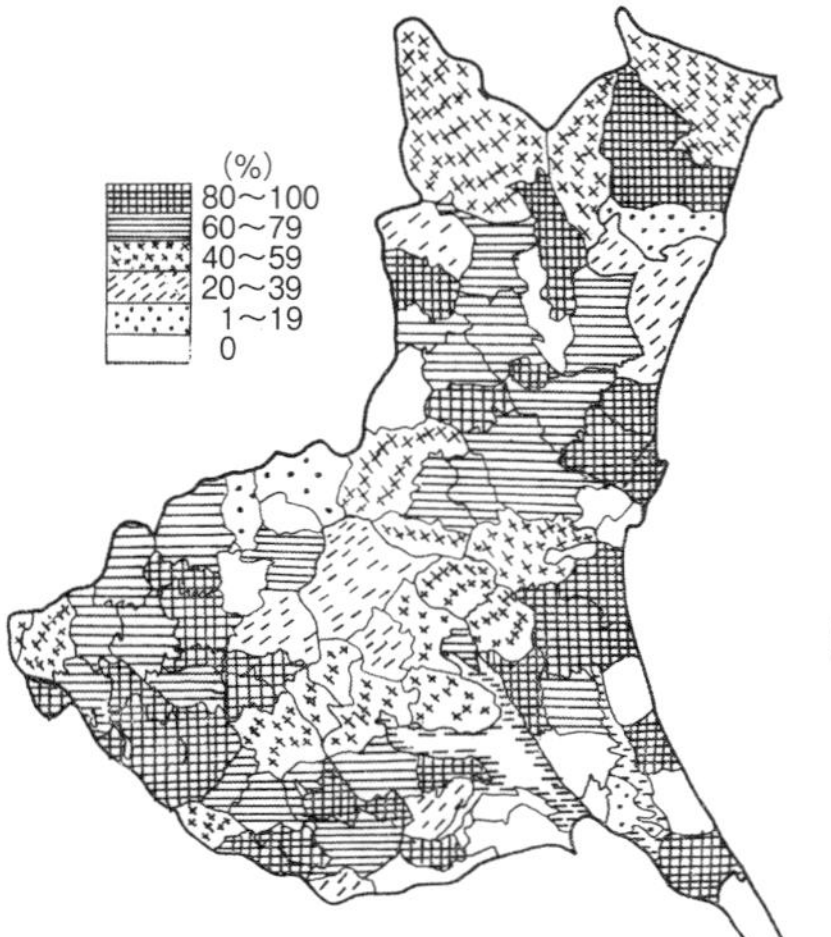

図5　クリ未成園率（1965年、対クリ園総面積）
（1965年 中間農業センサスにより作成）

市町村別分布をみると、クリ園率一パーセント以下の市町村で高い値を示す（**図5**）。このことは、県下のクリ栽培が県の中央部の先進地（千代田村）から周辺の市町村に向かって、いわば同心円を描くような形で発展したことを意味する。こうした発展の形が新しいクリ栽培農家が短期間に出現したことによって助長されたのである※6。

次に、クリ栽培における農家の一戸平均のクリ園の規模については、概してクリ園率・同栽培農家率などの値が高い県中央部で多く、未成園率の高い県周辺部で少ない傾向がみられる。しかし大差は認められない。このことは、県中央部において大面積経営として発展してきたクリ栽培が、近年の高い未成園率の分布地に示されるような比較的小規模と思われる栽培の普及によって打消された形になっているためと推測される。言い換えれば、茨城県のクリ栽培地域は、現在、これらの大・小規模の両形態の存在によって特色づけられているといえる。

◎ クリ栽培地域の区分

茨城県のクリ栽培地域は、以上のようなクリ栽培の発展過程、自然条件の地域的差異を参考に、さらにはクリ園率、クリ栽培農家率、クリ未成園率の分布様式から**図6**のように四区分できる。それぞれを核心、発展、新興周辺地域と呼称する。なお、核心地域はいずれの指標とも他と大きな差があることから決定し、発

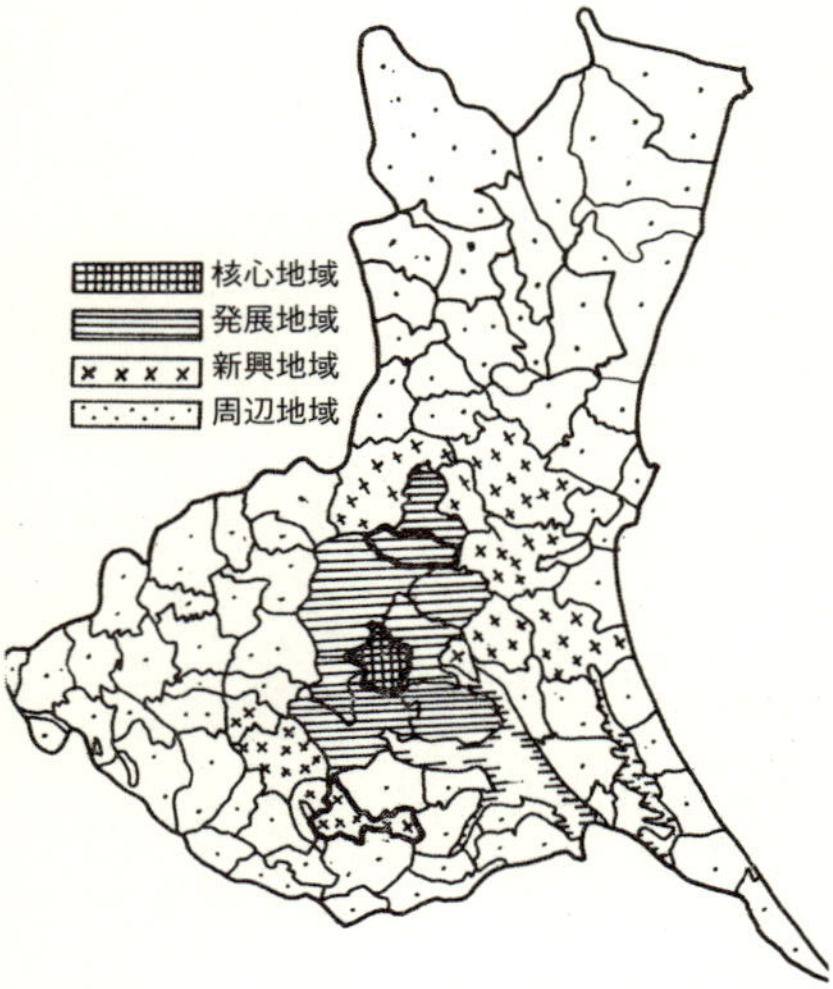

図6　茨城県のクリ栽培地域区分図
太線は実態調査の町村（北から岩間町・千代田村・牛久町）を示す。（1965年 中間農業センサスにより作成）

※6　全国的には、一九六〇年に栽培面積で第一〇位以下であった熊本県が、六四年には第二位に上昇したことが注目される。

展地域はクリ園率が五パーセント（一九六五年）台以上の共通点を示すこと、およびクリ栽培農家率（一九六〇年）と未成園率（一九六五年）が他の地域との差が明瞭であることから決定し、新興地域は一九六五年現在のクリ園率一パーセント以上を、周辺地域は一パーセント以下をもって決定した。

　これらの地域の性格を詳しく検討するため県中央部の三地域について実態調査を行なった。まず選定した三町村の近年における農業概況は**表1**の如くである。全体としては、畑・水田・桑園面積などが減少し、兼

表1　実態調査集落を含む市町村の農業概況（1965年）

項目＼町村別	総経営耕地面積（ha）	土地利用構成（%）				山林（ha）	専業兼業別農家構成（%）			各町村からの距離（km）	
		水田	畑	果樹園	桑園		専業	第一兼	第二兼	東京	水戸
千代田村（核心）	2155（△0.9）	36（△0.6）	35（△5.6）	24（▲13.9）	5（△2.3）	1270（△8.8）	54.9（△3.1）	30.0（▲2.6）	15.1（▲0.5）	70	46
岩間町（発展）	1702（△1.5）	39（▲0.8）	41（△18.2）	14（▲205.9）	6 —	2185（△3.4）	36.0（△14.0）	47.8（▲22.2）	16.2（△8.2）	97	19
牛久町（新興）	2205（△1.3）	32（△1.4）	62（△6.3）	5（▲248.8）	1（△50）	2327（△0.05）	43.1（△17.5）	29.0（▲7.3）	27.9（▲10.2）	52	64

（　）内は1960年に対する増減率　　▲増加、△減少　　　（1965年中間農業センサスにより作成）

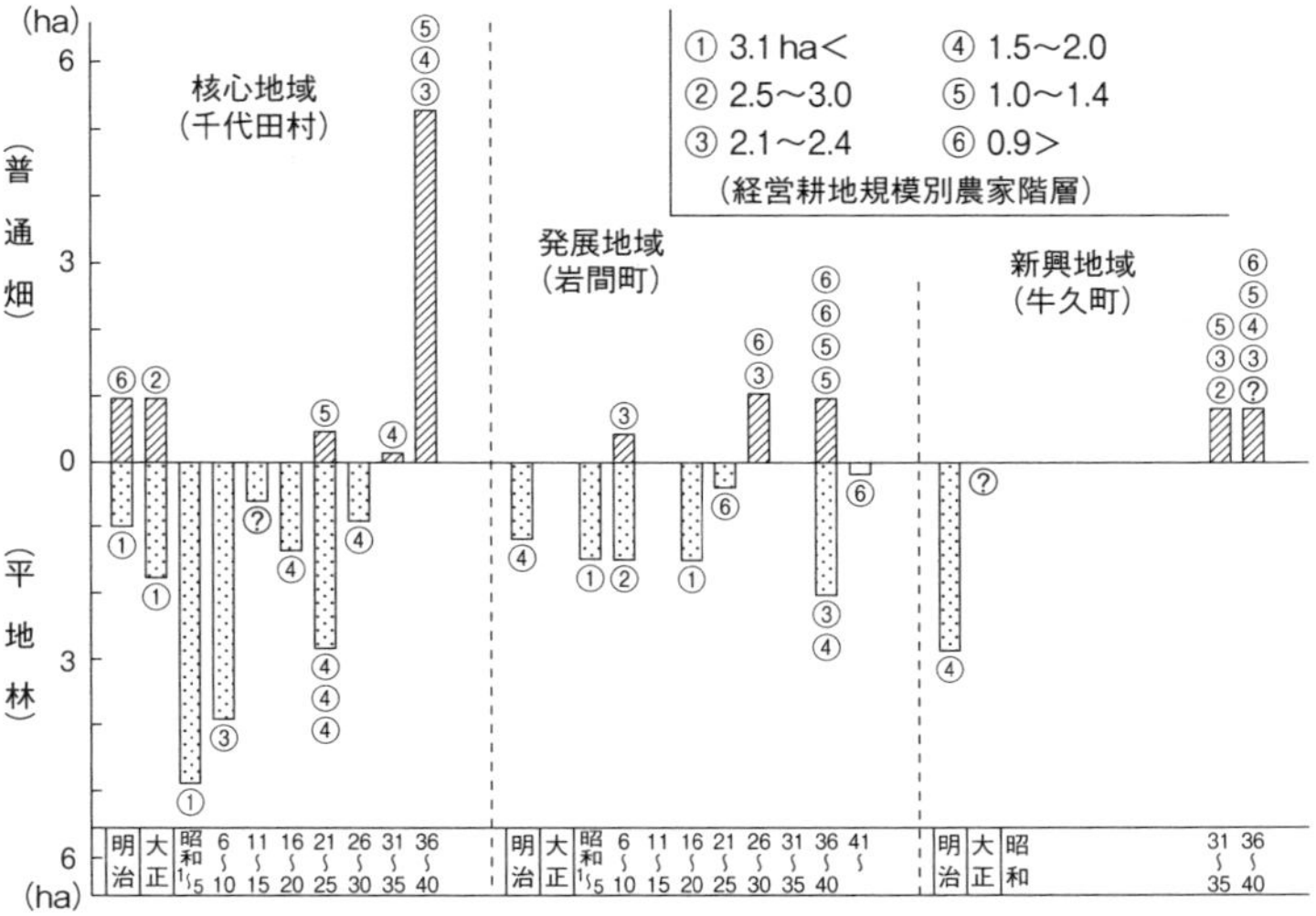

図7　年次別クリ園開園農家および開園前の地目（現地調査により作成）

業化傾向がみられるなかで、果樹園（大部分はクリ園）のみが著しい増加を示している点が注目されよう。次に、実態調査地区におけるクリ栽培の開始期と栽培農家の経営規模（階層）、および従前地の土地利用（地目）との関係は**図7**の如くである。これより、前述した茨城県下のクリ栽培の発展過程の特徴が、核心、発展、振興の三地域間の違いとしても確認することができる。

三　クリ栽培の地域的性格の分析

◆ 核心地域

茨城県における丹波系クリ栽培の発生地である。クリ園率（二十一・六《パーセント》、一九六五年）、栽培農家率（四十四・八《パーセント》）、および一戸平均クリ園面積（四十九《アール》、一九六〇年）は、いずれも他の地域に比して著しく高いが、逆に未成園率（三十四・一《パーセント》）は最も低い。

千代田村下稲吉市村集落の例を示すと、総農家数二〇戸中十七戸がクリ栽培農家である（**図8**）。各農家の経営耕地面積は三《アール》から五《ヘクタール》までである。耕地は大部分、水田・普通畑・クリ園によって構成され、他に桑園が加わる。そして、

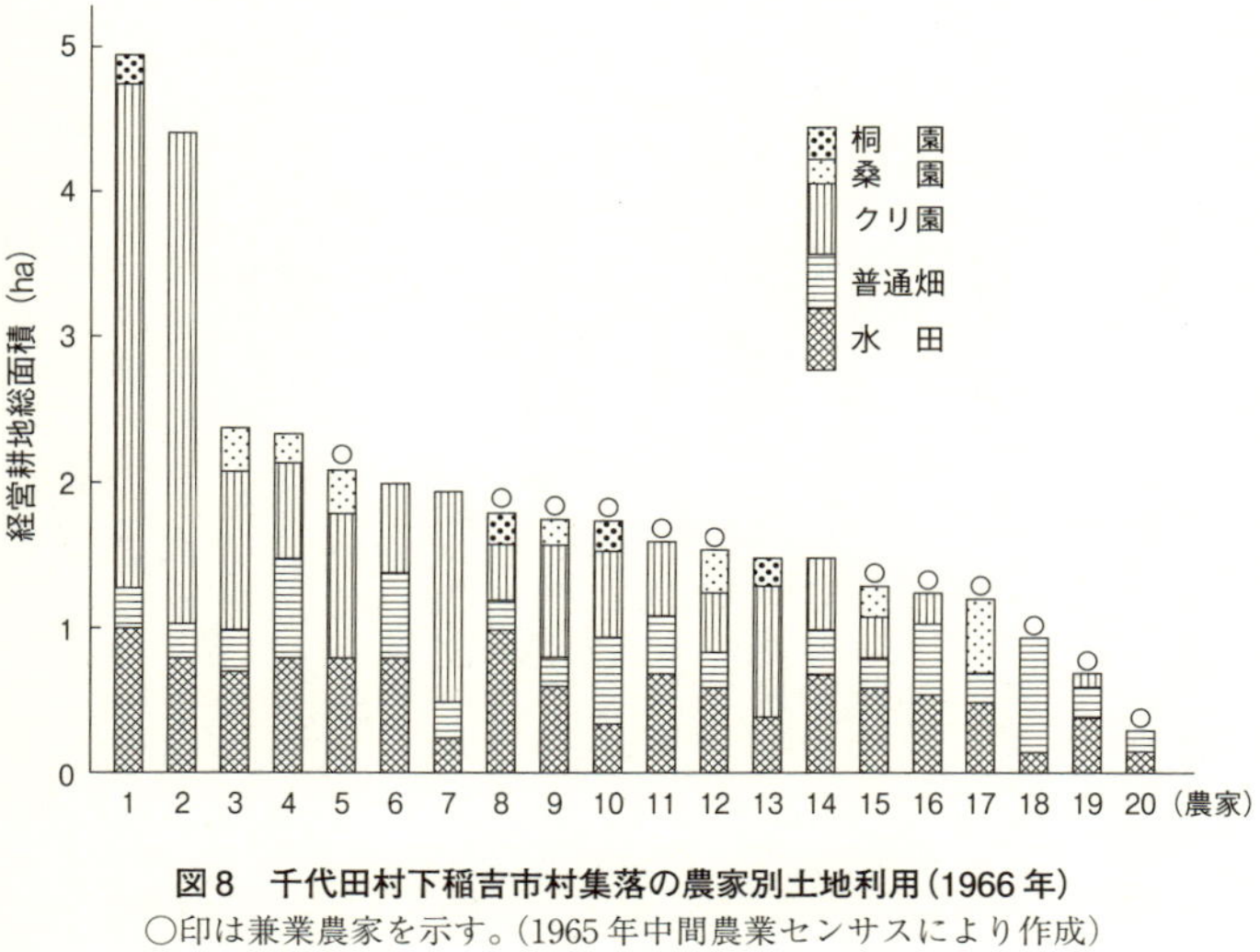

図8　千代田村下稲吉市村集落の農家別土地利用（1966年）
○印は兼業農家を示す。（1965年中間農業センサスにより作成）

経営耕地面積と利用作目との関係をみると、クリ園面積の多少が経営規模を左右し、水田は一般に一㌶未満である。すなわち、水田の少なさを養蚕や畑作およびクリ園経営などで補足するというのが従来の経営形態であった。しかし近年、労働力のかかる養蚕や生産性の低い麦畑などをクリ園に転換する農家が多く、将来的には、水田プラスクリの経営形態へ移行する傾向がみられる。しかし、これらの理由でクリ栽培を開始ないしは増加させた農家は、必ずしも専業化を指向しているわけではない。クリ専業農家は栽培面積一～四㌶の上層四戸のみである。クリ栽培と兼業との関係については、一九六六年現在で十三戸が兼業、うち九戸は一方でクリ栽培を行う中・下層農家である。つまり労働生産性が高く（第二章、**表1**参照）、他作物との労働力競合が少ないことなどの利点を持つクリ栽培は、水稲栽培および兼業などと結合し、全体として農家経済上主要な構成要素となっているといえる。

なお、十七戸の農家のクリ栽培の導入のしかたについては、すでに明治末期から昭和初期にかけて地主層を中心に六戸が開始し、以後第二次大戦にかけて二戸、さらに農地改革時に至って戦前の開墾小作形態のクリ栽培地がそのまま旧小作農家に解放されたものが二戸、一方耕地の減少をみた旧地主が当時の平地林解放攻勢対策を契機に、経営規模拡大のためにクリを採り入れたものが二戸みられる。さらに、これらの背景をもとに、近年の労働力不足、普通畑作物の低収益性、兼業化の傾向に対応するべく栽培したもの五戸という状況である。このように、茨城県におけるクリ栽培の発展過程は核心地域における栽培の導入にも集約的に表現されている。

　また導入の理由にかかわらず、現在、核心地域において耕地の二十五パーセント弱を占めるに至ったクリ栽培の意義は大きい。各農家階層毎には如何なる意義をもっているであろうか。市村集落を含む下稲吉二八〇戸の農家をもとに考察すれば（**表2**）、ほぼ次のようにみることができる。経営耕地面積二・五ヘクタール（二十五反）以上の農家：クリ栽培はこの階層の八十五・五パーセントの農家で行われ、うち四十一・四パーセントの農家についてはクリは農業収入中第一位の作目となっている。

　これらのクリ専業農家にとっては、導入・確立期および普及期の副業ないし経営規模拡大の手段、さらに平地林解放攻勢対策のための作目から、現在では農家経済上不可欠な商品作目としてのクリ栽培へ転換したとみられる。クリ園の規模も一ヘクタール以上が多い。なお残りの農家にとっては営農多角化に果たす役割が大きい。

　一〜二・五ヘクタール（一〇〜二十五反）の農家：二・五ヘクタール以上層に比してほとんど変わりない普及率（八十一・六パーセント）を示すが、農業収入中クリが第一位の農家は九パーセントと少ない。多くは農業労働力の減少、一般畑作物の不振、それに近時のクリ価の高値などを契機として導入・栽培している。クリ栽培面積も一ヘクタール未満が大部分である。したがって、クリ栽培は副業的色彩が強いが、しかしこれによって営農の多角化を可能とし、また労働力が少なくて済むため兼業をも可能ならしめている。

表2　核心地域におけるクリ栽培の普及状況（千代田村下稲吉地区、1962年）

	総農家数（A）	クリ栽培農家数（B）	B/A	クリ収入が第1位の農家数（C）	C/A	C/B
	戸	戸	%	戸	%	%
総　数	280	186	66	36	12.9	19.4
＜3反	20	4	20	1	5.0	25.0
3〜5	22	5	23	1	4.2	20.0
5〜10	56	32	57	12	21.4	37.5
10〜15	57	44	77	2	3.5	4.5
15〜20	67	49	73	4	5.9	8.2
20〜25	22	21	95	3	13.6	14.3
25〜30	17	14	82	5	29.4	35.7
30＜	19	17	89	8	42.1	47.1

注）下稲吉地区には市村集落が含まれる。　　（千代田村農家台帳により作成）

一ヘクタル（一〇反）以下の農家：クリ栽培農家率（三十三・三パーセント）は上層に比べて低い。この階層では一～二ヘクタル層におけるクリ栽培の意義の他に、従来から所有してきた土地を手放すことを嫌い、少ない労働力によって土地を保有し続ける目的をも兼ねている。

◎ 発展地域

核心地域と共に古くからのクリ栽培地域で、未成園率（一九六五年）はわずかに県平均（五十二・六パーセント）を下回る。各市町村とも近年クリ園面積は著しい増加を示しており、クリ園率は一九六〇年の四・三パーセントから一九六五年には八・七パーセントへ倍増した。クリ栽培農家率（十二・八パーセント）、一戸平均クリ園面積（三十七アール）も比較的高い。

こうした発展地域の代表例として、岩間町新渡戸集落の例を示そう（**表3**）。岩間町（現・笠間市）は六〇年代に入って第一種兼業農家の増加が著しく、農家の約半数（一九六五年）を占める。こうしたなかでクリ園率は一九六〇～六五年の間に六・六パーセントの増加を示し、茨城県下でもっとも伸張した地域である（**写真2**参照）。新渡戸集落で対象としたクリ栽培農家のうち、上層の三戸は専業で経営の中心はクリ（四ヘクタル、六ヘクタル、二・八ヘクタル）または酪農である。これに対し他の中層農家はすべて水稲への依存度が高い。しかも何らかの形で兼業形態を取っている。また両者の間でクリ栽培の時期についてみると、前者が導入・確立期

表3　クリ栽培農家の経営内容（岩間町新渡戸集落、1966年）

項目／対象家農 1)	耕地利用状況（単位 10a） 水田	普通畑	栗園	果樹園	桑園	農業収入/農家収入 × 100 (%)	農業収入中第1位作目	兼業状況 2)
A	10	5	40			100	くり	
A	7	8	16			100	乳牛	
A	8	3	28			100	くり	
E	7	5	3		2	60	水稲	(33)
E	5	3	5			60	〃	(39)
E	4	3	5		2	90	〃	(30)
E	5		8			40	〃	(30)
E	3	1	3			10	〃	(12)
E	4	5	3			40	〃	(36)
E	4	3	6			50	〃	(27)

注1）経営耕地規模別農家分類　A300a＜　B250～299　C200～249　D150～199　E100～140　F50～99
2)（　）内は兼業開始年次　（1965年中間農業センサス結果表により作成）

であるのに対し、後者は普及期ないし発展期である。さらに注目されることは、他産業依存度の少ない農家においては、畜産や養蚕などで農業経営を集約化する一方、残された耕地や平地林に栽培管理が容易で、労働生産性の高いクリを導入することによって、経営の多角化を図っていることである。この点は岩間町の例のみではなく茨城県全体からみても、比較的専業農家の多い畑作地域にクリ栽培が普及しつつある主要な要因になっている。

◆ 新興地域

クリの未成園率（六十五・五パーセント）を上回り、クリ園率も最近五ヶ年間に二パーセントの増加をみたが、未だクリ栽培農家率（三・一パーセント）、一戸平均クリ園面積（二十七アール）とも少ない。導入・確立期ないしは普及期の栽培農家が若干みられるが大部分は発展期に栽培を開始した農家を持つ市町村である。また、自然的条件および社会経済的環境が、核心地域や発展地域と類似しており、周辺地域とは区別される。

牛久町（現・牛久市）神谷集落の例（**表4**）をみると、畑卓越地に位置するこの集落では、水田は平均五〇アール以下と少ない。しかも専業農家は畑を多く所有する大面積経営農家ではなく、果樹栽培を多角的に行なう中農層に多い。果樹栽培農家としての出発は、当地に明治末期に立地した神谷酒造の経営した神谷ブドウ園のもとで開墾小作をしていた農家が、農地改革後、土地を開放され、ブドウの他に新たに梨やクリその他の果樹を導入した例が多い。しかし近年クリ栽

写真2　陸稲畑へのクリの新植
岩間町（現・笠間市）1966.8.21

写真3　放任的なクリ園におけるクリの収穫
牛久町（現・牛久市）1966.8.26

培がこれらの農家だけではなく、一般の農家にも普及している。この場合の栽培面積は大部分が一〇～五〇アール程度であって、クリ自体の経済的意義は大きくない。しかし果樹経営の多角化の一環、畑作物（とくに落花生）の代替作物、さらに労働力の減少対策（省力作物のクリ）等の意義を有している。一般には労働力が減少する中で、第二次世界大戦後以来の連作による土地生産性の低下と近年価格の不安定をきたしている落花生（白浜、一九五八）から土地利用や労働力面で同じく粗放的栽培の可能なクリ栽培に転換されている。また、東京まで五〇kmの位置にあり、農外産業への就業の機会も多く、クリ栽培は単に従前の土地温存の意義しかもたないような例もみられる（**写真3**参照）。

なお、周辺地域については、大部分が発展期に栽培を開始した市町村によって構成され、未成園率は六〇～一〇〇パーセントと高い値を示す。

◆ クリの産業風土形成の構図

以上を要するに、茨城県の商業的なクリ生産地域（産業風土）の形成は、導入、普及、発展の各時期を通じて、県中央部の平坦な洪積台地上に広がる平地林や普通畑などを蚕食しつつ、核心・発展・新興地域へと拡大してきた。さらに発展期に至って中央部をとりまく周辺地域においても新しいクリ栽培農家が出現したといえる。

歴史的には、クリ栽培をめぐる大きな変化は一九六〇年頃を境にし

表4　クリ栽培農家の経営内容（牛久町神谷集落、1966年）

項目 / 対象家農 1)	耕地利用状況（単位10a）					農業収入/農家収入 × 100 (%)	農業収入中第1位作目	兼業状況 2)
	水田	普通畑	栗園	果樹園	桑園			
B	7	16	3			90	水稲	(37)
B	2	15	5	7(ぶどう・なし)		80	果樹	(38)
D	5	8	2			40	水稲	(?)
D	4	7	5			50	〃	(?)
D	4	12	1			?	?	(?)
D	10	7	1			80	水稲	(36)
D	2	2	2	12(なし・ぶどう・かき・もも)		100	果樹	
D		7	2	8(なし・ぶどう)		100	〃	
E	1	4	3	2(ぶどう)		50	〃	(?)
F	2	5	1			10	落花生	(34)

注1) 2) とも表4に同じ　　（1965年中間農業センサス結果表により作成）

てみられる。

六〇年以前(導入期、普及期)は、比較的少数の上層農家によって大規模栽培が行なわれた。栽培前の地目も平地林が圧倒的に多かった(前掲**図7**参照)。すなわち、初期のクリ栽培は地主層を中心に、平地林転用による経営規模拡大を意図して行なわれた。経営的には、昭和初期の農村恐慌や第二次大戦後のインフレに対処するのに、一般の果樹や養蚕などに較べいちじるしく粗放的なクリ栽培によってカバーするという意義を有していた。

一九六〇年以降(発展期)は、クリを新植する農家数が実質的に増加し、その反面、一戸平均の栽培面積は少なくなっている。新植農家の多くは中下層の農家で、新植場所は普通畑が多く選ばれている。この時期のクリ栽培農家には二つの類型がみられる。その一つは、一九五五年から栽培を続け、まだかつての粗放性を払拭しきれずに大規模栽培による専業指向のタイプである。他の一つは、兼業化や労働力流出によって労働力が不足するため、必ずしもクリの専業化を目的とせず、労働生産性が高い利点を活かし、営農多角化の一環としてクリを導入したタイプである。このタイプは発展期の特徴であり、同時に新植場所の多くが普通畑である。このことは、クリの導入が農家の経営規模拡大とは必ずしも結びつかないという意味で、注目すべき新しい動きである。しかも、クリ栽培地域の拡大はこのタイプによるところが大きいのである。

かくして茨城県のクリ栽培地域は、栽培の開始時期、発展過程、栽培の目的、栽培農家の階層などの面で四つの地域がそれぞれ独自性を有しながらも全体としてみれば、県中央部の畑の卓越した、あるいは平地林地帯に一つのまとまった特色ある農業地域として形成されてきた。しかしながら、クリ栽培の特殊性とその経営の内容からみれば、地域的には構造上なお安定性の低い農業地域であるといえる（桜井、一九五〇）。

四　クリ栽培の今日的課題

以上みたような茨城県におけるクリ栽培地域形成の構図は、一九七〇年代から八〇年代、さらに今日でも基本的には変わりがない。しかし、そのなかで新しい変化が生じてきていることも指摘しておかねばならない。第一は、クリ生産者の経営内容に大きな格差が生じてきたこと、第二は、クリ生産地域の構造に変化が生じてきたこと、そして第三には、生産したクリの出荷・市場対応の面での矛盾が顕在化してきたことである。

◘ 経営階層間格差

第一の点については、まず、クリ栽培とは対照的な土地生産性が高く、労働集約的な苗木生産の部門の拡充である。苗木の生産は自家用クリ苗木の生産から出発し、クリタマバチ耐性品種が育成・普及するようになってから生産が大幅に増加した。しかもクリのみではなく梨、梅などの各種の苗木の生産へと発展した。※7 苗木生

※7　この点については大八木・内山（一九八三）による果樹苗木の販売形態に着目した研究に詳しい。

産は農家において大きな経済的意義を有し、クリと比較した場合、土地生産性は一〇倍の高さとなった。また農家の経営全体からみて、各作物間の労働力配分が一年を通じて切れ間なく行われ、兼業の機会を少なくするのに貢献したという。一方、小規模な農家は兼業化を指向した反面で畑地をクリ園に転用したものの管理が行き届かず、荒廃クリ園が生ずるようになり、その結果両者の経営内容の違いが地域の土地利用景観にも現れるようになった。こうした農家階層間における格差は、その後クリ生産自体についても品質を重視する動きが強められるようになるに連れ、クリの栽培方式自体の変化としても現れるようになる。従来の放任的な高木栽培から所謂低樹高栽培への移行である。この点については、改めて四章で詳述したい。

◘ 栽培地域の北進

第二の点については、確固たるクリの産業風土が形成されてきた茨城県中央部において、地域の構造に変化の兆しがみえてきたことである。すなわち、茨城県のクリ産地の特徴は前述したように、大部分は平坦地の火山灰土壌で、いずれも大型機械の運行に適した立地条件を備え、好適な立地条件であることは基本的に変わりはないものの、兼業化と結びついたクリ栽培の場合、労働力の不足によって樹園地の管理がおろそかになっている。ことにこの傾向は常磐線沿線や都市化の波に影響を受けている地域に目立つようになっている。この結果、栽培地域の動向に地域差がみられるようになった。

　例えば、県内の四つの地域区分にしたがってみると、まず一九七〇(昭和四十五)年に、県南地域が三七九〇ヘクタール(五十八パーセント)、県北地域二三一〇ヘクタール(三十五パーセント)、県西地域三一二ヘクタール(五パーセント)、鹿行地域一四六ヘクタール(二パーセント)と県南、県北地域で主に栽培されている。これに対して二〇〇四(平成十六)年では、県南地一八四〇ヘクタール(四十三・二パーセント)、県北地域二二一〇ヘクタール(五十二・〇パーセント)、県西地域一三一ヘクタール(三・一パーセント)、鹿行地域七十一ヘクタール(一・七パーセント)となった。県北地域は微減になっているものの、県南、県西、鹿行地域では、大きく減少している。また高齢樹園や荒廃園が多く、生産量は低くなっている。これらのことから、クリ栽培地域が従来の中心地であった県中央部の洪積台地上で南側から北側へと、徐々に北進する傾向を認めることができる(口絵Ⅳ参照)。その場合、旧来の生産核心地域において専業化したクリ生産農家は持続性を示す傾向が強いのに対して、零細兼業農家ではクリ園の荒廃がみられる。

◇ 低い系統共販

　第三は、このようなクリ産地形成の構造のため生産されたクリの出荷・対応に際して、有利な販売条件を確保しにくくしている。茨城県は戦前からの産地であり、仲買業者や加工業者の占める地位が比較的高く、したがって流通面では一部の農協を除いて、系統共販の割合は低く、個別個販、集荷業者への庭先販売が多い、と言われてきた。

　こうしたなかで、産地形成が比較的新しい友部町[※8](現・笠間市)の場合、県内では系統出荷は高い方であったが、それでも一九七九年当時で共販率五十三パーセント

※8　クリ栽培地域は涸沼川両岸に広がる洪積台地にみられ、北川根地区と宍戸地区で全町のクリ栽培面積の八〇パーセントを占めている。北川根地区は、宍戸地区よりも栽培面積が広く、クリ園も集積していて、農協の共同選果場(一九七一年大型選果機導入、一九七七年選果場完成平均処理能力一〇トン／一日)が立地しており、クリ栽培の中心地域である。

（四五〇・一トン）であった。根本（一九八一）によれば、農協栗部会による出荷は、地元の運送会社と一定期間の輸送契約を結び、トラック便で京浜市場（東京市場を中心に四カ所）へ出荷し、一部（約五パーセント）はクリ加工工場へも出荷している。一方、生産者自身による出荷の場合は、大部分は仲買業者やクリ加工業者に流れている（**図9**）。クリ加工業者とはムキグリ業者のことで、岩間町に大小規模の業者がいて、出荷時期の時だけ営業している。ムキグリ業者は友部町・岩間町・茨城町・美野里町の生産農家からクリを仕入れ、それを抱えのムキ子（手内職）に渡して剥皮させている。なお、この事例では出荷品種は筑波が全体の半分を占めているため、出荷期が集中し、価格の下落を招いているという。

　以上を要するに、茨城県のクリ栽培地域はかつてのように各階層がクリを導入することで、地域全体としての発展を導いてきた時と異なって、近年では専業的な方向での経営を指向する農家と、小規模・兼業経営を指向する農家間の矛盾がさまざまな形で顕在化してきている。この傾向はクリ園の景観上にもはっきりと現れてきているだけではなく、地域が一体となってクリの産業風土を維持する上で障害となってきている。そして何よりも、市場対応を有利に展開し得ない大きな要因になっている。またこ

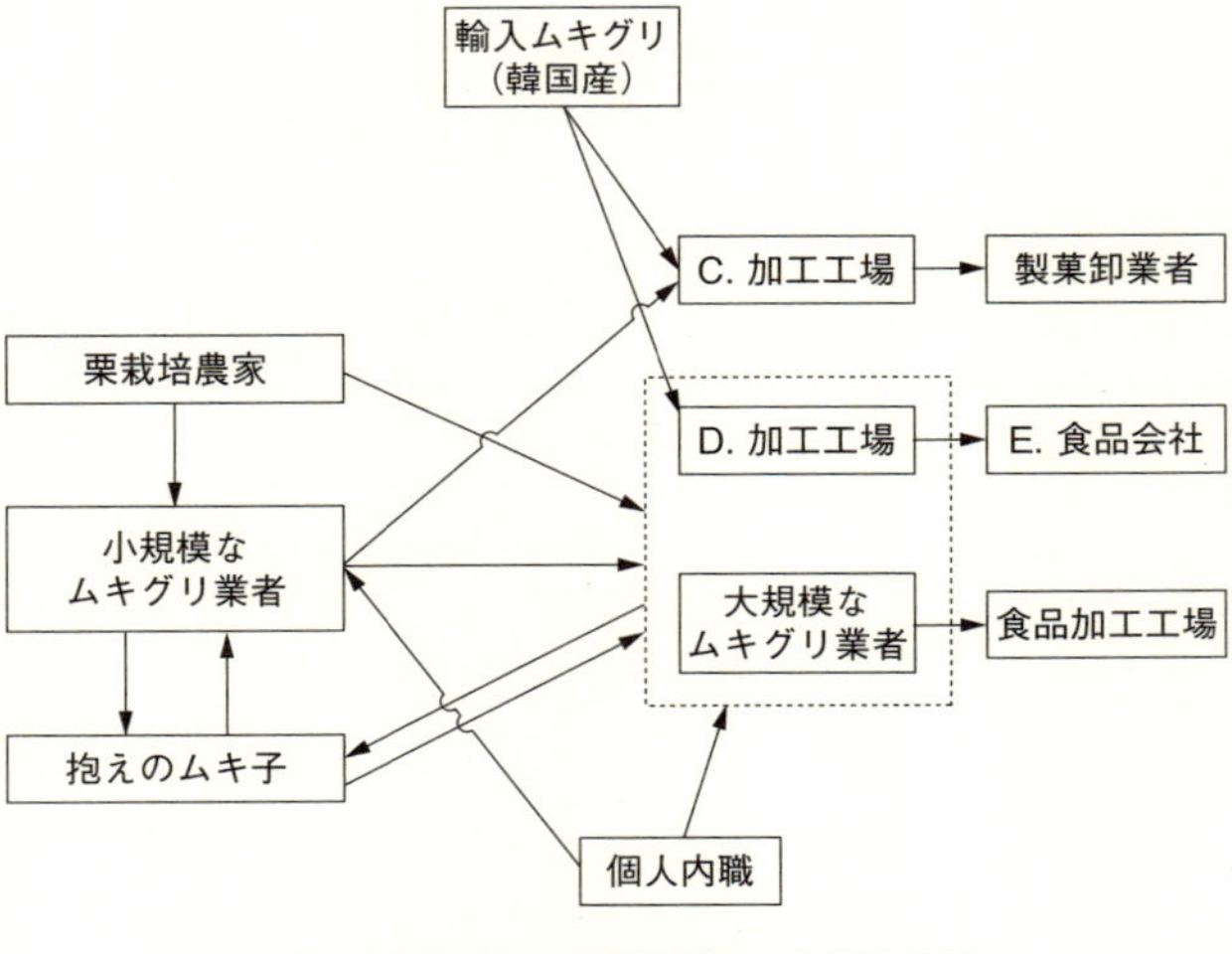

図9　加工グリの流通経路——友部町の例
（根本、1981による）

のような状況は、現在、茨城県果樹進行計画が推進する、①高齢樹園の改植による若返りや優良品種の導入・普及、産地の維持と生産の向上、②クリシギゾウムシの防除技術の確立と耐虫性品種の導入、③低樹高栽培による安定生産と栽培の省力化の推進、④予冷・貯蔵施設の整備推進による高品質出荷や出荷期間の拡大、⑤加工等による高付加価値販売等の方針実現を、達成しにくくしている。※9

五　むすび

これらの問題は、世界的にみたときの輸入剥きグリの増加や需要の落ち込みで価格が低迷する現状への対応という点だけではなく、季節商品として根強い需要のある国産クリの消費拡大に応えていく上で、もっとも重要な課題となっている。しかし地域的な観点からいえば、茨城県におけるクリ栽培は首都東京を中心とした巨大市場を背景に発展したのであるが、その位置的有利性が逆に多くの零細クリ栽培農家を抱え込んでいることについて改めて留意してみる必要があるのではなかろうか。すなわち、これまでの行政サイドの指導指針には、栽培技術面や出荷の面での経済的合理性の追求については繰り返し叫ばれてきたが、零細兼業型のクリ栽培農家を生み出す地域環境をいかにして活用していくべきか、という観点を視野に入れてみるべきではなかろうか。そこに従来と異なった新しい地域的産業風土を形成しうる可能性と余地が残されているように思われる。

※9　例えば、低樹高栽培は八〇〇ヘクタールと急速に普及してきているが、まだまだ粗放栽培が多く、病虫害など果実品質に問題がある。また品種では「筑波」、「石鎚」など中晩生種の比率が七十四パーセントと高く、中晩生種に偏重し、収穫労働力が集中している。さらに、収穫出荷において鮮度を大切にした収穫や選果選別の体制が不十分で品質評価を落としている。

コラム3

北海道：クリ樹のある公園

北海道小樽市の小樽公園や手宮公園、そして渡島半島茅部郡森町の青葉ヶ丘公園は、クリ樹が茂る珍しい公園である。クリ樹は人工的に植えられたものではなく、北海道の開拓以前からの植生のなごりが存続してきたのである。

青葉ヶ丘公園は大正時代に造られた公園で、現在、公園内に自生するものは147本、このうち約50本は老木で、樹高18.8m、幹周5m以上の樹もあり、樹齢は200年をこえるものもある。記録によれば、明治5年春開拓使は、青森一室蘭間の航路を開くに当たり、クリ材が堅硬で腐植にも強いことに注目し、森港の桟橋の橋脚材や骨格材としてクリ材が使われた(北海道庁編1913)。公園に残るクリ樹はそうした影響から免れてきたものである。

小樽市の公園を含む小樽や余市方面も、かつてはクリ樹等が鬱蒼と茂った森林地帯であった。日露戦争後、南樺太の領有によって、鰊漁が盛大に趣くに連れて、同地方の森林は家事及び鯡粕製造用の薪として年々暴伐されるようになった。開拓使は森林を保護するため、一、二等林の伐木を禁止したが、小樽公園及び手宮公園は二等林として認定されクリ樹の暴伐を免れることができたという(小樽市1995)。

これらの公園に残されてきたクリの実は小粒ながら甘味があり、食用として親しまれ、「甘味頗る強く、本州栗よりは甘度4、5度は高し」(北海道庁編1913、『北海道森林誌』)といわれてきた。茅部郡森町のクリは「茅部グリ」として知られ、アイヌの時代には最も彼らの珍重とする処で神の恵み給う食糧として重用されたらしい。今日でも、10月の霜の降りたころに大木の下で周辺の住民がクリ拾いをして楽しむ場となっている。

小樽公園のクリ
(上部の白い印は一円玉)

第四章　クリの産業風土形成（Ⅱ）
――西南日本遠隔地・熊本県の事例――

第三章でみたように、第二次世界大戦前に産地形成をとげ、今日も全国第一位にある茨城のクリ栽培地域は、東京市場への近接性、均質な土地条件（平坦な火山灰台地）、共同出荷体制の確立、地主の平地林利用方式などを要因として形成され、さらに一九六〇年代には労働力の減少に伴う農業の粗放化対策もその一因となって、いわば兼業農家の土地利用作物として導入され、多様な役割を果たしつつ発展してきた。これに対して西南日本においては、人口が集中する地域から離れた遠隔の地域において、新たなクリの産地形成＝風土形成の動きが展開した。本章ではその典型事例として経済成長期に飛躍的な発展＝産地形成をとげた熊本県のクリ栽培の実態について考察する。

一　クリ栽培の発展過程

熊本県におけるクリ栽培の発展過程を、クリの生産および流通の時代的変化の特徴に着目し、大きく三期に区分して記述する。

◎第一期（一九一〇年代～四四年）

この期は全国的にみると昭和初期の農村恐慌を機にクリの産地形成をとげる地域も生じたが、熊本の場合、栽培面積・生産量・流通構造などの面で特筆する程の動きは示さなかった。しかしクリ栽培に向けた動きがみられなかったわけではない。この間の農村経済情勢の変化に対応して、内部的には果実の生産・商品化を目的とした園芸式のクリ栽培が萌芽をみ、さらに県下に普及した時期である。

萌芽期はほぼ大正時代に相当する。宮崎（一九六九）によれば、熊本県最初のクリ栽培は、一九一五（大正四）年、球磨郡上戸越町の中農、伊津野保男氏によって試行された。すなわち、当時はまだ県下で栽培グリの苗木育成が行なわれていなかったが、同氏は京都の丹波地方から接木した早生丹波と銀寄の苗木を取り寄せ、水田一ヘクタルにクリ八〇アールを組合せた複合経営を開始した。※1 そして総収入の五〇パーセント強をクリ園からあげるという成果を残した。これがもとになって、二一年には、隣接の同郡下戸越町、永野町、矢黒町、さらに二四年には、同郡錦町のほか上益城郡の松橋町にも追随者が現われた。こうして萌芽をみせたクリ栽培がどのような農民層と関係していたかを直接示す資料はない。しかし、当時のクリ価格と米やまゆ価格との比較、副産物としてのクリ生産量の推移などから判断して、※2 当時の採用者は、伊津野氏のような中上層農民に限られていたのではないかと考えられる。

さて、他の果樹栽培とクリ栽培との相違は、萌芽期には林業経営下で副産物とし

※1　丹波系品種を接木し畑肥培管理をするもので、林業経営下の副産物としてのクリ生産とは区別される。以下、園芸式クリ栽培を単に、〝クリ栽培〟と呼ぶ。

※2　当時はクリを含めて果実価格全体が、まゆ価の上昇に追いつけず、クリ価は八円二銭五厘／石で、米の十四円二十七銭

てのクリ生産がすでに存在したが、他の果樹の場合にはかかる傾向はみられなかった。熊本県でも林業経営のかたわら副産物として収穫されたクリは、一六年時点で一万二一四四石に達していた。いまここで特筆したいことは、こうした林業経営下におけるクリの生産地と、新しい栽培グリの発生地域との関係である。栽培グリの発生地域は上述のようにほとんど球磨郡下であるが[※3]、この地域は当時副産物としてのクリ生産では県総生量の六十八パーセントを占める集中的な産地（**表1**）でもあり、両者はみごとに一致している。このことは、新しいクリ栽培が、熊本県にあっては、かつての林業経営下のクリの特産地という地域的環境の中で芽ばえたことを示すものとして注目される。

昭和初期の農村恐慌期に入ると、クリは米価やまゆ価の低下する中で、山間村を中心に山林収益の増加をもたらす土地利用方式として注目され、普及範囲を広めてゆく。従来普及に大きな支障となっていた接木苗を県外から購入することが容易でなかったが、二八年には県内に育成・分譲者[※4]が現われ、四一年には阿蘇農学校によるクリ栽培の奨励も行なわれた。こうして県内に普及しはじめたクリ栽培は、最初の統計が公表された四一年、栽培面積で一二六・二ヘクタール、実収高で約十六・八万貫（六三〇トン）に達し、熊本県は、全国順位でそれぞれ十四位と八位で比較的高い地位にあった。しかし全国構成比では栽培面積で一・七パーセント、生産量で三・二パーセントを占めるにすぎなかった。

他方、熊本県内のクリ生産は、県南に対する県北の比重が高まる傾向を示した。

／石ともかなりの開きがあり、また副物産としてのクリ生産は、一九一一年の一万八九二八石から、一万四二二六石（一九一四年）、一万二一四四石（一九一六年）、さらに二四五六石（一九二七年）へと急減を示していた（熊本県統計書）。

※3　宮崎（一九六九）による。

※4　鹿子木猛氏は一九五二年まで銀寄・大正早生の育成分譲を継続。他方同氏は、養蚕の不振を理由に三・五ヘクタールのクリ園を拓いた。

県内初のクリ苗木の育成者は県北の鹿本郡菊鹿町相良の人であったし（宮崎、一九六九）、当時まだ生産上優位にあった副産物としてのクリ生産の動向にもその傾向がみられる。林業経営下の副産物としてのクリ生産は、昭和に入ると、大正期の減産傾向から転じて、一九二七（昭和二）年の二四五六石から、三九年には四〇九九石に増加した。そして地域的には、球磨郡の地位が一九一六年当時に比して大きく低下し、県北の鹿本郡や阿蘇郡などの生産割合が高まった（**表1**）。また副産物として収穫されたクリは、従来ほとんどが県内消費であったが、県外の福岡市場向けにも、二七年に三石、三八年には二十九石が仲買人を通じて販売されるようになった。これらの事情は、当時のクリ生産が交通・市場などの面で恵まれた県北地域に有利に展開する形で、県内に新しい動きを生じはじめたことを示す。ただしその流通面では、熊本県全体としてはクリ産地が県内の山間地に分散していたこともあって、市場対応を十分に意識した共同出荷などの動きはまだ認められなかった。

◘ 第二期（一九四五〜五九年）

三期に区分される熊本県のクリ栽培史の中では漸移期として特徴づけられる。第二次大戦による園の荒廃、さらに全国的に波及・猛威をふるったクリタマバチ被害の影響で、熊本県でも、一九五二〜五三年

表１　熊本県における林業副産物としてのクリ生産の推移

年　次		1916年		1927年		1939年	
生産量		収穫量	割　合	収穫量	割　合	収穫量	割　合
県全体		12,144石	100％	2,456石	100％	4,099石	100％
市郡別	玉　名	620	5.1	93	3.8	163	4.0
	鹿　本	286	2.4	283	11.5	737	18.1
	菊　池	1,228	10.1	158	6.4	285	7.0
	阿　蘇	1,006	8.3	255	10.4	759	18.5
	上益城	344	2.8	99	4.0	264	6.5
	下益城	116	1.0	41	1.7	139	3.4
	八　代	106	0.9	80	3.3	137	3.3
	芦　北	51	0.4	55	2.2	160	3.9
	球　磨	8,259	68.0	1,305	53.1	1,350	33.0
	その他*	128	1.1	87	3.5	105	2.5

注1）*：熊本、飽託、宇土、天草の各市郡を含む。　（熊本県統計書より作成）
2）1石＝10斗（100升）、180.39リットル

頃に戦前の林業方式のクリ栽培、および園芸品種の大部分が姿を消し、クリタマバチ抵抗性品種への交替の時期となった。しかし、こうした状況にありながら、熊本県では、一時戦前（一九四一年）水準を下回った栽培面積も園の復旧や新植が行なわれ、五五年には二三〇㌶となった。これには農地改革に伴う栽培農民の主体性の確立、五〇年以降の国内経済の復興と果実市場の拡大、そしてクリ生産自体については全国的なクリタマバチ被害による供給不足により、クリ価が高騰し、クリ栽培への関心を高めた。しかし産地形成を促す主因としては五五年の新農山村建設総合対策の施行が重視される。この対策は五五年の米の大豊作のあとをうけて戦後始めて農民の自主的な適地適産の方向をうたったもので、熊本県でもこの考えにそって造成されたクリ園が散見されるようになり[※5]、次期のいわゆる主産地形成の前兆となったのである。

◘ 第三期（一九六〇年以降）

この期は、第一期とは大きく異なった栽培品種をもとに、社会的には農工間の所得格差の拡大、薪炭需要の低下、畑作物の価格低下、そして労力不足といった状況の中で、産地形成の主因としての行政施策の支援の下で、クリの栽培面積と生産量に飛躍的な増加がみられた。そして産地としての熊本県のクリ栽培にとって最も特筆すべき点として、一九六〇年に初めて共同組織のルートでクリ販売が行なわれた。

この時期のクリ生産動向に注目すると、まず栽培面積の増加が特徴として示さ

※5　後述する鹿北町の曲野集団クリ園の端緒はこの施策によるものである。

れ、次いで生産量の増加に伴って、出荷その他の面で産地としての熊本県の性格が明らかになってくる(**表2**)。

すなわち、**表2**から明らかなように、栽培面積の推移は、一九六〇年の五四一ヘクタールから六五年には二九〇二ヘクタールとなり、約五・三五倍の激増を示し、すでにこの時点で、日本の主要クリ栽培としての熊本県の地位を築いた。以後も面積の増加は続き、七一年現在では四〇〇〇ヘクタール近くに達した。※6 このような激増がどのような地目の転換によってもたらされたのかをみたのが**図1**である。クリ園への転換地目は総じて五〇～六〇パーセントが山林・原野から、そして二〇～

表2　クリの生産と流通の動向(熊本県)

年次	栽培面積*			生産量(A)	共同販売				全国順位(構成比)	
	計	成園	未成園		共販量(B)	共販率(B/A×100)	単位(円/kg)	販売金額	栽培面積	生産量
	ha	*ha*	*ha*	*t*	*t*	%		億円	%	%
1945	48	…	…	499	…	…	…	…	19(1.0)	6(3.5)
1950	53	47	6	840	…	…	…	…	19(1.2)	7(3.2)
1955	230	142	88	735	…	…	…	…	15(2.3)	14(2.4)
					生果(加工)		生果(加工)			
1960	541	200	67	612	15(15)	2.5	—(157)	0.02	13(2.6)	11(3.6)
1965	2,902	870	1,430	1,167	188(65)	16.1	265(220)	0.47	2(8.5)	4(4.9)
1970	3,798	—	—	2,657	1,097	41.3	250	2.74	—	—
1971	3,945	—	—	2,321	947	40.8	208	1.97	—	—
1972	…	…	…	…	2,459	70.3	234	5.75	—	—

注：栽培面積のうち1960、1965、1969の各年については計と成園・未成園は資料が異なるため数値は一致しない　　---未調査　(農林省統計書、熊本県統計書、熊本果実連資料、同果樹園芸課資料による)

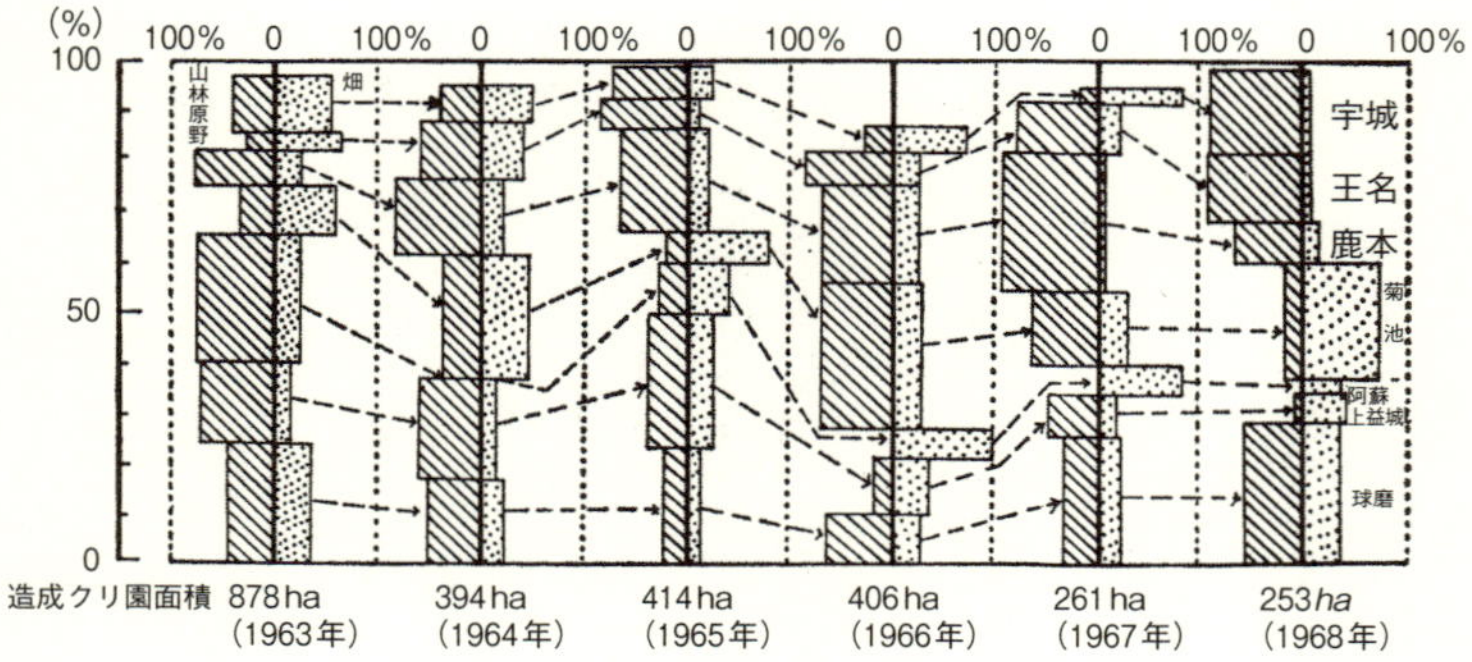

図1　クリ園転換地目の地域別・年次別推移(熊本県果樹園芸課資料より作成)

三〇パーセント前後が畑からの転換でこれに次ぐ。これを県内十一の農林事務所管内（後掲、**図3**）別にみると、山林・原野からの転換は玉名、鹿本、上益城、八代、球磨などの地域に卓越するのに対し、畑転換は阿蘇、菊池、宇城などで多く、地域差を伴っている。

　ところで、このような転換地目とも関連することであるが、クリ園化の特質として複数の農家が同一地域に集団園をなす例が多いことを付け加えておかねばならない。集団クリ園がこの期に開園されたクリ園の何割に相当するかは詳らかではないけれども、県北を中心とした調査では二十五・四パーセント、県南の球磨村の場合では十五地区のクリ園中十四例がこれに当たる。さらに、一〇ヘクタール以上の認定集団クリ園の面積は、年々の増加クリ園面積に対して六一年で六十六パーセント（一八九ヘクタール）、六二年十二・〇パーセント（一二二ヘクタール）、六三年五・七パーセント（四十九・八ヘクタール）、六四年四十五・〇パーセント（一六六ヘクタール）、そして六五年には三十一パーセント（一〇五ヘクタール）に達している。※7

　次にクリの生産量および流通面の特色をみよう。生産量が顕著な伸びを示しはじめるのは、一九六五年頃からである。それ以前の生産量は年に六〇〇～八〇〇トン台に留まり、したがって六〇年に開始された共販もその取扱量は少なく、六四年時点でさえ生産総量の一〇パーセント未満であった（**表2**）。しかし六五年になってその割合は一〇パーセントを上回り、以後三〇～四〇パーセント台を示し、七二年になると七〇・三パーセントと高まり、熊本県におけるクリ出荷形態を特徴づける方式となった。

　そこで、この共販内容の変化を分析してみると、次の三点が指摘できる。（一）

※6　こうした栽培面積の増加は、全国的には日本のクリ栽培地域の比重が西南日本で高まる動きに対応したもので、熊本県はその最も顕著な例である。

※7　県北の調査は熊本県果樹試験場菊池分場、球磨村は著者調査、認定集団クリ園の面積は県果樹園芸課資料による。

一九六四年頃までクリは、加工向けとして、比較的有利な値段で県内加工場に送られ、他方で処理しきれない分が生果として少し安価で地場市場を対象に出荷されていた。(二)六五年に入ると、共販に占める生果の割合は生産量の増加に対応して高まり、約七〇パーセントに達したが、この変化は他方で生果販売の利点に裏づけられたものであった。(三)これはクリ出荷が、従来は県内や北九州市場であったのに対し、この段階で県外の大市場を対象とするようになってきたことに関係している。

表3に共販ルートのクリ出荷先と市場の平均価格を示す。これより一九六八年時点の共販の主要市場は大阪に偏して、その割合は五十五パーセント前後を占めていたこと、また当市場のクリの価格は一kg当たり一八三円で最高値であったことが分かる。しかも七二年の状況をみると、県内向けは四パーセント未満と低位で、九州市場や中国市場への比率も低下した反面、京阪神や名古屋の大市場出荷の傾向がさらに強まった。その結果、クリ産地としての熊本県の地位は、大市場側からみても重要性を増し、六八年の大阪市場と神戸市場における占有率はそれぞれ三十一・八パーセントと四〇・四パーセントを占め、第一位の占有率を示して、旧産地の愛媛や岡山の地位を制するまでになった。

かくて熊本県のクリ栽培地域は、六五年以降になって、いわゆる遠隔産地として急速にその全国的地位を高めたのである。※8 無論、これには前述のような行政施策と

表3　共販によるクリ出荷の地域別内訳

出荷先	1968年の共販量 770t		1973年の共販量 1675.5t	
	共販割合	平均単価	共販割合	平均単価
	100.0％	181円/kg	100.0％	241.0円/kg
京浜	2.50	181	0.3	229.1
名古屋	—	—	11.9	254.9
京都	—	—	1.4	234.5
大阪	54.58	183	56.7	245.3
神戸	—	—	9.1	226.6
中国	7.78	181	1.6	221.8
九州	31.46	176	15.0	226.8
県内	3.72	164	3.9	234.1

注：共販量は生果分のみで加工向けは除く。
（県果樹園芸課資料より作成）

※8　一九七〇年時点で熊本は、栽培面積(三二二〇ヘクタール)・生産量(三三三〇トン)とも、旧産地の茨城・愛媛に次いでそれぞれ全国第三位、その構成比では八・五パーセント、六・八パーセントを占める。

急速な農林業の変化に起因したものであることはいうまでもない。以下では具体例によってこの点を明らかにしよう。

二　内陸部に展開したクリ栽培

◎ オレンジベルトとの棲み分け

熊本県のクリ栽培地域は、**図2**に示した栽培面積の分布状況からみると、県の内陸部一帯に及び、その中心を県北地帯、中部の緑川上流、それに球磨地方などにもち、宇土半島から天草諸島にかけた沿岸地域を限界としている。

このように分布地域の範囲が広いことは、気候条件への適応の幅の広いクリ樹の地域的な特色といえる。一方沿

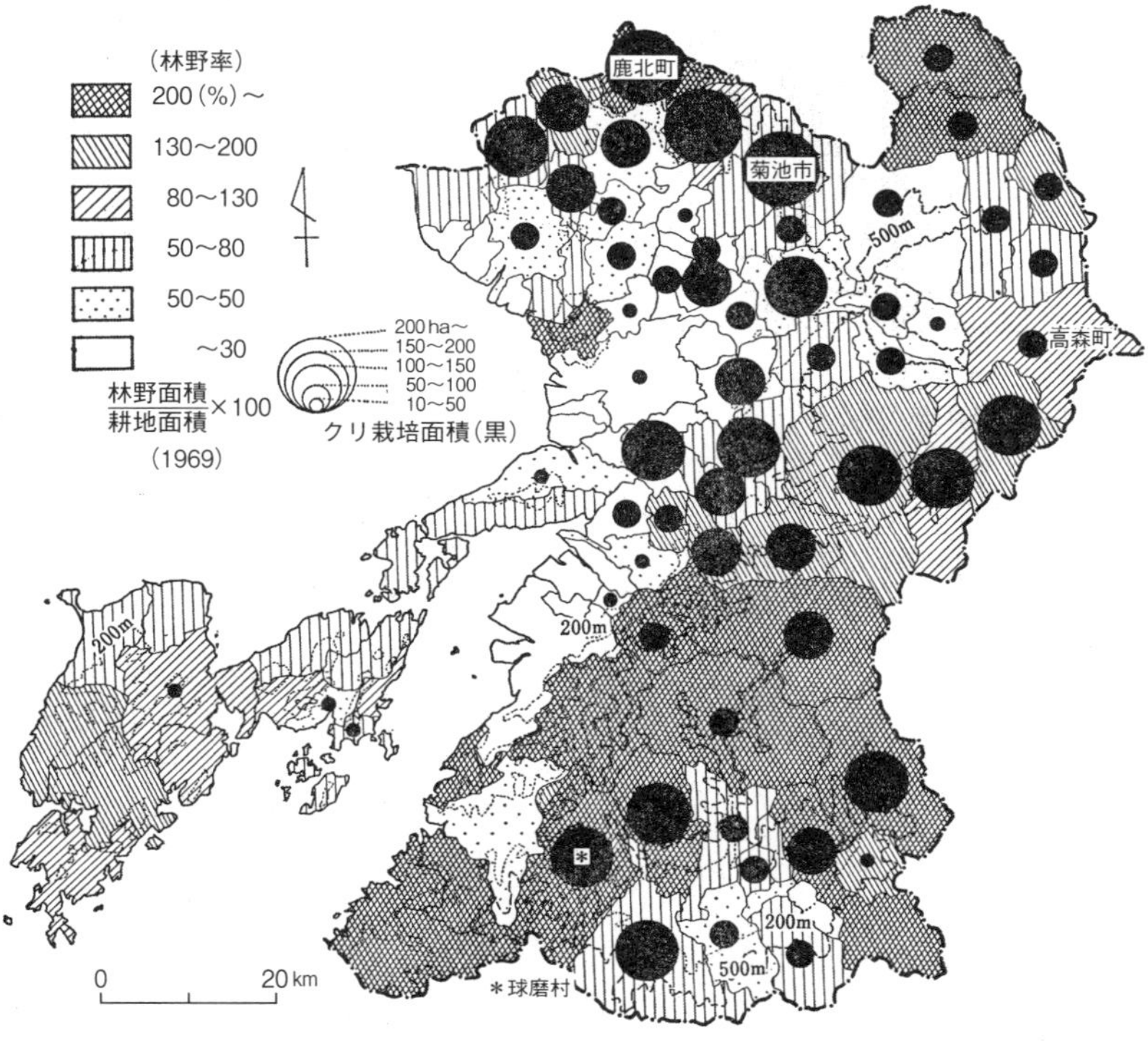

図2　クリ栽培の分布（熊本県農業統計年報により作成）

岸地域を限界帯としている理由は、気温上この付近が日本の栽培クリの南限の気温分布に対応している(後掲**図3**)※9ことから、いわば気温限界とも考えられるが、現実的には、クリより収益性が高い柑橘※10がクリに優先して導入され(江上、一九六四)、いわゆるオレンジベルトを形成していたことである。

◆ 栽培地域の分布パターン

ところで、クリ栽培はどのような場所に発展したのであろうか。各市町村毎のクリ栽培面積と耕地率(対経営総土地面積)との関係をみてみると、耕地率三〇パーセント以上、七〇パーセント未満の範囲に栽培市町村の五〇パーセント強が、五〇ヘクタール以上に限ると総数(二十四市町村)の七十五パーセントまでが集中し、さらに面積が増加するほどこの傾向が強い。このことは、クリ栽培が台地、丘陵地、そして山地斜面にまで及んでいることを示す。この点は**図2**中の林野率と標高(等高線分布)からも確認される。その中で県南の球磨郡下の場合は、林野率一〇~二十五パーセントの範囲に主な分

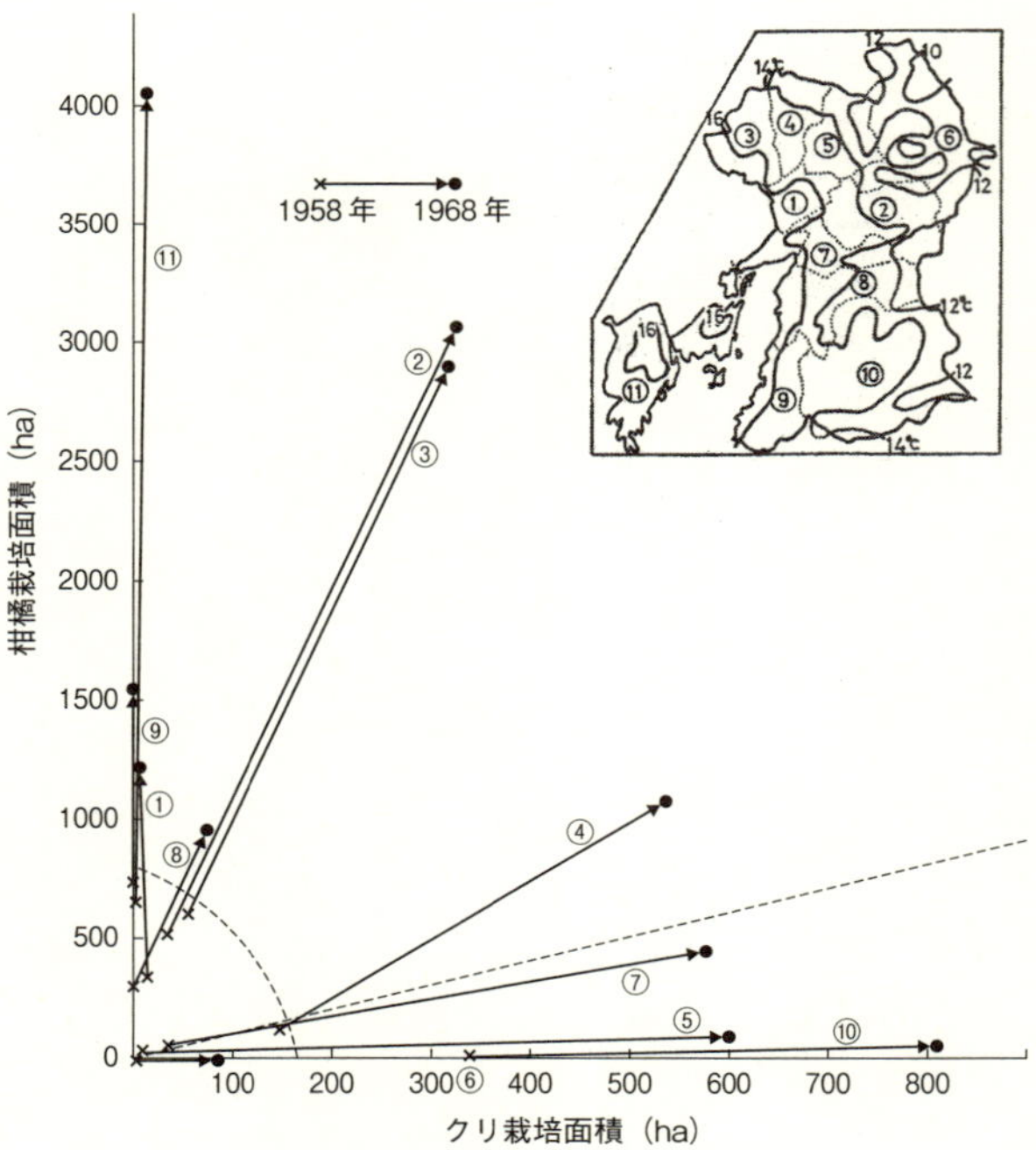

図3　クリと柑橘の発展地域の差異
右上図は年平均気温の等温線分布
図中①～⑪は農林事務所所管呼び名　①金峰山、②中央、③王名、④鹿本、⑤菊池、⑥南郷・矢部(阿蘇)、⑦宇城、⑧八代、⑨芦北、⑩球磨、⑪天草　(熊本県農業統計年報等により作成)

※9　日本の主なクリ栽培県は、大部分が年平均気温一〇～十五℃の範囲にあり、南限産地の宮崎県は十六・六℃(宮崎市)を示す。

※10　熊本県の近代的果樹経営の指標によると、ミカンの純収益

布地域がみられる。かつてこの地域は発展過程のところで指摘したように、副産物としてのクリ生産において最も主要な地域であったが、今日の県北を中心に発展したクリ栽培地域と比べて特殊な存在となっている。いずれにせよ、熊本県のクリ栽培は内陸部のさまざまな地形面を利用する形で、広い範囲に及んでいる点に特徴がみられる。したがってクリ栽培の分布パターンは地形からみると、筑肥、益城、九州山地においてみられるクリ栽培のタイプ(山地型)と、熊本低地中の肥後台地や阿蘇区などにみられるタイプ(台地型)に二分することができる。

三　クリ栽培地の立地景観の分析

◎調査地区の設定

調査にあたっては、既述のように、熊本県の場合集団クリ園の造成が特徴であること、クリ栽培分布のパターンに二つの類型(台地型・山地型)がみられることを考慮し、四つの地区を設定した※11(**表4**)。

すなわち、山地型事例としては本多久部落(鹿北町)と大無田部落(球磨村)、台地型の事例は茂藤里集落(菊池市)と村山集落(高森町)である。

まず、山地型のうち鹿北町本多久が属する鹿北町を概観しよう。鹿北町は県北の標高四〇〇~五〇〇メートルの古生層からなる低山性の山地地域であり、山林が経営総土地面積(四二九〇ヘクタール)の六十八・〇パーセントを占めている。農業活動の面では、気温が

十三万三〇四〇円に対し、クリは四万一三七八円で、ミカンの三分の一程度の収益とされている。

※11　現地調査は一九七〇年四月上旬に面接調査を主に行なった。

年平均十六・七℃で県内でも温暖な地域であること、町内を南北に通ずる国道三号によって県内および福岡県の周辺都市への連絡が保ち易いことなど、幾つかの好条件を備えている。農家率が他の三調査地域と比べて特に高いが、農家の兼業化は六割程度に浸透し他と変らない。しかし農業的土地利用は、果樹園が四十二・九パーセント(対耕地面積)で県平均(十二・〇パーセント)を大きく上回り、他は水田三十六・八パーセント(同五十八・一パーセント)、果樹以外の樹園地十五・八パーセント(同四・三パーセント)、畑四・五パーセント(同二十五・六パーセント)であり、全体的に果樹を主とした樹園地の比重の高い点に特徴がある。

他方、山地型クリ園のもう一方の調査地大無田のある球磨村は、鹿北町とは反対に県南にあって、熊本市からは九十四km離れた位置にある。球磨村の自然的基礎をなす九州山地は九州本島中央部で最も険しい地形をなし、村内を八代平野に東流する球磨川(横谷)は段丘の発達が悪い。全地域の八十八パーセントは傾斜地で、山林が総経営土地面積(五六六五ヘクタール)の八十九・四パーセントを占めている。また県南端にありながら年平均気温は十五℃程度であ

表4　集団クリ園の4事例の概況

項目／事例地区	開園 年次	開園 場所	開園 事業名	現況(1970年) 面積	現況 参加農家数	現況 1戸平均	現況 施設等	現況 管理	関係市町村総栗園面積
				ha	戸	ha			ha
菊池市茂藤里内	1962	記名共有林(平坦地)	市　果樹振興計画	5	13	0.38	農道3m 幅160m ミスト機12台 水槽1基	共同(作業) (肥料購入 防除・出荷)	131
高森町村山内	1962	普通畑(平坦地)	農業構造改善事業	7.8	8	0.9	ミスト機3台 水槽5基	個人管理	64
鹿北町本多久内	1959	入植配分未墾地(傾斜地)	新農山村建設補助事業	20	5	4.0	農道3.6m 幅 4,000m ミスト機5台 草刈機5台	個人管理	239
球磨村大無田内	1963	村有林伐採跡地(傾斜地)	村　果樹振興計画	6.5	13	0.5	農道3m 幅300m ミスト機、動カイガムキ機各1台 集荷所1棟 運搬用ケーブル 400m 1基	完全協業	126

(農業集落カードおよび現地調査により作成)

り、農業の条件は厳しく、農家率も四十七・〇パーセントにすぎない。耕地構成に目立った特色はないが果樹園は十二・八パーセントでわずかに県平均を上回る。近年、地域林業の変化、球磨川における電力・工業用水確保のためのダム建設などが影響し、人口減少の著しい山村といえる。

　次に台地型クリ園として調査した二地区（集落）のうち、茂藤里の属する菊池市の地形は、①低地（四〇〜一〇〇メートル）、②丘陵性台地（一〇〇〜三〇〇メートル）、③山地（三〇〇メートル以上）と区分され、また地形に応じて気温差も大きく、自然条件は複雑である。菊池市は一九五八年に旧隈府町を中核に市制をしいた。県都の熊本市にも二十四kmと近い距離にあり、交通も便利なことから、農業活動上有利な社会経済的条件を持つ。土地利用は、山林（六三九四ヘクタール）が総土地面積の四十六・一パーセントに対し、耕地は四十八・五パーセントに達しており、前述の山地型の地域とは異なっている。ただし、この地域は台地型とはいえ、古くから〝肥後農法〟で知られ、稲作が盛んである。水田は①に加えて②にも棚田として開発され、さらに近年は新規開田も進行したため耕地の六十六・七パーセント（県平均五十八・一パーセント）を水田[※12]が占める。

　これに対し村山を含む高森町は、県東端にあって、阿蘇火口原（南郷谷）と外輪山外壁の山東地区からなり、年平均気温十三・五℃、標高五〇〇メートル以上の高冷地である。交通は熊本市まで四十三kmの間に県道高森線が通じている。高冷地にありながら比較的平坦な地形をなして、山林は経営総土地面積（七四四四ヘクタール）の四十六・七パーセントと県平均並みである。ただし耕地は三〇・六パーセントに留まり、他方では採草地・放牧地は

※12　うち戦後開田された面積が十八パーセントに達する。開田は、井手からの取導水が慣行上厳しく、殆んどが地下水ボーリングなどによる灌漑を基礎としている。

二十二・七パーセント（県平均は三・六パーセント）と高い割合を占め、著名な赤牛の飼育と結びつき一大特色となっている。耕地が畑地の七十八・四パーセント占めている点も特徴的である。

なお、集団クリ園が属する調査対象集落の農業立地条件や営業状況は、以上の各所属市町村の概況からおおむね明らかであるが、四地区の耕地面積、土地利用農産物販売額構成および人口動向等の概況は**表5**の通りである。その中で、集団クリ園が開かれている場所の環境（従前地）は、四つの事例ともそれぞれ異なっている。山地型のうち本多久の曲野地区では入植農家に配分されたクヌギ林、大無田の場合は村有地の伐採跡地、また台地型の茂藤里では市所有の記名共有林野、そして村山では普通畑という状況であった。そこで以下、各調査地区のクリ園の立地と経営の実態に注目してみよう。

◈ 鹿北町本多久

本多久の曲野クリ園は、**図4**に示したように北向きの比較的急な山地斜面に、標高六〇～四五〇メートルの高さにわたって二〇ヘクタールの集団をなす。一九五八年に付近の農家から分家および家族ぐるみで入植した五戸の農家が所有するもので、園形成の経緯は次の如くであった。まず、当初入植農家は畑作雑穀の経営方式を指向し、さといも・にんじん・あわなどを作付ける一方、クリは翌年から各戸で三〇アールずつ換金作物として導入された。各農家はさらに、クリ園造成の簡単な山成り方式によってクリ樹の増植をつづけ、六一年頃までには手開墾でそれぞれ一ヘクタール近いクリ園を拓いた。その翌年からは開園にブルドーザーが使用され、**図4**にみられるように配

表5　調査対象地区の農業概況

項目 / 農業集落名	農家1戸当り経営耕地面積	耕地土地利用構成				農産物販売額規模別構成			農業人口* 増減率	農業就業* 人口 減少率
		水田	畑	果樹園	桑園	50万円未満	50万円～100万円	100万円以上		
	ha	%	%	%	%	%	%	%	%	%
茂藤里	1.44	61.3	16.5	15.4	6.8	10.8	24.3	64.9	88.7	90.5
村　山	1.93	1.8	74.3	7.8	16.1	37.9	46.6	15.5	79.5	85.7
本多久	1.59	28.6	10.9	60.5	—	48.7	43.6	7.7	86.0	82.1
大無田	0.75	59.7	22.1	18.0	0.2	89.7	10.3	—	88.7	74.5

*1970/1960 × 100　　（1970年世界農林業センサス農業集落カードにより作成）

分地のほとんど全域にクリ栽培が発展した。

ところで農業的には不利な条件下で入植した開拓農家が、このようにクリ栽培を強く求めた理由は何か。これには、前述の如く、当時のクリ価格の高騰、導入資金の低廉さと資本金回収の短期性に加えて、(一)町の果樹振興対策に基づく補助金の交付、(二)配分土地面積が比較的広く(一戸平均四ヘクタール)、粗放な経営でも自立経営が可能であったこと、そして(三)配分地が未墾の傾斜地で他作目との競合が少ないうえ、北向きの斜面[※13]であったため柑橘との競合を避けられたこと、などが指摘できる。

◎ 球磨村大無田

これに対して大無田の場合、クリ園は球磨村の支流を南に入った比較的傾斜のゆるい標高二五〇メートルの北西斜面に分布する(**図5**)が、この地での開園は、一九六三年に村が果樹植栽事業の一環として、村有地の伐採跡地でのクリ園造成を進めて

※13　クリ樹は陽樹であるためこの意味では南面傾斜が適することになるが、旱魃、台風被害、虫害、樹傷みなどとの関係で、傾斜地では北東面が最適、次いで北面、北西面の順となる。

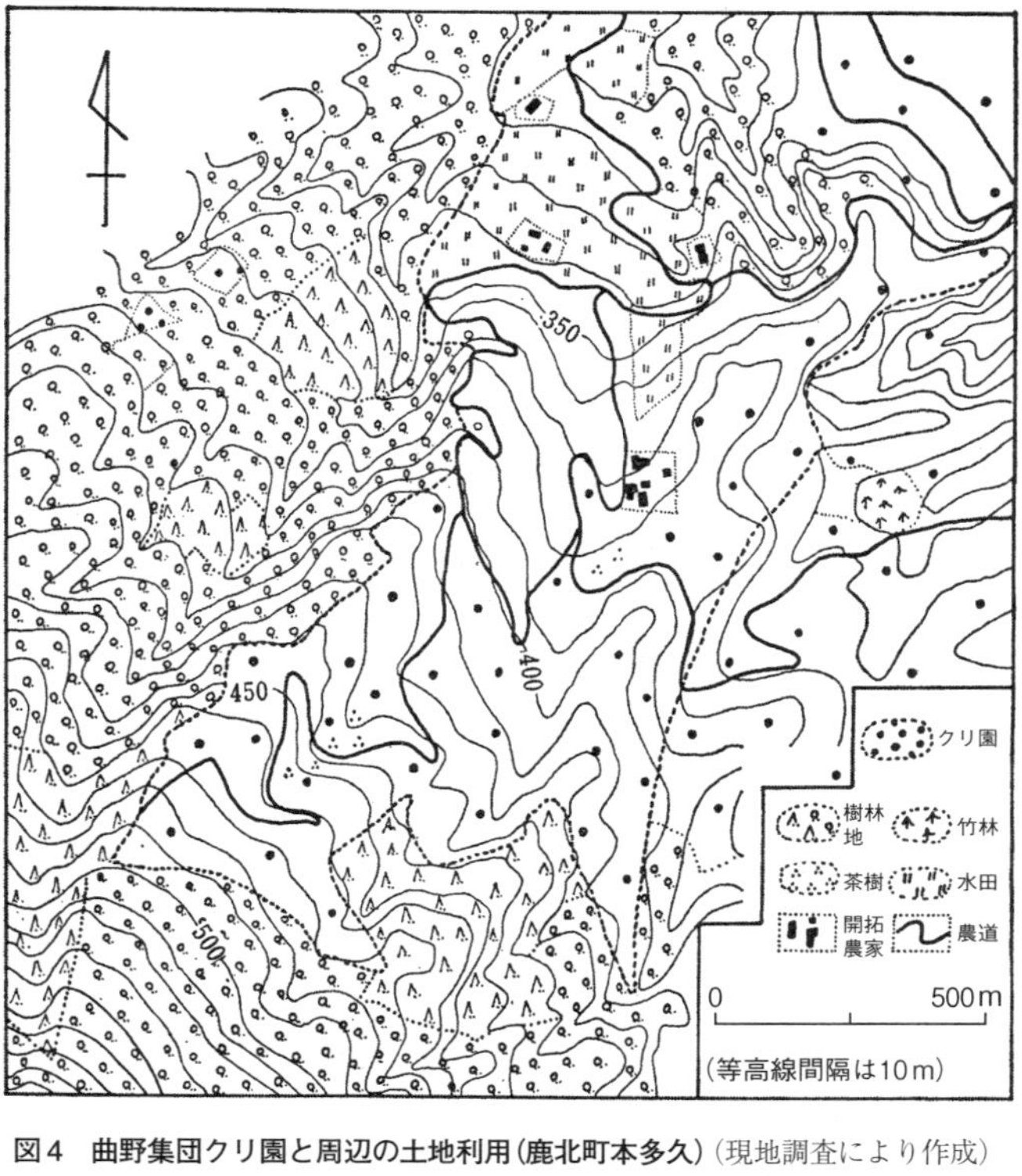

図4　曲野集団クリ園と周辺の土地利用（鹿北町本多久）（現地調査により作成）

きたことに始まる。つまり六〇戸からなる大無田では、これをうけて希望者を募った結果、応募した十三名の参加者によってつくられたのがこのクリ園で、従来の農業経営の枠外にクリ園が造成されたことが特徴である。

◘ 菊池市茂藤里

次に台地型の一方のタイプである茂藤里の集団クリ園と付近の土地利用を詳しく示したのが**図6**である。地形の複雑さは既述の通りであるが、クリ園造成の舞台となっているのは、そのうちの丘陵性台地に対応している（後掲**写真1**参照）。図をみると開析が進み、起伏が大きく台地とはいえ水田の多いのが目立つ。現地で灌漑の状況を調べてみると、これは、各支谷によって寸断された台地においても自然湧水や天水依存ではなく井手と呼ばれる用水路がたくみに台地面の中腹または頂部に形成され、みごとな棚田を形成しているからである。※14

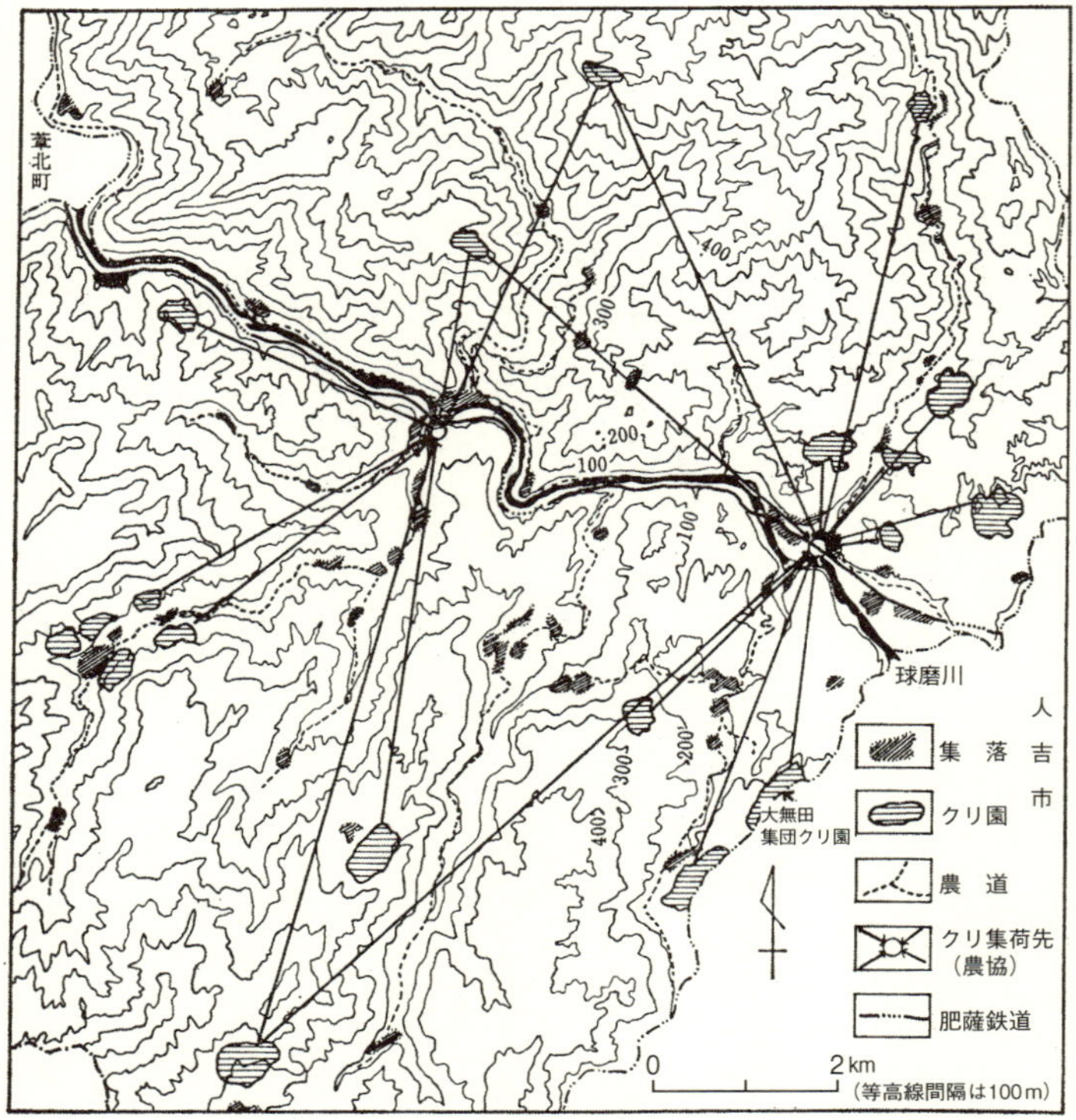

図5　球磨村における集団クリ園の分布（現地調査により作成）

※14　熊本県農政部（一九七〇）「菊池川農業水利の諸問題」、十一頁で詳しく触れている。

もちろん、水田以外の土地利用も認められる。従来、井手より上部は導水ができず農業的土地利用が遅れ、雑木林や桑園として利用されるにすぎなかった。図中の集団のクリ園は、そうした場所に残されていた記名共有林が、薪炭の不況下で一九六一年、市の行政指導（援助）もあって開園されたものである。

高森町村山

これに対し村山の事例は南郷谷の最東奥、白川上流の乏水地域にあって典型的な畑地帯にクリが導入されたものである。それには次のような事情を指摘しうる。南郷谷の畑地帯では、第二次大戦後の貿易自由化、農業技術の進歩に対して土地利用が次のように変化してきた。[※15]

（一）一九五五年以前：一戸平均の耕地面積の広い点を基礎に低収益で粗放なとうもろこしの栽培時代。（二）一九五五～六七年：大面積の粗放経営の基調を持続させ

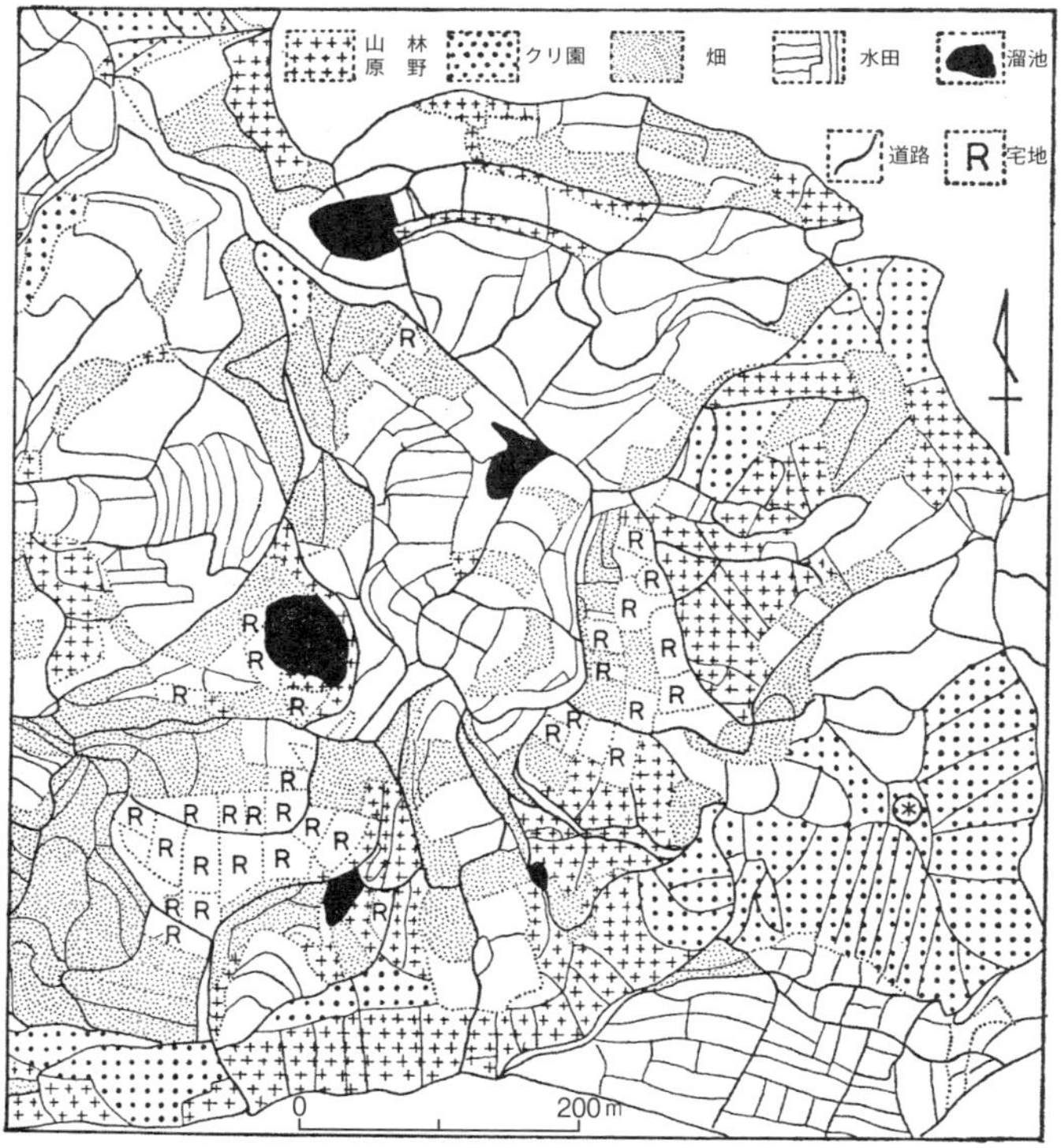

図6　菊池台地茂藤里部落周辺の土地割と土地利用（現地調査により作成）
＊茂藤里集団クリ園

※15　全国農業構造改善協会（一九六八）「熊本県高森町における農業構造改善の基本構想について」、二十三頁参照。

たまま栽培技術の進歩で比較的収益性の高い陸稲栽培の普及の時代。(三)一九六七年以降：高収益かつ集約経営のできる野菜・タバコの導入による小面積型土地利用の採用時代。

村山におけるクリ栽培の導入は(二)の段階で行なわれた。当時、陸稲が普及しつつあったが、谷底でも乏水性が強いため、不安定であったところへ、現金収入源としては旱魃に強く、陸稲以上の価格条件を有するクリが注目された(**写真2**)。広い面積の粗放経営に耐え、関東の洪積台地と類似した土地条件であったことから、町の果樹振興計画、構造改善事業の主幹作目とされ、いち早く村山の農家によって導入された[※16]。

このように、クリ栽培の導入は一方で一九六〇年前後に行政施策に基づく栽培の奨励・指導に助長されて、他方で山林や粗放な畑作物の価格低下を機に、それらに代るより高収益の作物を求めて行なわれたのである。しかし、こうしたクリ栽培も地域の農業的土地利用全体からみるとかなり限定された形で導入されていることも認めざるを得ない。

写真1　菊地台地のクリ園(1975.4)

写真2　阿蘇南郷谷のクリ園(1975.4)

※16　※17で「クリは他にこれといった作目の発展の可能性の少ない地区または経営に適する」と考えられている。

四　クリ栽培発展の経営的および地域的意義

ここではかくして形成された四地区の集団クリ園は、個々の構成農家の側からみたとき如何なる経営経済的意義を持つのか、さらにそれらの意義はどの程度地域性を反映したものかを検討したい(**図7**)。

◎四地区の農業経営の特徴

まず各地区の構成農家の経営基盤からみよう。経営耕地規模は開拓農家群である本多久の場合が平均四㌶を上回り最大で、次いで畑地帯の村山が一㌶以上、そして一㌶前後の農家群

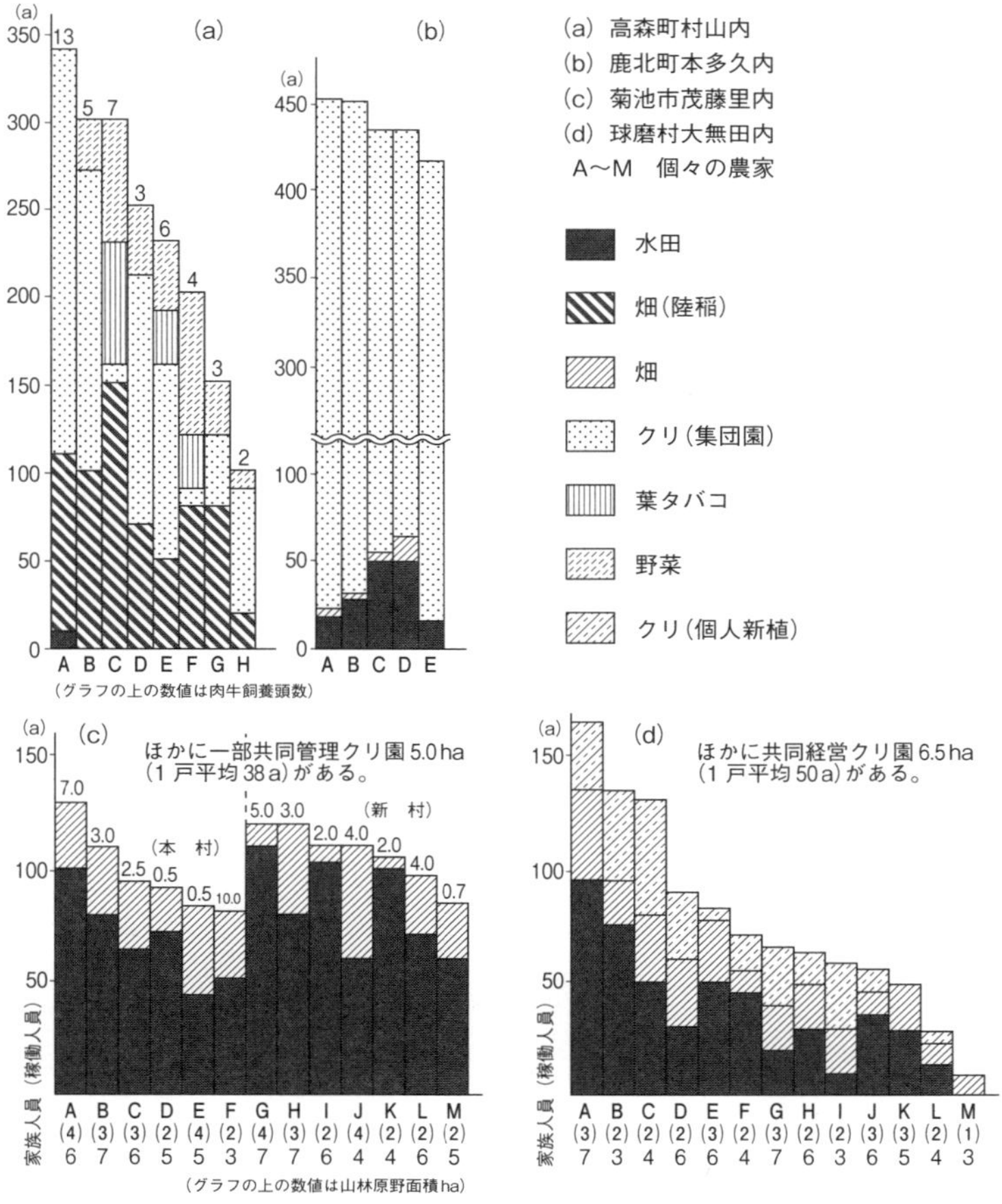

図7　集団クリ園構成農家の経営内容(1970年農業集落カードおよび現地調査により作成)

によって構成される茂藤里、さらに一ヘクタル未満で最も零細な大無田の順となっている。このうち高冷畑作地である村山と、厳しい山村の大無田の場合に、農家間の耕地規模の階層差が大きい。しかし経営組織は基本的に複合経営の形態をとっている。なお水田については、茂藤里の場合ほとんどの農家が五〇アール以上を有しているが、他はいずれも小面積で自給的傾向が強く、とくに乏水地の村山の場合、A農家が僅か一〇アールの水田を持つのみで、他は陸稲によってこれをカバーしている。

◘ 経営経済的意義

さて、こうした基盤の中にあって、クリ栽培は経営的にどのような地位を占めているか。第一に曲野の場合自給用の水田を除くと、他は全てクリ園で約四ヘクタル平均の規模を誇り、複合経営というよりはクリ専業ともいえる。これに次いでクリの地位が高いと考えられるのは大無田の場合である。集団クリ園を構成する農家（十三戸）の一戸平均のクリ園十三戸の構成農家で割ると平均五〇アールであるが、これは他のどの経営部門の面積より大きい。一方、村山の事例はクリ園規模にも農家間で格差が大きく、一定した傾向はみられない。茂藤里ではクリ園は一戸平均三十五アール（最低十五アール、最高五〇アール）で、複合経営の主力とはなっていない。もっとも大無田や茂藤里のクリ園規模の決定には、一定規模の山林原野が存在していてそれが行政施策によって開園されたもので、偶然的な要素も関係している。したがって単純にクリ園の規模と他の経営部門の関係から、クリ栽培の地位を推し図ることには無理がある。

それでは、以上のようなクリ園が農家の動きとはどのようにかかわって形成されてきたのか。曲野の専業的なクリ園はすでに述べたように、各農家がクリ栽培を強く指向し、数回の増植を経て配分地の大部分をクリ園化した結果生じた。大無田では一九六三年の集団クリ園の造成以後、A、C、E、F、G、I、J、Lなどの農家が独自に畑へのクリ増植を進め、さらに隣接の県行造林[※17]の伐採跡地の払下げを申請し、クリの規模拡大を強く指向している。これに対し、茂藤里の事例では六二年の共有林の開園以外はクリの増植はみられない。他の三地区とくらべて各農家が〇・五《ヘクタル》から一〇《ヘクタル》程の山林原野を所有しているにも拘らずである。また村山の事例では、D農家が六六年に三〇《アール》のクリを増植したが、他方では六八年にはE、F農家がそれぞれ二〇《アール》ずつ縮少を図っている。[※18]

こうみてくると、曲野と大無田ではクリ栽培を強く指向してきた結果、複合経営の中で基幹的なクリの地位がもたらされているのに対し、村山や茂藤里では山林原野へクリが伸びる可能性があったにも拘らずクリへの強い執着はみられない。

それでは村山や茂藤里の傾向はどのような理由に基づくものであろうか。村山の場合、クリ栽培農家を含めて何よりも大きな試練は一九六七年の大旱魃であった。すなわち、当地域一帯に広く普及していた陸稲が、旱魃のために全滅したことが、クリ自身の収量減、品質悪化に基づく販売価格の低下とも相俟ってクリ栽培の発展を制約する大きな誘因となったのである。[※19] 被害をうけたクリ栽培農家では、以後、出稼ぎがふえ他方で養蚕や葉タバコなどの集約作目が安定かつ高収益ということで

※17　都道府県が土地所有者に分収契約を結んで行う造林のこと。

※18　クリ園の縮小を図ったE、F農家は他方でC農家と同様、蔬菜や葉タバコなどの集約作目の比重が高い。

※19　茂藤里のT氏の記録によれば、旱魃のあった一九六八年には平均反収二三九・三kg（前年三三九kg／反）、平均販売価格一四五・五九円（前年一九一・七八円）となり、とくにクリへの依存度が高かった村山のクリ栽培農家には大きな影響を与え、他方で周辺に導入された養蚕との消毒剤散布による競合問題なども加わって、クリ栽培の発展は大きく制約されるに至った。

急速に導入された。その結果、クリ栽培農家にもC、E、F農家のような動きをみせはじめた。しかしこのことは、より一般的にいえば、すでにこうした遠隔の高冷畑作地にあっても、需要の伸びや交通の発達によって集約作目の栽培が可能になったことが大きい。いずれにせよこうして、全体としてはクリが複合経営の基幹部門ではなくなる方向を示したのである。

次に、茂藤里の場合、比較的安定した水田があることと、兼業化が著しいこと（前掲**表5**）が、とりわけ粗放なクリ栽培の規模拡大を必要としない理由である。集団クリ園の管理は共同作業を行なってはいるものの経営はあくまで個別であり、共同作業は肥料購入、防除、出荷といった点に限定されている。したがって茂藤里の場合に共同作業があることは農家のクリへの重点のあらわれというよりは別の要因が考えられる。クリ園は記名共有林野が開墾されたもので、参加農家はそれぞれ本村・新村に分れた血縁関係にある。なおこうした中にあって行政施策の一環として導入されたクリは、構成農家の営農多角化を通じて農業経営の安定化に貢献している。

ところで、曲野と大無田の特質は一方で全くの個別経営、他方は完全共同経営という差をもって現われているが、これはいずれもクリへの強い執着をみせるという点では変わりがない。以下そうした経営管理の差を明らかにすることによって、その理由を提示しよう。大無田の場合、六・五ヘクタールのクリ園を十三戸で共同経営しているのは、クリ栽培の経営的特質（粗放性）に照らしても、労働力などの面で必ずしも合理的だからという訳ではない。二つの理由が考えられる。その一つは集団クリ園が村有地を借用して形成されたことに基づく。すなわち、村有地の貸借の際に村と部落側でとりかわす契約条項に共同経営とすることが明記されている。隣接する千津共同クリ圏なども同様の例である。しかし、球磨村の総クリ園面積の約七十三パーセントを占める集団クリ園（十三箇所）中の八割までが共同経営方式を採用し、その中には鹿北町の場合のように開拓農家の集団や記名共有林野の開墾によったものもあり、村有地でなくても同様の経営がみられる。もう一つは、参加農家の経営基盤の脆弱さである。すなわち零細農家のクリを通じた規模拡大のあり方が共同経営を指向させているのである。ここではできるだけ現金支出を避け、可能な限り労働力の提供を通じて園造成・運営を行なうという原則が守られた。イガムキ機や、集荷所運搬用ケーブルの導入は、一定の経営の成果をうけて、また労賃の高騰という自己矛盾の中でみられるようになったものである。

　これに対して、曲野集団クリ園の構成農家は経営耕地が大きく、その大部分をクリ園が占めるが、全く個別経営をとっている。クリ栽培はその性格上省力化しうる作目でもある反面、管理の仕方によっては集約化によって高収益を期待できる。大都市近郊や労働力不足地域では前者の経営を指向する例も少なくない。[※20]ただし、この例では農業専従者数も一戸三人以上の専業農家で、かつ開拓後の借入金の返済が残っており、[※21]したがって各農家はほとんど唯一の収入源であるクリの収益性を向上させなければならない。いま、クリを中心とした耕種収入をみると各農家の新植年次が違わないにも拘らず、収入には大差がある。したがって各農家の収入差は経営

※20　元木（一九六九）参照。
※21　一九七〇年二月一日現在の総借入金額は次の通り。
A農家＝一五六・六万円、
B農家＝六十二・三万円、
C農家＝八十六・三万円、
D農家＝六十六万円、
E農家＝四十八・三万円。

努力の差とみなければならない。このことは高収益を望む農家により強く個別経営を指向させている要因とみられる。

◇山地型と台地型の比較

以上の検討を要約すると、熊本県に展開したクリ栽培は、本多久（曲野）や大無田などのいわば山地型と、茂綾里や村山などの台地型の二つのタイプに区別することができる。台地型にあっては複合経営の補完作目としてより安定した意義を持つのに対し、山地型にあっては複合経営の基幹作目あるいは専業として行なわれ、経営経済的にも重要な役割を担っている。

もちろん、山地型と台地型ではクリ栽培の経営経済的地位は大きく相違する。例えば、果樹園率が類似している茂藤里と大無田について農産物販売収入が第一位部門の農家割合をみると、茂藤里では稲七〇・三パーセント、酪農一〇・八パーセント、肉牛五・四パーセント、養蚕二・七パーセントとなってクリの地位はさらに低く、他方大無田では稲四十三・一パーセントに次ぎ、果樹（クリ）は十二・一パーセントを占め、第二位となっている。これらのことは、村山と本多久をも含めても同様であり、これらを含む市町村についても敷衍することができる。

したがって、山地型と台地型でのこうしたクリ栽培の意義の違いは、結局経営耕地の大小に還元でき、耕地と山林での選択作目の違いが関係していると考えられる。熊本県のクリ栽培は当初、山地において収益増を狙って登場したが、今日もその点は変っていないことが指摘される。※22 しかし熊本県において他方で台地における

※22　量的には、**図1**、**2**から判断されるように山地型のクリ栽培が圧倒的に多い。

クリ栽培が補完作目としてであれ普及したことは、新しい動きとして、また飛躍的発展の一要素として注目されよう。

五　むすび

①熊本県のクリ栽培は、一九六〇年以降の飛躍的な増植のあとをうけ、六五年頃から、主に大阪市場に対する遠隔産地として急速にその地位を高めた。その栽培地域は、同期に沿岸部にオレンジベルトを形成した柑橘[※23]との競合を避けて、内陸部のいわゆる中山間地を主に、県内に広範に形成された。とりわけ著しい発展をみた地域は、かつて林業経営下のクリ生産で中心をなし、かつ栽培グリ経営の萌芽の地であった県南から、市場・交通条件の恵まれた県北へと移行している。

②しかし熊本県全体としてみた場合、クリ園化は山林原野からの転換が主であり、その際、集団クリ園の形成が特徴であることが明らかとなった。その際クリ園の形成は、一方で戦後の一連の主産地形成をうたった行政施策をテコに、他方で価値の低下した薪炭林や粗放畑作目の転換を通じて行なわれた。

③クリ栽培の経営経済的意義は、山地に導入されるか、台地かによって大きく相違していることも判明した。

※23　江波戸・小林（一九六五）によって、ポケット産地から主産地への変化の理由が簡潔に要約されている。

コラム4

愛媛県：加工向けクリ生産

愛媛県における戦後のクリ生産地としての躍進の特徴は、加工に重点を置いた発展がみられたことである。果実の加工は、みかんを中心にすすめられたが、1940(昭和15)年の愛媛県缶詰工業組合員一覧表(29工場の製品が掲載)によると、4社でクリ製品を製造していた。

1954年になって、県温泉青果農協がクリの缶詰加工を始め、さらに61年には愛媛県クリ生産流通対策協議会の発足とともに中山町にクリの動力選果機の設置、62年には同農協にクリの加工工場が設置されていった。かくして県内のクリ加工工場は15、うち農協系統7，商社系統8となった(中山町産業振興課)。

中山農業協同組合の松本吉兼氏からの私信(1973年2月14日)によると、愛媛県の経済連傘下のクリ生産量は実質5000トン、生産量の70％が加工原料となったという。その後クリ生産は年々増加し、1979年には愛媛グリ全体の生産量は史上最高の1万1100トンとなり、茨城県を抜いて全国第1位となった。

その後1982～84年にかけて全国一位の生産量を誇ったが昭和60年代以降は減少の一途をたどり、最近は加工比率も低下している。加工比率の高かった愛媛グリにダメージを与えたのは韓国産むきクリの増加、と「むきこ」というクリをダイアカットできる技術をもった女子労働者が年老いて、次第にいなくなったことが影響している(窪田2001)。

クリの甘露煮缶詰のレッテル

Ⅲ部　グローバル経済下の三〇年

――クリ生産の技術革新とクリ菓子産業――

Ⅲ部の概要

第Ⅲ部では、まず貿易自由化と円高を背景とした経済のグローバル化がすすむ中で、日本農業全体が後退に転じたときに、それまで急速な成長をみせてきたクリ生産において、伝統的につづけられてきた栽培方式に革新的な変化が生じてきたことを、栽培技術の側面に着目し実証的に明らかにしたい（第五章）。

次に消費の側から都市型社会への移行がすすむ中で注目をあびるようになったクリ菓子産業の立地・展開について考察する（第六章）。

第五章　営農環境の制約とクリ栽培における技術革新の展開

一　農業転換の時代

◎日本農業をめぐる環境変化

第二次世界大戦後の日本の農業・農村をめぐる環境は、大きく二期に区分して理解できよう。第一期は戦後の農地改革、および戦後復興期を経た後の高度経済成長期までの時代である。この時期は日本の農業・農村にとって、工業化と都市化を背景として商品農業の展開に対する期待が強まり、また経済成長期後半には都市との経済格差対策としての農業振興にも力が入れられた。この間に日本は、一九五五年にＧＡＴＴ（関税貿易一般協定）に加盟し、六〇年に策定された「貿易自由化大綱」の下で農産物の自由化を受け入れる道を選んだ。一方、六一年には農業基本法が制定され、農村労働力の工業部門への吸収と入れ替えに、農業の構造改革（零細性の克服）が視野に入れられた。この背景では稲作の生産力が五五年以降大幅に向上し、食糧事情が好転していたことは周知のところである。

日本経済は七三年のオイルショックを契機として、七〇年代後半から低成長期に入る。これ以降日本の農業・農村は国際化の時代を迎える（第二期）。そして八五年のプラザ合意によるドル安・円高傾向の定着は、内外価格差を背景に農産物をはじめとした第一次産品の輸入促進を促す。また翌年には日本の経済構造を「市場原理」あるいは「グローバルな視点」で見直すことをうたった「前川レポート」が提出された。かくして九〇年には牛肉・オレンジの輸入自由化が決まり、また九五年一月にはＧＡＴＴがＷＴＯ（世界貿易機関）に移行したことで、多角的貿易交渉に弾みがかかった。日本は基幹作物の米についても最小限の輸入義務を甘受することとなった。一方、農業内では、水稲の生産性の向上と米消費の減少により米の過剰問題が顕在化し、一九七〇年初めから生産調整（減反）が本格的に実施されるに至った。しかしながら、稲作農家は水田の基盤整備と機械化＝省力化により稲作を維持し、兼業化傾向を強める方向で存続することとなった。減反は、施設園芸部門などを除いて、他の農業部門の発展をうながすことにはならなかった。農業基本法がめざした零細性の克服という農業構造の改革には直結しなかったばかりか、工業化・都市化にともなう農地の潰廃や放棄が顕在化するに至ったのである。※1

◘ 果樹研究の視角

ここで従来の研究視角について簡単に振り返っておこう。まず、戦後の高度経済成長が終息を迎える頃までの研究では、工業化・都市化に対応した国内農産物に対する需要の増大と都市―農村間の格差是正のために、いわば成長作物をいかにして産地として定着させていくかに関心がもたれた。本章で取り上げるクリに関係した

※1　こうした日本の農業・農村の低迷については、現在総合食料自給率（カロリーベース）がわずか三十九パーセント（二〇〇六年）となり、一九六〇年当時（七十九パーセント）から半減し、主要国の中にあって異常ともいえる低さを招いてきたことが、何よりも雄弁に物語っている。農業各部門の生産動向に注目してみれば、果実は七五年（六六八万トン）、野菜は八〇年（一六四七万トン）、肉類は八五年（三四九万トン）、牛乳・乳製品は九六年（八六六万トン）にそれぞれピークを迎え、以降はいずれも減少に転じ今日に至っている。コメが一九七〇年以降、生産調整に入ったのと比べると、他の農産物の生産の拡大はコメよりも遅くまでつづいたことになる（北村、二〇〇五）が、いずれにしても、こうしたピークを経て、農業生産は一様に減少傾向をたどってきた。

果樹に注目していえば、それらの商品化の条件が、自然環境との関連（Fukui, 1956）、醸造資本の大農園経営（江波戸・小林、一九六一）、産地への加工資本の進出（小林、一九六五）、経営の基盤にある水田稲作との関係（長谷川、一九五八）、主業的果樹農家と副業的果樹農家からなる栽培地域の生産出荷体制の問題（葛西、一九六九）、生産物の出荷形態（江波戸・小林、一九六五）、景観形成力に着目した海外との比較研究（佐々木、一九六六）、果樹園開発に際しての系統資金の融資との関連（江波戸・小林、一九六五、元木、一九七四）など、じつに多様な研究が進められた。また、新しい産地形成の動きに対しては、いわゆる主産地（基幹作物をもった経営が地域的に集中して、農業経営は単純化・専門化している産地）と特産地（多くの経営で副作物として少しずつつくられたものが、地域全体で大量にまとまった産地）に概念分けし、特産地から主産地へという方向が展望された（和田、一九六四）。

このように、この時期には詳細な地域分析を通じて、商品農業の成立のための地域的・経営経済的条件の検討がなされた。これに対して、上記の意味でのグローバル経済の進展に伴い、産地形成論への関心は急速に薄れる。日本の産業は国際競争下に組みこまれ、農業は中央市場を中心にした一元指向的配置傾向を余儀なくされ、全域で農家の経営規模縮小と兼業化、それ故に単作化が進行した（藤田、一九八六）。したがって、商品生産の展開に注目した研究よりは、貿易自由化が日本の産地に及ぼす影響（松村、一九八二）や、グローバルシステムの下で産地が持続する条件（高柳、二〇〇一）等に関心が向けられるようになった。

また、一方において、近年のグローバリズムに対しては、逆に地域の個性をみなおそうという動きが大きなうねりとなってきている。「世界がグローバルに画一化されない何らかの地域的個性があるとしたらそれは何か」が議論されはじめた。[※2] あるいは必ずしも農業部門に焦点があてられたものではないが、「大規模の経済化が進めば、分業の進行が必至であるが、分業がどういう形でまとまりをもってくるか」が問われるに至った。[※3]

このような問題意識は、日本の農業が全体として減少・衰退基調で推移する中で、単に価格競争に耐えうる農業の追求という視角から抜けだし、新しい方向を見出そうとするものであり、重視すべきことである。しかし、こうした側面について掘り下げた検討をするためには、農業生産の動向にみられる地域分化の全体な傾向を明らかにするような研究がなされねばならない。ところが、従来の研究では「農業の危機」とか「持続的農業」などと言われている割には、かかる面の研究が欠落している。とくに農業生産活動は地域的環境とのかかわりが密接であるだけに、地域分化の具体像は農業部門ごとにも相異する。その意味で、今日のグローバル経済の下での地域分化の実態解明には、それぞれの作目レベルまで下りて検討することが必要である。

◘ 果樹の中のクリ

さて、それでは今日のグローバル経済[※4]の下ではクリの生産がどのように地域分化を遂げてきたか。そのまえにクリは、りんごやぶどうなどと比較してその来歴や利

表１　日本における主要果樹の生産概況（2004 年）

	栽培面積 (ha)	収穫量 (t)	単　収 (t/ha)
温州みかん	55,700	1,060,000	19.0
りんご	43,700	754,400	17.3
くり	25,200	24,000	1.0
かき	25,100	232,400	9.3
ぶどう	20,400	205,600	10.1
うめ	18,600	113,600	6.1
日本なし	16,200	328,100	20.3
もも	11,300	151,900	13.4
いよかん	7,200	131,000	18.2
おうとう	4,660	16,400	3.5

（「農林水産省統計表」により作成）

※２　例えば、日本農業経済学会におけるシンポジウム「二十一世紀日本農業の進路」（二〇〇〇）での原洋之助氏の発言。

※３　例えば、経済地理学会におけるシンポジウム「地方圏における地域開発の諸問題」（一九八二）での川島哲郎氏の発言。

※４　グローバリゼーションあるいはグローバル経済という用語について、ここではわが国にお

用形態、および食文化に果してきた役割などからみて特異な作目であることに注目しておかねばならない。

とくに、クリは集約的な果樹と呼ばれたことはなく、対照的に粗放果樹としての栽培段階に甘んじてきた（兵藤、一九五七、元木、一九六九）。その特徴は今日でも色濃く残っている。クリの生産は栽培面積からみるとみかん（温州）とりんごに次いで第三位で二万五二〇〇ヘクタールであるが、収穫量は二万四〇〇〇トンにすぎず、その土地生産性は著しく低い（**表1**）。しかし、このようなクリが明治以降商品作目として栽培され発展してきたという点では果樹一般と共通する。例えば、クリの一ヘクタール当たり単収は主な果樹の内最低で、日本なしの約二〇分の一、クリについで低いおうとうと比べてもその三・五分の一となっている。

二　クリ生産地域の再編成と地域分化

◇ 年次的変化

第二章（**図6**、五十二頁参照）でみたように、日本におけるクリ生産は一九六五年から二〇〇四年までの間、七五年までは作付面積、収穫量とも急増をつづけたものの、以降は減少に転じ、一度も増加に向かうことなく今日に至っている。近年はいくぶん落ち着きをみせているが、二〇〇四年の全国のクリ栽培面積は二万五一〇〇ヘクタールで六五年（二万七〇七六ヘクタール）より七・六パーセントの減少、収穫量は二万四〇〇〇トンで、

いて高度経済成長が終息してから今日に至るまでに引き起こされてきた農業・農村の変化を切り取っていく際のキーワード、というほどの意味に限定して使用する。

六五年（二万六一三三㌧）より八・二㌫の減少となった。このように大幅にクリ生産が減少した背景には、グローバル経済下における外国産（韓国、中国を主とした）クリの輸入の影響がある。

実際、クリの輸入は六〇年代後半に始まり、八〇年代から増加傾向をたどり、ピーク時の二〇〇〇年には約三万七四〇〇㌧に達した。したがって日本のクリ生産の減少には、まずこうした輸入の影響が関係しているとみなければならない。しかし〇一年から日本への輸入は減少に転じ、〇四年には二万五二〇〇㌧となり、その後も減少傾向にある。※5

加えて日本のクリ生産が減少基調にある理由については、国内的な要因を考えなければならない。この点については後述するが、端的にいえば、農村における労働力不足問題の影響が反映している。**表2**は、以上のような日本のクリ生産の動向をふまえ、ピーク時に近い一九七三年と大幅な減少を経た後の二〇〇二年の差を比べたものである。すなわち、この三〇年の間にクリ生産は結果樹面積ではマイナス三十四・四㌫、収穫量ではマイナス五十二・七㌫となった。その影響で出荷量についてもマイナス五十六・三㌫となったことが分かる。また、出荷量の内訳を生食向けと加工向けに分けてみた場合では、前者がマイナス四十四・四㌫なのに対して後者はマイナス八十四・〇㌫となり、生産の減少がクリ加工部門に大きな影響を与えたことが推察できる。

表2　日本におけるクリの生産と流通

	結果樹面積（ha）	収穫量（t）	出荷量（t）		
			計	生食向（t）	加工向（t）
1973年	20,250	35,688	32,588	22,850	9,647
2002年	13,292	16,866	14,247	12,707	1,540
増減（%）	-34.4%	-52.7%	-56.3%	-44.4%	-84.0%

（農林水産省「果樹生産出荷統計」により作成）

表3　日本のクリ生産に占める上位3県の割合

	1965年	1980年	2004年
栽培面積	34.6	37.0	39.0
収穫量	33.5	41.0	45.0

注）上位3県：茨城、愛媛、熊本　（「農林水産省統計表」により作成）

※5　数値はhttp://www.kudamononavi.com/zukan/kuri.htmによる。

◇上位三県の動向

以上のような日本のクリ生産の減少傾向は、都道府県別の動向（一九六五～二〇〇四年、データ省略）からも、全く同様に確認される。しかし減少の程度は各都道府県により異なり、生産規模の順位にも変化がみられる。注目すべき点は上位ベスト三に位置する茨城、愛媛、熊本の三県の動向である。上位三県の地位は愛媛と熊本との間に順位の入れ替えがみられたものの、一貫して変わらず、三県のクリ生産が全国に占める割合は経済成長期以来向上してきている。

表3によれば、上位三県の対全国比重の伸びは栽培面積で四・四パーセント、収穫量においては十一・五パーセントも増加し、その結果三県は日本のクリ生産においては生産量で三十九パーセント、収穫量では四十五パーセントを占めるようになった。

しかし、三県の間でも近年の変化傾向に相違が生じている（**図1**、**2**）。すなわち、三県とも栽培面積については一九九〇年、生産量については九〇年代後半ごろから減少傾向が明瞭になる中で、愛媛と熊本の関係が逆転して生産量、面積ともに熊本が優位になり、愛媛の減少が目立ってきている。また、二〇〇〇年以降になって、茨城では生産量が増加傾向に転じている。このように近年、クリ生産の上位県の間においても生産動向に差違が生じてきている。これは日本のクリ生産において、多様な

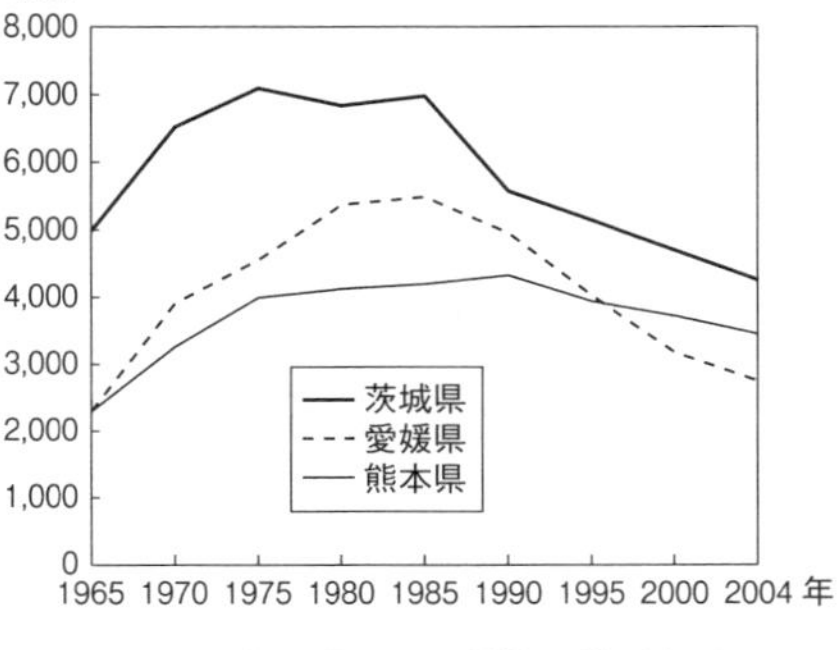

図1　上位3県のクリ栽培面積の変遷
（農林水産省統計表により作成）

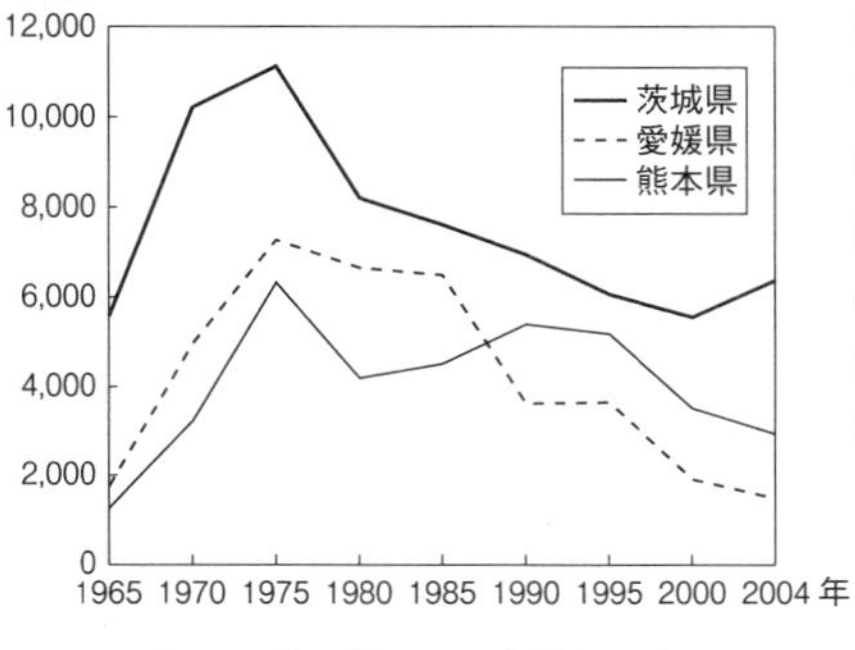

図2　上位3県のクリ収穫量の変遷
（農林水産省統計表により作成）

地域分化が進行してきたことを物語っている。

◇ 地域分化の特徴

図3および**図4**は、農林水産省の「果樹生産出荷統計」[※6]により、今日のクリ生産が少ない北海道と東北地方を除いて、関東・中部を主とした東日本と、近畿・中国・四国・九州を含む西日本に分け、市町村レベルでの地域変化（一九七三年と二〇〇二年）の様子を示したものである。両図の比較によってつぎの二点を指摘することができよう。

第一に、一九七二年時点では東日本のクリ栽培は、石川県（能登地域）と岐阜県（美

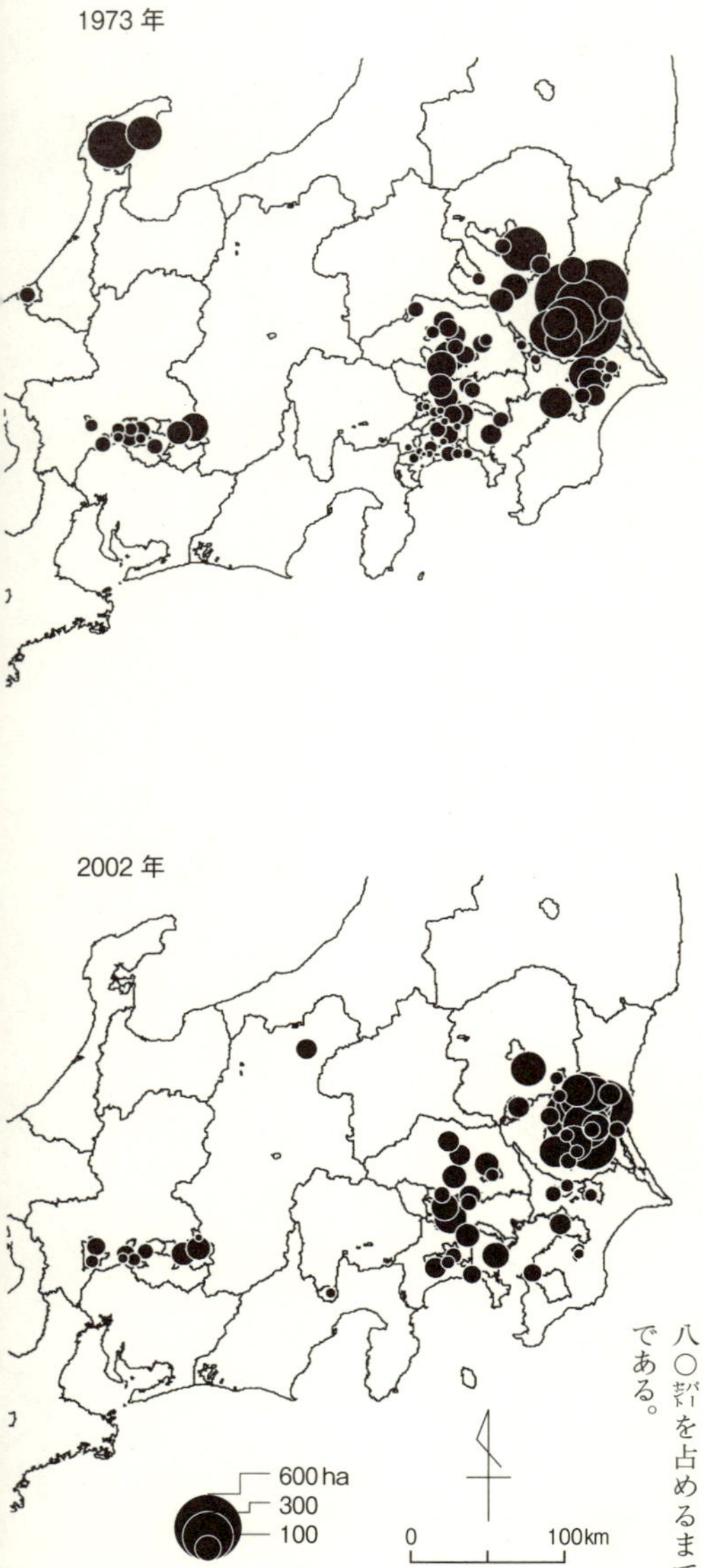

図3　東日本のクリ栽培面積の変化
（農林水産省「果樹生産出荷統計」より作成）

※6　本調査は、果樹の生産・需給調整・流通改善対策などに関する基礎資料を作成するために、農林水産省大臣官房統計情報部および地方統計情報組織を通じて行われたものである。調査対象都道府県は、調査品目ごとに、原則として全国総出荷量のおおむね八〇パーセントを占めるまでの上位都道府県（生産県）で、調査対象市町村については、調査品目ごとに、該当調査対象都道府県の総出荷量のおおむね八〇パーセントを占めるまでの市町村である。

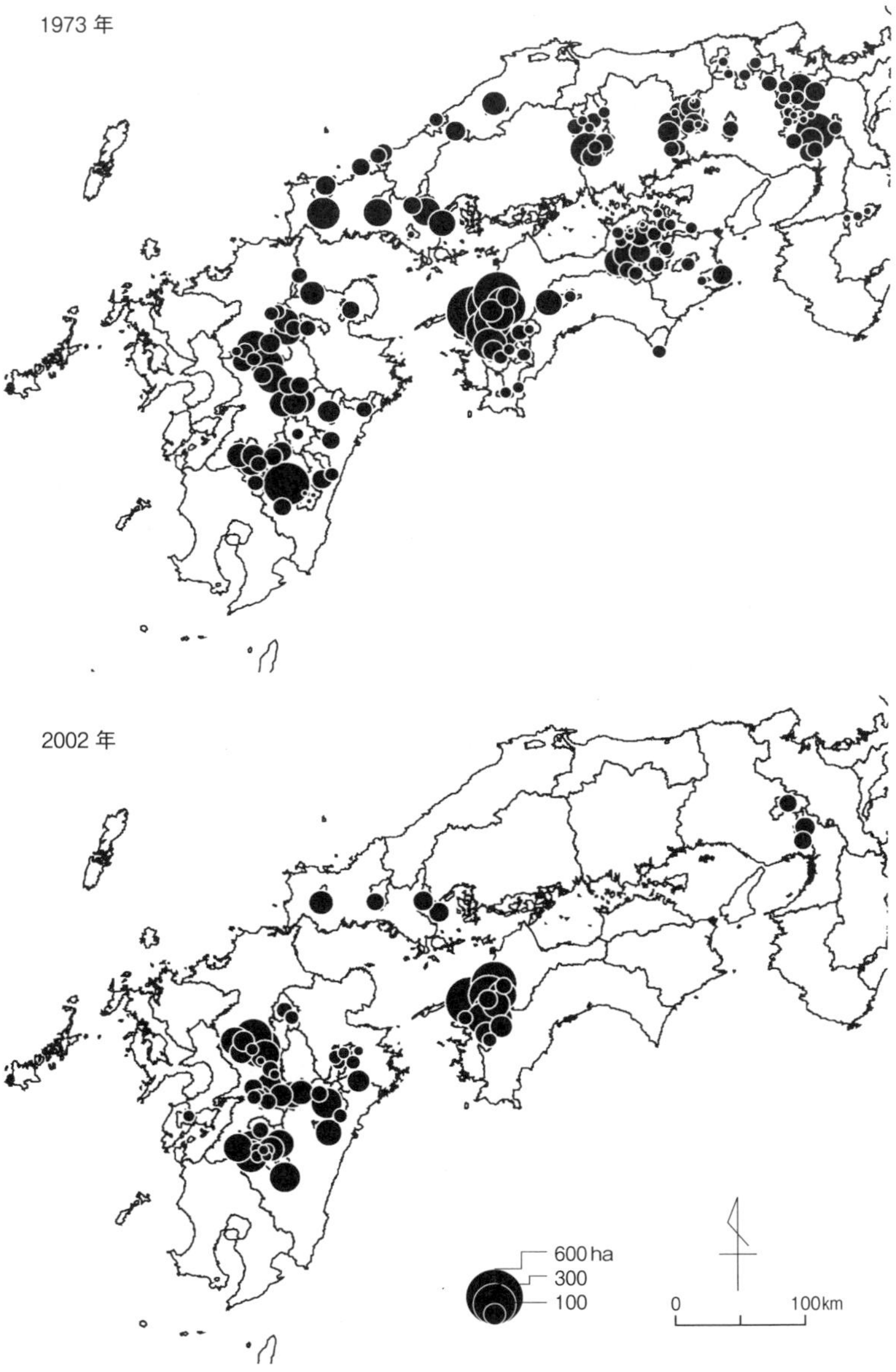

図４　西日本のクリ栽培面積の変化
（農林水産省「果樹生産出荷統計」より作成）

濃地域)の一部の産地を除いて、東京周辺の茨城県を中心とした関東地方に集中する。これに対して西日本では、むしろ広範囲にわたる分布が特徴となっていた。すなわち、このような分布形態の地域差は、自然条件の面からみると日本のクリ生産が東日本では山麓部や洪積台地の土地利用として、西日本の場合は内陸中山間地域の土地利用として展開してきたことを示している。

　第二に、二〇〇二年の状況については、東日本の場合、能登半島にみられた栽培が消失[※7]し、新たに長野県の一部(小布施町)が顔を出している点が注目されるが、関東への集中という基本的特徴は変っていない。

　しかしこの場合でも栽培面積が全体に縮小してきたことが確認できる。これに対して西日本については、一九七三年の広範囲にわたる分布から生産地が限定される傾向がよりはっきりと認められる。とくに中国地方や四国東部では面積が計上されない地域が増え、兵庫県や大阪府、山口県などの一部を除くと、主だった産地は愛媛と九州の熊本、宮崎、大分に及ぶ地域に限定されてきている。内陸中山間地におけるクリ生産という西日本の特徴は維持しつつ、域内では産地として存続する地域がさらに選別されてきたことが窺える。すなわち、栽培グリ生産の発祥地である京阪神周辺の場合は都市化の影響を強く受け著しい減少を示し、これより遠隔地では相対的にクリ生産が持続しているようにみられる。

　要するに、日本のクリ産地のこのような地域的再編成の傾向は、経済成長期に広い範囲に展開したクリ産地が、グローバル経済の時代に至って中心的な茨城・愛

※7　石川県の奥能登地域(輪島市、穴水町、門前町、能登町、柳田町)では、国営農地開発事業(昭和四〇～四十五年)による丘陵地の林野開発によりクリの新植がすすみ、一九七〇年当初には約一三〇〇ヘクタルのクリ園が出現した。しかし八〇年代中頃から豪雪や病害の影響を受け園の荒廃がすすみ、クリ園から野菜畑への転換が行われ、今日では一〇〇ヘクタル程度に減少した(北陸農政局資料による)。

媛・熊本への地域分化傾向を強めていることを市町村レベルで確認させるものである。ちなみに、近年（二〇〇六）におけるクリ収穫面積が一〇〇ヘクタール以上の市町村を含む都府県は、茨城（八市町）、栃木（一市）、東京（二市）、岐阜（二市）、大阪（一町）、愛媛（五市町）、熊本（十二市町村）、大分（三市）、宮崎（三市町）であり、二〇〇ヘクタール以上の市町村を含む県は、茨城（六市町）、愛媛（四市町）、熊本（三市町村）、宮崎（一市）である。

三　クリ栽培方式の革新

◇ 新しいクリ栽培方式

著者は、以上の動向を踏まえ、全国の広い範囲（茨城、愛媛、宮崎の他に長野、岐阜、京都、さらに面積的には少ないものの注目された宮城の各県を含めた地域）を対象として現況調査をすすめた。その結果、クリ生産を持続している地域には共通して新しい技術変化がみられることが判明した。クリは伝統的に放任的な高木栽培が一般的である（例えば、**写真1**）。ところが積極的な生産地域にあっては高木栽培の方式をとる例は少なく、大部分が低樹高栽培の方式を採用していた。

写真1　放任型のクリ園（茨城県笠間市、旧岩間町）

そうした栽培方式の出現はクリが果樹一般の仲間入りをしはじめたことを示すものであり、日本のクリ栽培史上からみても画期的なことであると言えよう。

それでは、クリの低樹高栽培とはどのようなものであろうか。具体的なクリ生産地域をみる前に、その特徴と技術的な意義に触れておこう。クリ樹は年間の生長量が速く、かつ大きいことが特性の一つである。しかし反面で耐陰性が弱く、隣接樹との接近や樹冠への日照が不足すると、枯枝の発生や低収量、品質の悪化を招く。したがって、低樹高栽培とは、まずこの点の改良に着目した栽培方式である。クリ樹の樹高を大幅に低下させているだけではなく、樹冠の構成を改良すること、すなわち主幹となる技を途中で切り抜く、「開心」の技術※8が導入され、樹形にも大きな変化が加えられている点に特徴がある。その結果としてクリ園の景観は伝統的な高樹高のものとは大きな変化をもたらすこととなったのである。

低樹高の方式は一般に、リンゴなどの一部の果樹では一九七〇年頃から矮化栽培として取り入れられてきたが、クリ樹の場合は七〇年代後半以降八〇年代からとみられる。重要なことは導入時期の差ではない。リンゴの矮性化は収穫作業など栽培労力の節減、あるいは早期多収が主眼であるのに対して、クリの場合はそれらの効果に加えて、結実性を強めることや、徒長を防いで耐病性を強くし、樹齢を長く保ち収量を増加することが主眼となっている。ここに低樹高クリ栽培が出現したことの本質的な意義がある。かつて兵藤直彦氏が、クリ栽培におけるその重要性についてはリンゴの比ではない（兵藤、一九七八）、と指摘した所以である。

※8　後掲の**写真5**一三五頁参照。

◆ 低樹高栽培の意義

ところで、クリの低樹高栽培の方式は、主に茨城、岐阜、兵庫などの農業試験場や園芸試験場と栽培農家との連携によって開発されたものである。試験研究の成果報告によれば、その効果については以下のような点が指摘されている。

①低樹高で徹底したせん定によりクリタマバチの寄生害度を低下させ、実炭そ病の耕種的防除法としての効果がきわめて高い（塚本・後藤、一九八〇、塚本・棚橋、一九八〇、一九八二）。

②超低樹高（樹高三・五メートル）の方式によって収量の増加と安定、品質の向上、経済樹齢の延長を可能とし、さらにせん定作業に脚立の使用が極力少なくでき、高齢者や女性による管理作業が容易になった（神尾他、二〇〇五）。

③低樹高栽培樹は慣行栽培樹と比較して、樹勢が強く、果実の収量および品質が良く、収益性の非常に高い栽培方法だと考えられる（梅谷・片桐、二〇〇二）。

さらに、佐久間他（一九九〇）は大玉のクリ生産が可能になることについて、次のように指摘する。

「クリ栽培においては結実管理（摘果）が行われていないので、せん定による結果母枝制限が大切になる。今日の流通市場においてクリの価格は果実の外観（大きさ・色沢など）によって決定され、いかに食味が良くとも果実が小さいと価格は安い。一階級異なると一〇〇円以上の差がつく。そのため２Ｌ／３Ｌの

果実を生産することが求められている」。[※9]

つまり、近年のクリの低樹高栽培は栽培管理のし易さと省力性を期待されて導入されているようにみえるが、むしろ主眼は高品質と大玉のクリ生産という点にある。[※10] 従来、クリは収穫した果実を大小に選別して出荷するというのが慣例であったが、新しいクリ栽培の場合、当初から大グリのみを生産することを意図した樹形管理が普及しつつある、ということができる。

四　主要クリ生産地域の低樹高栽培

さて、低樹高栽培が導入されている地域においても、その立地条件に応じてまったく同一の景観変化が出現しているわけではない。前述した対象地域における調査結果を総合してみると、今日の日本のクリ生産を代表する地域類型として、三つのタイプを指摘することができる。第一は日本でもっとも代表的あるいは専業的クリ生産がみられる関東平野（タイプ一）、第二は消費地から遠隔地にある西南暖地の中山間の地域（タイプ二）、そして第三は面積的には目立った存在ではないがクリの実需者が独自にあるいは生産農家を支援する地域（タイプ三）である。

以下、これら三つのタイプの事例地域を取りあげ、対応の特徴および地域的条件について比較検討する。

※9　2L、3Lについては※10を参照。

※10　茨城県かすみがうら市のクリ専業農家・兵藤　保氏は、低樹高栽培の欠点について味が悪くなる可能性があること、とくに毎年の剪定作業に要する労力が増加すること、を指摘している。

◎ タイプ一の事例

関東平野のうち、茨城県のクリ生産は二〇〇四年現在、栽培面積で全国の十五・九《パーセント》(四一八〇《ヘクタール》)、収穫量で全国の二十六・七《パーセント》(六万三九〇〇《トン》)を占めて、いずれも全国第一位の地位にある(**図5**参照)。これらのクリ生産地は同県中央部の洪積台地上に形成されている。その成り立ちや地域的条件、東京市場に近接した有利性などについては、兵藤(一九五七)をはじめ、元木(一九六九)、大八木・石井(一九八〇)、根本(一九八一)、大八木・内山(一九八三)、小池(二〇〇二)による研究があり、ほぼ明らかになっている。したがって、ここではタイプ一の特徴的な側面について紹介する。

茨城県中央部の洪積台地上におけるクリ生産は、第二章で詳述したように、発祥地である旧千代田村(現・かすみがうら市)と隣接する旧出島村(現・かすみがうら市)周辺が中核地であるが、近年では幾分北部に重心が移りつつある。ただクリ栽培の経営内容に立ち入ってみると、中核地においては専業的農家を中心に先進的な活動が認められる。

その事例として、旧出島地区のクリ生産の状況をみよう。ここでは、かつての広大な面積を活用した粗放的クリ栽培のすがたが徐々に消え、前述の低樹高の方式を利用した集約化の動きが有力になりつつある。例えば、**写真2**はクリ専業農家の園であるがここではクリ樹の高さを四《メートル》前後におさえ、一方で結果母枝の広がる位置をできるだけ高くする工夫がなさ

写真2　低樹高・機械管理方式のクリ園
左：かすみがうら市出島地区S氏のクリ園、右：同市千代田地区H氏のクリ園

れている。トラクターの利用などの機械作業を容易にすることと、栽培管理を容易にすることの両面に配慮した結果である。こうした方式のもとでこの農家では、質を重視した栽培を志向し、近年関心が高ってきた有機質食品として宅配(独自販売)も行っている。

旧出島地区にはこのようなクリ専業農家だけではなく、一般の複合経営農家や兼業農家のクリ栽培についても先進的な動きが認められる。代表的な事例として志士庫園芸農業協同組合の場合について紹介する。この組合管内では二〇〇四年現在、一六九戸の農家が一万三一四五ヘクタールのクリ園を経営し、そのうち四二九五ヘクタール(三十二・六パーセント)を低樹高で栽培している。低樹高栽培は未だ主流にはなっていないが、販売事業において積極的な対応がみられる。同組合に集荷されたクリの販売ルートは従来からの市場出荷が過半を占めているが、この方式は後退傾向にある。

これに対して直接菓子メーカー等への加工向けと近年注目されはじめた産地直送(産直)が伸びてきている。**表4**によると〇四年の一kg当たりのクリの販売単価は、市場向けの場合三五〇円であるが加工向けでは三八〇円、産直では五〇〇円であり、組合がより有効な販売をめざして活動していることが分かる。一方、その目標達成のために、栽培農家に対しては技術の向上と新品種の導入を図り、良質の大玉のクリ(3Lクラス)を集荷することに腐心している。例えば、〇二年度(平成十四)から、クリの荷受量

表4　かすみがうら市志士庫園芸農業協同組合におけるクリ販売事業

年　度	市　場		加　工		産　直		計	
	委託量(t)	金　額(千円)	委託量(t)	金　額(千円)	委託量(t)	金　額(千円)	委託量(t)	金　額(千円)
1998	158	59,681	21	9,177	8	5,426	187	74,284
1999	197	64,305	25	8,655	11	5,527	233	78,487
2000	162	58,951	40	14,318	10	5,251	212	78,520
2001	126	40,720	43	15,056	9	4,510	178	60,286
2002	198	45,613	41	13,974	12	4,516	251	64,103
2003	94	36,445	62	25,685	10	5,014	166	67,144
2004	125	43,750	65	24,400	10	5,000	200	73,450

注1) 年度は2月1日～翌年1月31日　　(同組合総会資料により作成)
2) 2004年度の数値は計画を示す
3) 金額は消費税を差し引いたものである

に対して払い出されたクリの大きさ（3L、2L、L、M、S、割れ）[※11]の比率によってランクを付け、BランクとCランクの格付けをされた人には、ペナルティをかけ、徴収した資金を冷蔵庫の購入に充て貯蔵クリとして保管し、有利な時に高値取引を目指そうという試みである。

以上から明らかなように、当地区においては低樹高栽培を導入しつつ、流通面では需要の動きに積極的な対応を志向している。こうした事例は茨城県中央部で必ずしも一般的になったとは言えないが、域内に新しい変化をもたらしている。

◆タイプ二の事例

日本の栽培グリの生産地域は、関東や中部の一部を除くと、従来から西日本に広く発展してきた。丹波グリの発生地域である畿内周辺をはじめとした古くからの生産地域と、戦後の高度成長期に増・新植された地域の両タイプが含まれている。後者については、熊本県の菊池台地等の一部を除き、内陸部の中山間傾斜地に発展したものが大部分である（元木、一九七四、窪田、二〇〇一）。すなわち高度経済成長期のいわゆる選択的拡大（別の意味では所得の地域格差是正）作目として、あるいは戦後開拓地の作目として注目され、不要化した雑木林の開墾等により導入されたものが多い。しかしながら一九八〇年代後半以降になるとそのほとんどすべての地域でクリ生産は後退する。

この理由については、第八章で詳述するように、韓国や中国からの輸入グリの影響以外に、山間傾斜地における農業構造上の問題が早くから指摘されていた。愛媛

※11　茨城県の基準によると、クリの大小については3L：直径三十九ミリメートル以上、2L：三十五～三十九ミリメートル、L：三十二～三十五ミリメートル、M：二十九～三十二ミリメートル、S：六～二十九ミリメートルとなっている。

県中山町（佐礼谷地区）において山村振興調査会（一九六九）が行った調査結果によると、次のような点である。

（一）栽培規模が零細（一戸平均三十四アール）で農業収入の補助的役割しか果していない。

（二）傾料地が多いなかで農道の基盤整備が遅れ運搬作業が不便である。

（三）樹齢構成および品種構成が複雑で統一的栽培管理が困難である。

（四）生産規模が零細なため、生産者の出荷単位は小さく、集荷面でかなりの労力と経費がかかる。

今日、これらの地域でクリ生産が後退しているところは、地域差はあるとしてもこうした問題を共通にもっているところである。こうした中にあって、クリ生産が存続している事例をみると既述のように、低樹高栽培を導入して対応している点に共通した特徴が見受けられる。今回の調査ではその典型的な例として愛媛県の肱川上流の城川町、宮崎県では五ヶ瀬川上流の日之影町のクリ園について観察した。両地区のもっとも代表的なクリ園は、いずれも山間の傾料地という厳しい条件下において、見事な低樹高クリ園がつくられていた（**写真3、4**）。城川町の例は棚田を転換した階段状のクリ園であり、之影町の例は傾料地に山成りに造成したクリ園である。とくに後者においては傾斜を逆手にとった収穫用ネットの開発等さまざまな工夫が試みられている。クリ栽培は収穫・調整作業

写真３　傾斜地の低樹高クリ園
愛媛県城川町窪田

写真４　傾斜地の低樹高クリ園
宮崎県日之影町

に年間労働力の四割が費やされるといわれるが、中山間の傾料地でクリ拾いの収穫は重労働であり、収穫ネットは栽培農家の経営意欲を示すものとみてよい。また低樹高栽培にして大玉（2L、3L）の果実生産をすることで高価格、高収益が望めることに加え、収穫労力が軽減できる点も見逃せない。

次に、両者に共通する点として注目しなければならないのは、流通の側面である。従来、西日本の四国や九州の中山間地の零細なクリ栽培が前述のような問題点を有しながら存続し得た外的要因として一九六八年から剥きグリの輸入が自由化され、国内の生産地が影響を受けたことは既述の通りであるが、反面クリの加工部門を担うパッカーが四国や九州に集まり、また中山町のようにJAが中国や韓国のクリを原料に加工を始めたことが、地元の生産を支えてきたという側面があった。※12 実際、こうした地域は急成長期にはクリが加工向けに出荷される傾向がきわめて強かった。※13

しかしながら、近年では韓国などからの輸入グリの減少と流通形態の変化を背景に加工向けが急速に減少して、生食向けが中心となっている。

例えば愛媛県連を経由して共販された実績をみると、その取扱量は一九八〇年代後半から急減する（**図5**）。しかもこの過程で流通形態にも大きな変化が起り、七〇年代後半に加工から市販へと転換がおこり、八〇年代からはほとんどが市販（直販）の形式に移行している。すなわち、こうした流通環境の変化はクリ生産農家に新しいチャンスが与えられるようになったことを意味する。今回調査した両地区は、中

※12　JAえひめ中央中山支所の久保田徳和氏によれば、クリの加工は外国産（韓国・中国）クリの輸入をベースとして発展してきた。クリの加工部門では徳島にあるパッカーが全国一で、中山町（農協）は第二位である。

※13　中山町の場合は、JAの加工部門は年商一〇億の売り上げがあるが、原料の九割は輸入グリである（前記、久保田氏談）。

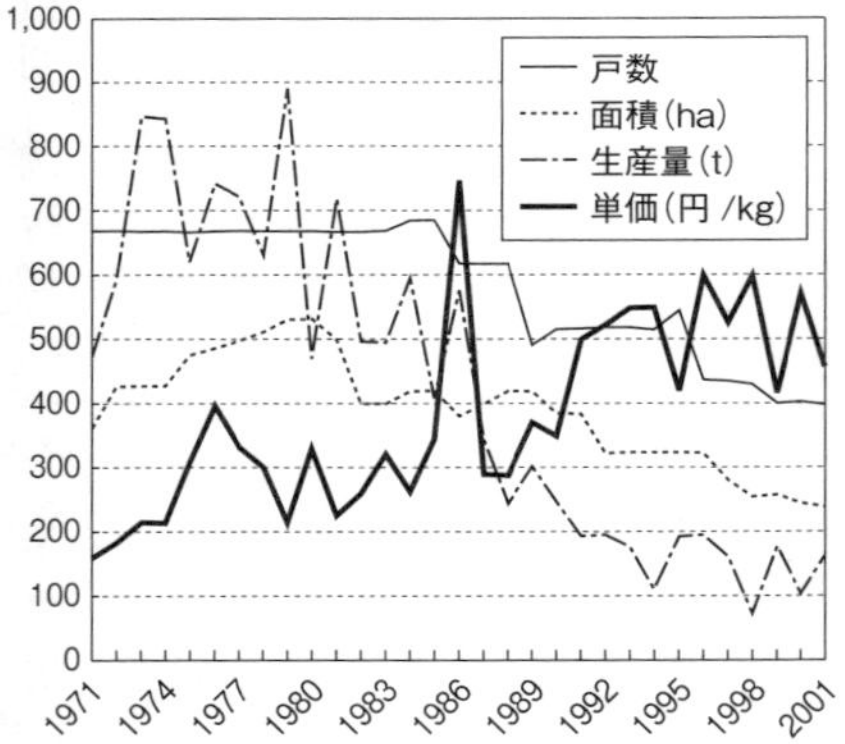

図６　愛媛県城川町におけるクリ生産の推移
(城川町農林業振興指針に掲載された資料より作成)

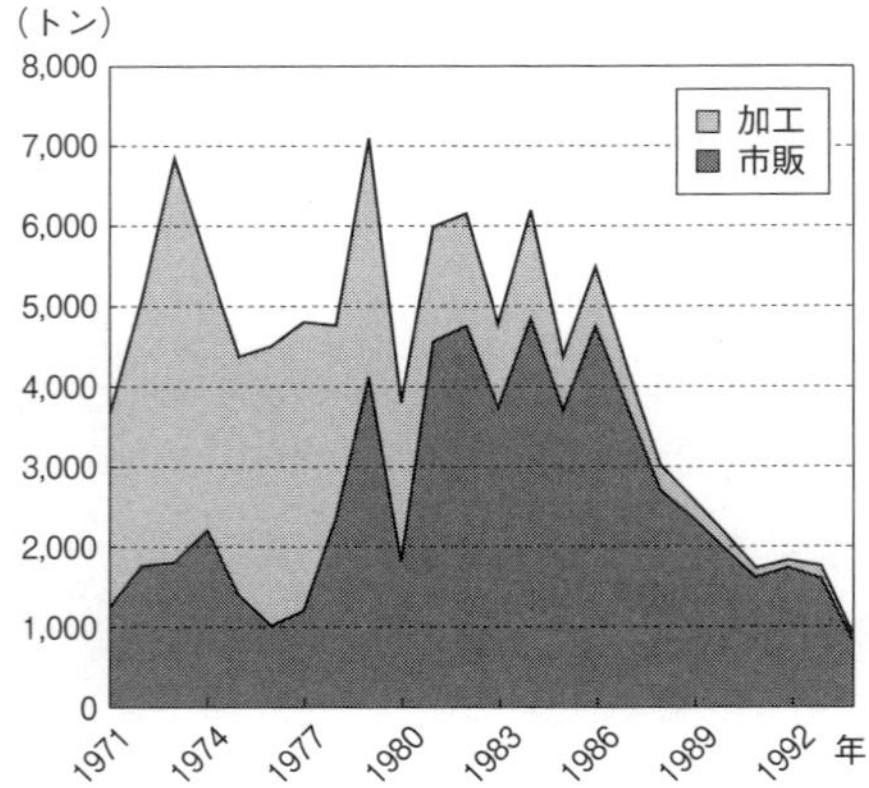

図５　愛媛県連におけるクリ共販量の変遷
(第１回全国くりサミット in 中山 1955 の配布資料より作成)

表５　城川町の農業(平成 13 年度実績)

作目		農家(戸数)	面積(ha, 頭数)	1戸平均(a, 頭数)	1農家平均生産額(円)
野菜	トマト(大玉)	36	5.0	13.9	2,943,556
	ミニトマト	37	3.3	9.3	1,615,378
	シシトウ	58	0.7	1.2	436,616
	ほうれん草	151	9.2	6.1	144,927
米		780	250	32.1	389,904
たばこ		2	2	1.0	3,464,000
養蚕		2	1.5	32.1	384,000
畜産	酪農	12	197	16.4	13,133,333
	繁殖牛	34	124	3.6	737,700
	肉用牛	15	483	32.2	15,233,866
	養豚	10	588	58.8	8,662,900
果汁	栗	397	230	57.9	193,390
	柚子	101	29.7	29.4	414,455
林業	ケール	34	5.6	16.4	504,735
	木材	1,218	10,346	849	135,037
	しいたけ	95	—	—	200,716

(城川町企画指導班「農林業振興指針　平成 14 年度」の資料により作成)

山町のように加工に下支えされたタイプではなく、とくに高級菓子の原料として県外（菓子メーカー、市場経由で菓子メーカー）へ直送する方式をとり、高価格を維持し、産地形成を図っている例である。このような傾向は中山町においても注目されつつあるが、例えば「銀寄」のような高品質の大グリを選び、宅配（直販）ルートで販売した場合一四〇〇～一五〇〇円／kgの高値販売が可能であるという。いってみれば、低樹高によるクリ栽培方式自体、実需者の要望にそって良質、大玉のクリ生産を存続させるための手段となっている。

最後に、このようなクリ栽培は今後どのような可能性を持つものであろうか。城川町の事例に注目してみよう。城川町におけるクリ栽培は**表5**から明らかなように、米以外ではもっとも多くの農家が取り入れており、一戸あたりの栽培面積は五十七・九㌶で米の場合（三十二・一㌶）より多い。しかし、生産額のうえではクリ生産は特別に有利な位置にあるわけではなく、クリは米にプラスされるアルファー部門の有力作目として位置づけられているに過ぎない。

図6は城川町におけるクリ栽培農家と生産の動向、およびクリの販売単価を示したものである。まず前述のような低樹高栽培をベースとしたクリ生産の成果は単価の上向き傾向に反映されている。一kg当りの平均単価は一九八〇年代中頃までの二〇〇〇～三〇〇〇円前の段階から九〇年代以降は五〇〇〇円を前後する水準にまで向上している）。しかし、にもかかわらずクリ栽培農家戸数、栽培面積、生産量は、九〇年以降、ともに急減傾向を示している。この背後には、遠隔他の中山間農村に

おける今日の最大の課題、すなわち若年人口の流出と労働力人口の高齢化問題が存在する。このように、クリ生産は栽培技術上および流通上から発展が期待されながら、実態は縮小に向う結果になっている。これはタイプ一のような平坦な地域でかつ消費地近郊の栽培地域と比較して、大きな課題となっている。

◘ タイプ三の事例

以上のタイプ一とタイプ二は、日本のクリ生産をささえている基本的な類型である。しかし、今日のクリ生産の現状を明らかにするうえでは、もう一つの類型に注目しなければならない。この事例は本研究の着想段階では予想されなかったものであり、研究途上において重要性を認識し調査を進めたものである。※14 それはクリ生産が減少基調に入ってから生じたものであり、その意味ではクリ栽培に革新をもたらした低樹高栽培の登場と軌を一にしたものとみてよい。現段階では、近年の新しいクリ栽培景観が、クリの実需者である和菓子メーカーからの要望、あるいはその影響のもとに発生したものと考えられる。農林業の衰退でクリ生産が後退を余儀なくされてきたという側面と、和菓子メーカー自体が良質のクリを確保することが経営戦略として重要になってきているという側面が強く関係している。しかし、そのことが結果として農家のクリ栽培を支援し、クリ生産地域の存続に寄与している。企業による農林業の代替ではなく、少なくとも現段階では和菓子メーカーと農村との共存という姿として受けとめることができる。

しかし、このタイプは一つの典型事例を通して理解することは困難である。そ

※14　このタイプの他に兼業農家が片手間でクリ園を保有する例がまだかなり存在するとおもわれるが、本章では考察対象から除いた。

こで対象とする菓子メーカーを、仙台市のS社、小布施市のT社、恵那市のK社に定めて調査を進めた。各事例に共通していることは、従来、卸売市場から調達するというのが主流であった原料（クリ）を、メーカーが自ら地元のクリ生産に関与することで確保している点である。

調査の結果（**表6**）、和菓子メーカー三社に共通する点として、以下のことが明かとなった。（一）近年の地産地消への関心などを背景として、和菓子メーカーが良質のクリを地元で調達し、製品の品質向上を図り、企業イメージを高めるための一環として積極

表6　和菓子メーカーの地場クリ生産への関与の形態

和菓子メーカー		タイプA （仙台市S社）	タイプB （小布施町T社）	タイプC （恵那市K社）
会社概要		1932（昭和7）年創業 資本金2億円 従業員550名	1869（明治26）年創業 資本金9500万円 従業員160人	1964（昭和39）年創業 資本金1000万円 社員55名
会社とクリ園との関係	クリ園関与形態	直営型	支援型	主導型
	クリ園立地	仙台市（旧宮城町） 色麻町	小布施市	恵那市、中津川市、坂下町、上矢作町
	関与開始時期	1972年	1977年	1993年
	関与の内容	栗園面積（旧宮城町：1.2 ha、色麻町8.8 ha）	クリ苗木配布（町内農家にクリ苗木を無償配布、11年目からは半額配布）	・超特選クリの高価買い入れ：800円／kg（8月）、700円／kg（9月）、600円／kg） ・高齢農家への剪定士派遣
考え方		・良い材料で良い味創出 ・原料開発・研究	・クリ原料は自社で仕込む	・安心・安全 ・素材を活かした和菓子 ・洋菓子と創作菓子製造
地元クリの用途		栗羊羹、栗もなか	栗羊羹	栗きんとん（名物）
製品販売圏		東北・北海道に展開（38店舗）	長野県内に限定直営店展開（12店舗）	全国展開（通信販売）
備　考		他にモチ米栽培、梅園経営	・1960年：直販開始 ・1970年：現在の本店と工場建設 ・1971年：「クリおこわ」商品化 ・1977年：北斎館開館 ・1982年：須坂市に新工場建設 ・クリ部会農家に対する栽培技術指導（予定）	・第二次世界大戦前：山ぐりによる栗きんとん製造（地区内） ・1984年：クリの低樹高栽培方式完成（岐阜中山間農試） ・隣接県への直営栗園開設計画）

（各メーカー提供の資料および聞き取りにより作成）

的な行動を示すようになったこと、(二)原料となるクリ(特に国内産)の確保が、農家の高齢化や後継者不足により生産が減少する中で困難になりつつあること、(三)遠隔地(輸入クリも含めて)からの原料確保には自然災害や質の面でリスクが伴っていること、等があげられる。しかし、各事例の地場クリ生産への参入ないし接近の形態には大きな差異があり、その特徴は、クリ園直営型(S社)、支援型(T社)、主導型(K社)に区別してみることができる(**表6**)。

したがって地域農村とのかかわり(あるいはその及ぼす影響)という点ではS社(仙台)の場合がもっとも薄く、せん定・防除などの管理は地元の稲作農家に委託しているが、収穫時の労働力は従業員を動員して行っている(**表7**)。

T社は小布施町内に位置しているが、率先してクリ苗木を地元農家に配布する一

表7　和菓子メーカーと地元農家とのかかわり合い

	タイプA (仙台市S社)	タイプB (小布施町T社)	タイプC (恵那市K社)
地域農家との関係	・2名(農家)に管理委託・収穫時に従業員15名動員	・メーカーが農家へ買受け ・地元農家クリは同一価格購入	・農家の自主規制 ・高価購入を条件(超特選栗部会と契約)
栽培景観	関東型(機械栽培管理)	高木栽培、低樹高へ変化	超低樹高
生産地の概況	クリ経済栽培限界地	果樹多品種栽培地帯	中山間地帯(果樹クリ中心)
当該県のクリ生産の動向	地産他消(地元からのクリ供給可能性低)	地産地消(地元産クリ不足)	減少傾向、新たな対応策として、K社は長野へ進出
農協の役割	なし	栗部会と菓子メーカーと共に農協の栗取扱量は極少	
立地環境	丘陵斜面	恵まれた地域条件、都市との連携	中山間、経営規模小、栗中心、他の菓子メーカーは九州産の栗
地域内和菓子メーカーのクリ需要	?	約1,200トン(聞き取り)	約1,000トン強(JA東美濃)
地域内生産量／年		250～300トン(小布施町内)	80～100トン(超特選クリ)
他の産地との関係		従来は九州・四国から調達	K社の年間需要は300t、200tは地元の栗を利用、残りを県外から購入、従来は名古屋市場から調達

(聞き取り調査により作成)

方、他の和菓子屋と共に地元農協のクリ部会および農協と高価でのクリ買い上げ協定を結び、直接栽培農家に出向いて集荷している。クリの振興を地元のシンボルとして位置づける努力を他の菓子メーカーおよび行政とも一体となって続けている。

Ｋ社は、ＪＡ東美濃を介して恵那町、中津川市、坂下町、矢作町管内の農家に「クリ超特選部会」を主導し、厳格なクリの生産（**写真５**）を求める一方で、高価買い上げとともに、農家に対する技術支援（剪定士の派遣）、加工後のクリの鬼皮の農家への還元、あるいは製品開発に当たって農家との交流を行うなど積極的な働きかけをしている。

以上のような、メーカーのクリ生産への接近（一部参入）を可能にしている条件は、（一）Ｓ社の場合、先代経営者が色麻町の農家出身であり、農地を所有しており、農家としてクリ園の開園（**写真６**）が可能であったためである。

（二）Ｔ社の位置する小布施町ではりんご、ぶどう、桃をはじめ多品目の果樹生産地域として発展してきたが、近年主力のりんご生産が低調になる一方、農家の高齢化や後継者不足が問題化する中で、比較的省力経営が可能なクリ生産を期待する農家層が存在する（例えば、内山、一九九六）。また（三）Ｋ社が位置する西濃地域は旧中山道沿いにあって古くからの和菓子産地であることを背景に、中山間地域での商品作物として期待されてきた。

写真５　菓子工場が有するクリ園
Ｋ社と連携する超低樹高のクリ園（岐阜県恵那市）

写真６　菓子工場が有するクリ園
Ｓが有するクリ園（宮城県色麻町）

最後に、近年関心をもたれている企業の農業への参入問題については、理論的にはT社やK社にみられるような農家との契約栽培、あるいは契約農家に対する支援・指導体制の段階から、S社のような直営農場の開設へと発展するという考え方があるが、実際には地域条件の影響が極めて強く、また外国産のクリの価格条件なども関連しているので、単純ではない。むしろ古くからのクリ産地であり多くのクリ菓子メーカーが所在し、かつ美術館などを配置した観光地にあって、T社のようなゆるやかな支援をしている例が、これからの産地形成の方向として期待されるであろう。徹底した集約経営が指向され、農家に貴重な現金収入源を提供するかたちになっているK社の共存スタイルも注目されるが、生産農家の労働力不足や高齢化問題にどこまで対処できるか、今後に残された課題である。

五　むすび

日本のクリ生産は、経済成長期を通じて急速な成長をみせてきたが、一九八〇年頃から一転して減少傾向をたどり、現在の栽培面積・収穫量は一九六五年当時を下回る水準にまで縮小した。これは自由貿易体制下において日本の農業・農村が衰退傾向をたどってきたことと軌を一にするものであるが、直接的には韓国や中国からクリが大量に輸入されるようになったことの影響が大きい。

本章ではこうした点を確認したうえで、クリ生産の減少過程ですすんだ地域分化の特徴について全国的な傾向を分析した。その結果、関東地方の洪積台地を中心とした東日本の生産地域にくらべて、中山間地域を主とした西日本のクリ生産地域における縮小傾向が著しいことが明らかとなった。また、クリ生産を持続させてきた産地においては、クリの低樹高栽培の景観が一般化してきているという共通性が確認され、クリが果樹としての性格を強めてきていることが判明した。

クリの低樹高栽培の景観がどのような条件を背景に出現したかについては**図7**のように要約することができる。クリは果樹の中では単位面積当たりの生産性がきわめて低く、したがって生産の減少は実需者に対しても影響を及ぼすことになりその対策が求められたこと、さらに食文化が高度化し国内産の良質グリが求められるようになってきたこともこの背景にあるものと思われる。

しかし地域分化の状況を検討した結果では、低樹高栽培をめぐる地域の対応は実需者と生産者双方の生産への対応を含めて多様な形をとって進行中であり、現段階は大きな転換期にあるといえる。

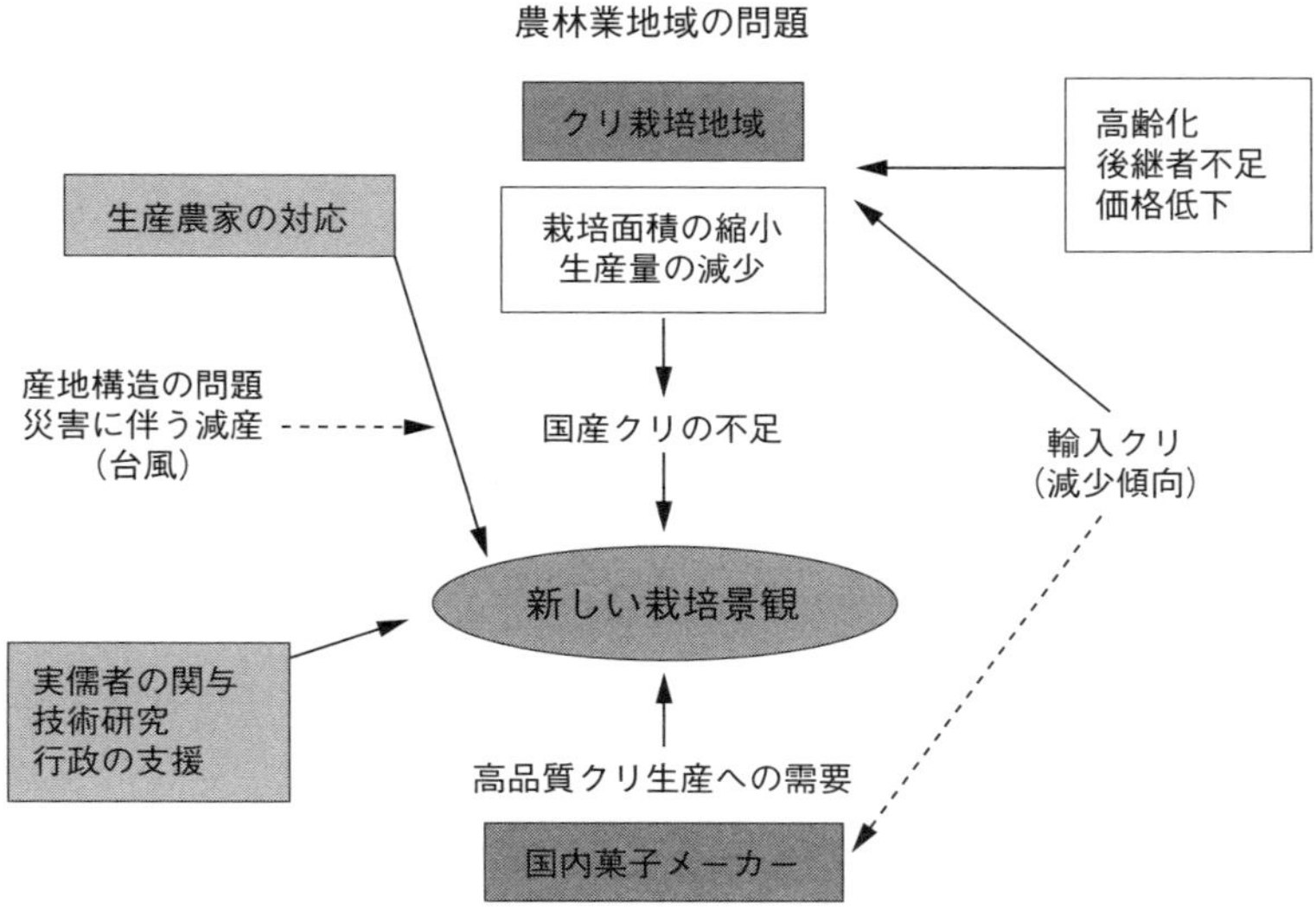

図7　新しいクリ栽培景観の出現の社会経済的背景

コラム5

秋田県：西明寺栗の里とカタクリ

“大栗”で知られる西明寺栗の里は角館市の旧西木村にある。西明寺栗の経歴は必ずしも詳らかにされていないが、昭和30年代初めにクリタマバチの被害にあったとき、秋田県が1960年に当地の栽培種から見出し、命名した耐虫性品種（善兵衛クリと茂左衛門グリ）から育成した「西明寺1号」と「西明寺2号～5号」のことである。“西明寺栗”の呼称は、第二次世界大戦前から使われていたらしい（為国 1960）。当時の西明寺栗は明確に品種が固定されたものではなく、肥培管理もほとんど行なわれず、全くの林業的な栽培によるものあった。現在の西明寺栗の里（産地）は、1964年にクリを基幹とした農業構造改善事業（東北で初めて実施）によってスタートし、この時国有林地30㌶が解放された。また、66年には10㌶のクリ栽培を目指した林業構造改善事業（クリを対象とした事例としては全国初）も施行された。

このクリの里では、30年近く前からクリ園内に周囲に分散自生していたカタクリが侵入し、群生をなすようになった。立地環境は背後に大石山をもつ東向き、砂礫質の土地である。毎年下刈草をつづけ、低樹高を主とした今日の開放的なクリ園であったためか、カタクリとの相性をよくし、4月下旬から5月上旬には一面薄紫の花が開花し注目されている。各地から観光客をあつめ、秋のクリの収穫に先だって宣伝にも一役買っている。カタクリはユリ科の多年生植物で鱗茎が地中深く横たわる植物で、繁殖にはアリが園内の各所に巣を作り、その種子を運び、貢献しているともいわれる。新しいクリ園の形成が独特の生態系を生み、そこにクリ園とカタクリとがみごとなコラボレーションを演出している、都市化した社会の観光要素として、地域づくりに寄与している例としても興味深い。

カタクリと共生するクリ園
（写真は八柳　茂氏提供：2014.7.7）

第六章　日本の菓子文化とクリ菓子産業の発展

一　菓子に注目する現代的意義

都市型社会に欠かせない食品

菓子は、現代の生活に欠かせない食品である。このことはクリ菓子の製造が産業として成立する所以《ゆえん》でもある。無論、菓子としてのクリの利用は後述するように、クリ自体が自然のまま、手を加えずに生食でき、甘味があるという特異性に依存して早くからみられたのであるが、文明史的には日本社会における都市の成立・発展過程で完成されてきたのであり、それが産業として成り立ってきたのは都市型社会の成立ということと密接にかかわっている。ただし今日のクリ菓子生産は、植物としてのクリが日本列島に自生しその利用が全国に及んでいた状況（元木、二〇〇七）とは対照的に、きわめてローカリティの強い産業として立地している。

本章では、クリ（の果実）の消費における最高度の発展形態としてクリ菓子をとらえ、その担い手であるクリ菓子産業のすがたを立地の側面から検討することになる。研究対象としては、日本の中央部に位置する長野県の小布施町と岐阜県の中津川市の二カ所を選定した。両地域にはクリ菓子を製造するメーカーがまとまった形で立地し、いわば産業立地論的にはクリ菓子産業の地域的集積とでも呼びうるような現象が認められる。これまでのところではこうしたクリ菓子産業に着目した研究は皆無である。

このようなある意味で、日本列島における人間活動と自然（植物としてのクリ）、および経済とのかかわりを文明史的な視点に立って考える上で菓子に注目することの意義は小さくない。

◆グローバル化時代の産業立地問題

また経済活動の枠組みが広域化・グローバル化する現代社会において、特徴的な産業立地に目を向けることは、理論的関心はもとより地域振興や地域間の協力の面、さらには今日の生活環境の変化を見据え将来を考えるうえからも、極めて重要な意義を持つと考えるからである。[※1]

ちなみに、グローバル化時代の産業立地については、近年場所の差異が改めて注目され、ローカルな場における相互作用や競争・協力関係の再編や再構築が、重要な課題として関心を呼んでいる（杉浦、二〇〇五）。本章で取り上げるクリ菓子産業のような中小企業についても、集積論とネットワーク論への関心の高まりがみられる一方で、文化や社会を通じて伝統産業の継承や中小企業の存続にも関心が向けられてきた。しかし業種による差と規模の格差が大きく、立地や集積の性格については曖昧であり、まだまだ研究の余地は多い（北村、二〇〇八：四）。また、近年の研究

※1　このことについては、小田（二〇〇四）が「産業立地論――マーシャルから現代へ――」と題して行った展望から示唆された点が大きい。

について鈴木(二〇〇二)は、企業立地行動が累積的なプロセスを通して形成(あるいは再編)されるものであるという本質を十分に理解していない、と痛烈な批判をしている。本章との関連でも特に留意しておきたい。

二　菓子文化とは何か——食糧と菓子の未分化——

◈ 菓子の概念

菓子とは多様な食品群の中にあって、主要な食事以外の楽しみを目的とした嗜好品である(河野編、一九九一：二)。菓子を分類すると、今日では和菓子と洋菓子[※2]という二つがある。また、かつて宮廷・寺院・武家等に消費された「上菓子」と一般民衆に消費される「駄菓子」というのも、菓子分類の一つであった(中島編、一九六七：三三〇)。このように、菓子は製品上からいくつかの分類が可能であるが、社会生活とのかかわりからみるならば、さまざまな意味あいを持ちつつ変化してきたのである。したがってその役割は多義的である。例えば、和菓子は、おやつというようなことのほかに、儀礼食、年中行事、茶の湯、贈り物[※3]などの形でさまざまに利用されている。機械文明が進む今日、心理的な楽しみの要素としての存在意義(河野編、一九九一：二)も見逃せない。

◈ 菓子の歴史

日本では菓子といえば、古くは果物のことであった。[※4]甘味料が十分でなかった

※2　和菓子についてみると(一)生菓子と干菓子、あるいは半生菓子という分け方や、(二)冷たい菓子、蒸し菓子、焼き菓子、もち菓子、さらに(三)行事菓子として特別な意味を持たせて製造されるものもある(伊藤編、一九九二)。

※3　近年の調査(二〇〇六)によると、家庭での贈答品の三分の一は菓子である(http://www.zenkaren.net/seisan/zotohin.html)。

※4　古代には木本植物のそれを「果物」、草本植物のそれを「草果物」として区別し、それらを「菓子」として一括していたが、平安時代に至って中国から穀類などを加工した唐菓子が伝わる

時代に、果物が甘味のある嗜好品として用いられたためと考えられている。今日、私たちが菓子という言葉についてイメージする場合、前記の「和菓子」をさすのが一般的であろう。その和菓子は十七世紀後半に京都で大成された（青木、二〇〇〇：一四）。菓子を時代別に整理した河野編『菓子 新・食品事典10』によれば、純日本風の菓子が室町・江戸期に完成し、江戸時代後期頃から上菓子生産がいちじるしく拡大した。これには茶道の普及ということ以外に、砂糖が輸入されるようになり、一方で国産砂糖の生産も拡大したことが大きな理由となった。要するに、このような和菓子の完成は系譜的には果物に代表される自然菓子に代わって加工食品としての菓子の登場を意味する。[※5]つまり加工を通して風味が佳く、形態が美しく、栄養に富むという三要素を備えることを目指して誕生したのが和菓子であり（中村、一九九〇：二六三）、今日和菓子の製造が立派な工芸産業（北村、二〇〇六：七）といわれる所以である。

　さらに、明治以降の近代化の時代に入ると、在来の和菓子市場に加え洋菓子市場が開け、菓子生産は二重性をもって展開する。一八七四（明治七）年の「府県物産表」に掲載された府県別菓子生産高によれば、幕末から明治前期にかけて製菓業は全国に広く分布していた（中島、一九六七）。その後、第二次世界大戦後の食糧不足期には菓子の主原料である砂糖と小麦粉の統制があり、菓子生産はほとんど存在の余地を与えられなかったが、統制が解除された一九五二（昭和二十七）年頃から菓子産業は急速な発展を遂げるようになった（河野、一九九一：中島、一九六七）。このように、

と、これを「唐果物」と称し、それまでの果物を「木菓子」と呼ぶようになった。その後江戸時代になると、茶の湯の発達に伴って干菓子や蒸し菓子等が登場したため、木菓子を木の実と水菓子に分けるようになった（原田、二〇〇三：五一）。

※5　青木（二〇〇〇：一四）になぞらえて言えば、人の手を加えた餅やだんごも加工食品の範疇に属するが、その意味で餅や団子は菓子の原型であり、それが今日に受け継がれて、和菓子の基本となっている。つまり、私たちが今日いうところの和菓子は、自然菓子と製造菓子という二つの原初的な形態に、外国から新たな菓子がもたらされ、変化を遂げてきたものである。

わが国において菓子という言葉が一般的に定着するのは、戦後の食糧不足期を脱してからのことで、比較的新しい社会現象である。

◆クリ菓子の系譜

日本列島においてクリは、稲作以前から食糧資源としても広く活用されてきた。松山（一九八二）によれば、トチ、ドングリ、カヤ、クルミ、クリ、ハシバミなどの堅果類のうちトチやドングリ等はとくに山住の人たちによって、古代から・中世、そして現代に至るまでも主食に供しつづけられ、一方でカヤ、クルミ、クリ、ハシバミ等の木の実は菓子（山菓）としても供されてきた。中でもクリは甘くて美味であり、カヤは脂肪質に富みクルミ同様に滋養があることから、公家や武士たちをはじめとする都市生活者の間に菓子として定着していた。クリやカヤは食糧不安を克服するために日常的に供しつづけたトチやドングリの利用とはきわだった対照をもっていたのである。儀礼食という視点から堅果類の研究を行った辻（一九九四）は、ドングリ類やトチノミにも儀礼的な性格をおびた加工食品があることを認めつつ、明瞭に正月行事に関係するのはクリだけである、という。クリの実は自然のままで生食でき、甘味があることから木の実の中でも特異な存在であったことを物語るものである。

ところで、江戸時代になると果物は今日の和菓子に代表されるような菓子とは区別されるようになった。しかしクリは例外的な存在であって、その加工によって新しい菓子文化の伝統を引き継いでくることになる。これはクリの場合、いわゆる果物一般と異なり「穀果」、すなわち澱粉質の食品であることに関係している。自然菓子から製造菓子への移行について、中山（一九九三）は次のように示唆している。

「茶道が興隆する安土桃山時代には、茶会の菓子としてもクリが好まれ、焼栗、水栗、打栗などが使われてきたが、このころになると、クリ菓子の原点ともいえそうなクリの加工品、「栗粉餅」（栗の粉をまぶした餅）が文献にも登場してくる。江戸時代に砂糖が一般に出回るようになり、製造菓子が普及する時期に栗粉餅という加工品が生まれたことは、正確にはかつての果物（干菓子）から生菓子（製造菓子）への変化を示すもので、その後のクリ菓子の発展の先駆けになった」。

このようにクリは、果物一般が今日の製造菓子と区別されるようになった後も、新しい時代の菓子として進化しつつ今日に至っている。菓子としてのクリの利用史には日本の菓子文化の変遷を象徴する縮図のような意味合いが込められているといってもよい。

◘ 日本のクリ菓子産業

一般的な意味での菓子生産は今日、全国のどの都道府県でも行われている。[※6] そのなかで、菓子生産の一部としてクリ菓子を製造しているメーカーを除くと、クリ菓子に特化した形で産業が成り立っている地域はそう多くない。[※7]

『日本銘菓辞典』（守安、一九七一）によると、全国のうち七県がクリ菓子名を挙げ

※6　一九六五年に設立された全国菓子工業組合連合会は、「菓子製造業の中小企業者の改善発達を図るための必要な事業を行い、会員およびその組合員の公正な経済活動の機会を確保し、ならびにその経営の安定および合理化を図ることを目的」として、全国の各都道府県に菓子工業組合を組織しており、その企業組合員（正会員）は、平成二〇年二月現在で一万九七八四社を数える。

※7　このことを統計的に確認できる資料はない。

ている。千葉県：栗羊羹（成田市）、神奈川県：栗最中（川崎市）、山梨県：栗煎餅（甲府市）、長野県：栗羊羹（小布施町）、栗落雁（同町）、静岡県：栗せんべい（沼津市）、岐阜県：栗きんとん（中津川市）、ささ栗（同市）、兵庫県：栗羊羹（神戸市）である。このうち重複してクリ菓子名が挙がっているのは、小布施町と中津川市の二市町である。

また『和菓子の辞典』には、九府県でクリ菓子名を挙げてある。北海道：栗くわし（札幌市）、宮城県：栗だんご（鳴子町）、長野県：つゆ栗（上田市）、栗あそび（小布施町）、栗かの子（同：五店）、栗風味、落雁（同）、栗もなか（同：三店）、栗羊羹（同：五店）、くり楽（同）、栗らくがん（同：五店）、岐阜県：栗粉餅（岐阜市）、栗きんとん（中津川市：三店、八百津）、栗公方（中津川市）、ささ栗（同市）京都府：栗羊羹（京都市）、栗阿弥（京都市）、兵庫県：渋皮栗納豆（神戸市）、大栗納豆（篠山町）、栗羊羹（同町）、奈良県：栗羊羹（東吉野村）、和歌山県：栗羊羹（和歌山市）、福岡県：栗納豆（福岡市）。

次に、クリ菓子の商品名が複数あるところが長野、岐阜、京都、兵庫の四府県にみられる。長野と岐阜、および兵庫の三県は『日本銘菓辞典』（山本、二〇〇四）でも名産地に挙げられているが、とくに長野県では、上田市の例を除いて、小布施の栗あそび、栗かの子、落雁、栗もなか、栗羊羹、くり落、栗らくがんなど、七つの商品が名を連ねている。また岐阜県では岐阜市と八百津町の例以外では、やはり、中津川が栗きんとん、栗公方、ささ栗の三商品を記している。すなわち、長野と岐阜の両県の場合、特定の地域に複数のクリ菓子商品が認められる。これに対して、京都と兵庫については京都府と篠山町にそれぞれ二つのクリ菓子が示されているのみである。したがって、長野県小布施町と岐阜県中津川市はクリ菓子とのかかわりが特別に強い地域とみることができる。

三　クリ菓子産業に特化した二地域

長野県上高井郡小布施町と岐阜県中津川市は、中部地方にあって互いに隣接した県内にある。小布施町は日本海に流出する千曲川（信濃川）の上流（東経一三八度一九分、北緯三六度四一分、市役所標高三五三メートル）に、中津川市は太平洋側に流出する木曽川の上流（東経一三七度三〇分、北緯三五度二九分、同三二三メートル）に位置している（**図１**）。

◘ 小布施町と中津川市

小布施町は人口一万一四七七人（二〇〇五＝平成十七年）、長野県で第二の規模を持つ長野盆地（「善光寺平」）に位置し、千曲川右岸の沖積低地、小布施扇状地、雁田火山からなる（**写真１**）。土地利用は町域の四十二パーセントが畑で、ついで山林十五パーセント、宅地十一パーセントで、田は九パーセント

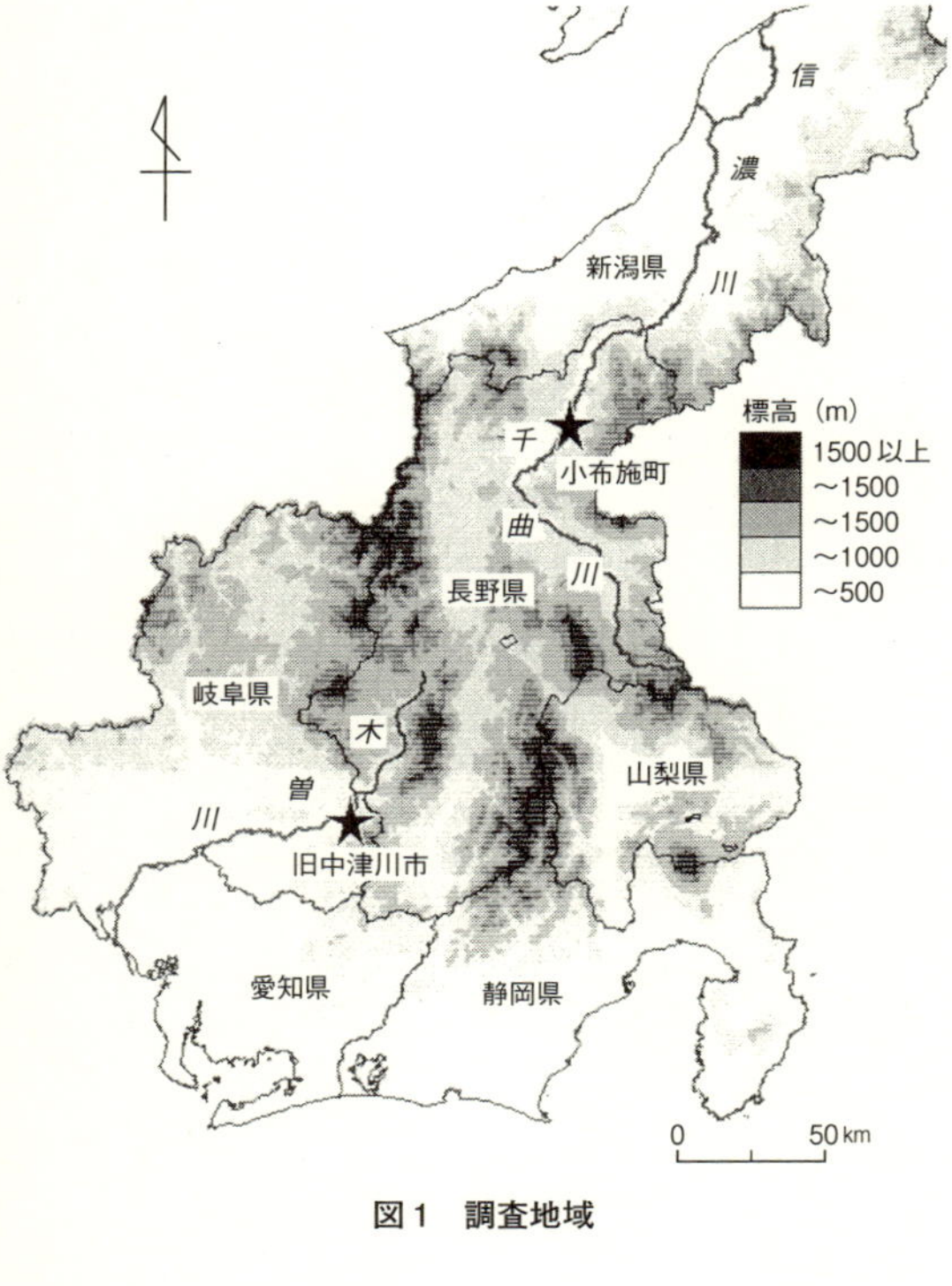

図１　調査地域

にすぎない（平成十七年度の都市計画基礎調査）。

江戸中期頃までの畑地利用は大小の小麦、粟、黍、大豆、豌豆などの穀物中心で、中期頃から綿花や菜種、幕末には蚕種製造や養蚕などの商業的農業が発展した。明治時代の末頃から一九三五（昭和一〇）年頃までの農業は米と養蚕が中心であったが、昭和恐慌を経て養蚕からリンゴへの切り替えが進み、第二次世界大戦後にはリンゴの村といわれるまでの発展をみた（安藤、一九六四）。そして高度成長期以降は、果樹の価格変動や労働力対策等の面からリンゴの他、ブドウ、アンズ、クリなどを加えた多角的な果樹栽培地域としての性格を強めてきた（内山、一九九六、一三九頁）。もちろん、このように発展してきた自然的基盤としては、内陸の乾燥盆地（三澤、一九三九）で寒暖の差が大きく（最高気温が三十五度、最低はマイナス十五度）、年間の降水量は九〇〇ミリメートルで、全国的にも極めて雨量の少ない地域である点も見逃せない（市川、二〇〇二）。

農業を中心に展開してきた小布施町の産業別就業人口割合は、一九六五年当時第一次産業四十九・七パーセント、第二次二十一・三パーセント、第三次二十九・〇パーセントであった。しかしその後産業構造の転換が進み、八五年にはそれぞれ三十一・三パーセント、三十四・一パーセント、三十四・六パーセントへ、さらに二〇〇五年では二十三・八パーセント、二十七・九パーセント、四十八・二パーセントとなり、第三次産業従事者の割合は一九六五年当時の第一次産業従事

写真1　小布施町景観（1997年10月）
（『小布施町現代編』より）

者の割合と入れ替わった。現在、町全体の産業大分類別事業所別就業人口構成では、製造業と卸・小売業がそれぞれ二十六パーセント、二十八パーセントを占め、ついで医療・福祉十二パーセント、建設業一〇パーセント、サービス業八パーセント、飲食店・宿泊業八パーセント、その他となっている（二〇〇八＝平成十八年度事業所統計調査）。二〇〇五年の工業統計調査によれば、食料の製造品出荷額は三十一億一〇九九万円で製造品総出荷額（九十五億一〇九二万円）の三十二・七パーセントを占め、第二位のプラスチック（十九・九パーセント）、第三位の電子（三・四パーセント）を上回り、第一位である。食料の製造品出荷額のうちではクリ菓子関連企業が七十七パーセント（約二十四億円）を占める。

　中津川市は、人口八万三七三六人（二〇〇五年）の市である（合併前の二〇〇四年の旧中津川市の人口は五万五二七三人）。岐阜県の東南端に位置し、東は木曽山脈、南は三河高原に囲まれ、中央をほぼ東西に木曽川が流れている。中津川市の市街地は、最高地点の恵那山（二一九一メートル）の前山の麓に開けた扇状地（開析扇状地）上に発達している（**写真２**）。市域の土地利用は農地は六・九七パーセントで、森林が七十九・二四パーセントを占める。※8

　しかし中津川市の中心部についていえば、江戸時代に整備された中山道の宿場（中津川宿）で、しかも飛騨街道（南北街道）が交差する位置にあり、交通の要衝地として発展してきた。十八世紀末の中津川宿は家屋数一七五戸、その三分の一は商家で六斎市が開かれ、商業の中心地・物資の集散地としてにぎわい、十八屋の間家、

写真２　中津川市の中心市街地

※8　島崎藤村（一八七二〜一九七三年：馬篭出身）は『夜明け前』（一九六九）の冒頭で「木曽路はすべて山の中にある」と記しているが、小布施町が畑作中心の町であるのと対照的に、中津川市は山村的な世界である。

大津屋の菅井家、鳶野屋の平吉屋などの豪商が恵那郡北部や木曽谷地方、さらに名古屋・京都大阪方面にも販売網を拡大して、取引や物資の輸送を行っていた（渡辺、一九九九）。一八四三（天保十四）年に中山道沿いの妻籠の家の数が八十三軒、馬籠が六十九軒、落合が七十五軒であった時に、中津川は二二八軒に達していた（児玉、一九八八）。

明治以降の中津川は、生糸の輸出を背景に養蚕ブームの下で製糸業等の工業化が進んだ。昭和の恐慌期を経て戦後は現在の三菱電機名古屋製作所の分工場（三菱電機中津川製作所の前身）の疎開などにより、工業の転換がはかられてきた。交通面では一九六八年に中央線（現・ＪＲ中央線）の中津川―名古屋間の複線電化が行われ、中部圏開発区域に編入され（中津川市統計書平成十八年版）、また八五年には国道19号のバイパス、前後して中央自動車道の上下線が開通した。こうした中で九三（平成三）年には中京学院大が開校、さらに二〇〇五（平成十七）年には長野県山口村を併合して新中津川市が誕生した。

産業別就業人口構成は一九五五（昭和三〇）年当時、第一次産業三十七・二パーセント、第二次三〇・三パーセント、第三次三十二・五パーセントであった。しかし、七五年に十八・一パーセント、四十一・四パーセント、四十一・〇パーセント、さらに二〇〇五年には六・四パーセント、四十一・一パーセント、五十二・五パーセントとなり、小布施町以上に大きな変化が招来された。現在、産業分類別事業所数・従業者数構成比（二〇〇六年）では卸・小売業（二十五・一パーセント）が多く、次いで製造業（十五・一パーセント）、建設業（十四・七パーセント）、飲食・宿泊業（十四・三パーセント）の順であるが、従業者数では製造業（三十七・七パーセント）が最も多く、次いで卸売・小売り業（十九・六パーセント）、建設業（九・二パーセント）の順となっている。

クリ菓子メーカーの分布

さてそれでは、以上のような地域経済環境の下で両地域のクリ菓子メーカーはどのように成立しているか。まず分布の現状から検討する。菓子産業においては一般に、製造部門は資本の大小にかかわらず、多かれ少なかれ小売り部門と直接結び付いていることが特徴とされている（中島編、一九六七：三八九）。このことは小布施町と中津川市におけるクリ菓子製造メーカーの場合も例外ではなく、大部分は製造部門と販売部門が同一の場所に立地している。そこで両地区におけるクリ菓子メーカーの本店（店舗）の位置を示したのが**図2**および**図3**である。

小布施町の場合、クリ菓子を製造する店舗の総数は九つであるが、市中央部の国道四〇三号（谷街道）と長野電機鉄道の小布施駅と都住駅付近に分布している（**図2**）。小布施町は江戸時代初めに市場として栄えた町組を核として発展してきたところであり、特に谷街道から谷脇街道が分岐する中心市街地（綱掛け部分）に①、③、④、⑥が集まり、こ

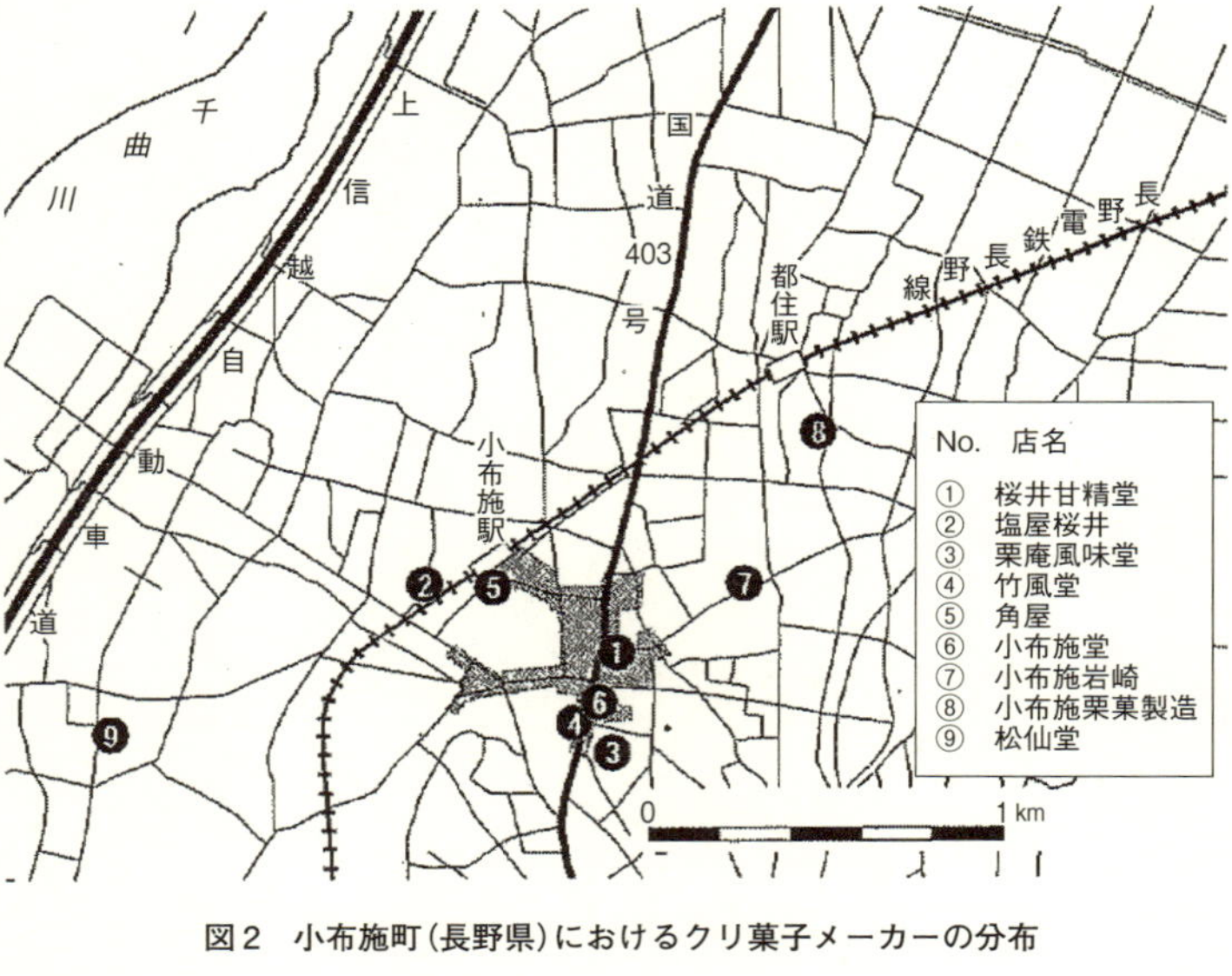

図2　小布施町（長野県）におけるクリ菓子メーカーの分布

の他小布施駅付近に②、⑤が分布する。互いに最も離れた⑧と⑨の場合でも約二kmの以内に分布している。

中津川市の場合、クリ菓子メーカーは総数が十三店舗を数える（**図3**）。この場合も⑬を除いて、全てがJR中央線と国道19号に挟まれる範囲内に分布する。しかもそのうち九つの店舗（①、②、③、④、⑤、⑧、⑨、⑩、⑪）は市街地中心部に集中している。この付近は旧中山道の宿場がおかれた街道筋にあたり、特に①（すや）と②（川上屋）は旧中山道に直接面している。

以上のように、両地域のクリ菓子メーカーはいずれも駅前や市街地の中心部付近に集中して立地している。しかし市街地の場所的環境には大きな違いがある。小布施町の場合、一般的な都市市街地というのではない。**図2**には示していないが一九七六（昭和五十一）年に建設された葛飾北斎の絵画を集めた北斎館をはじめ、高井鴻山記念館、日本あかり博物館、おぶせミュージアム中島千波

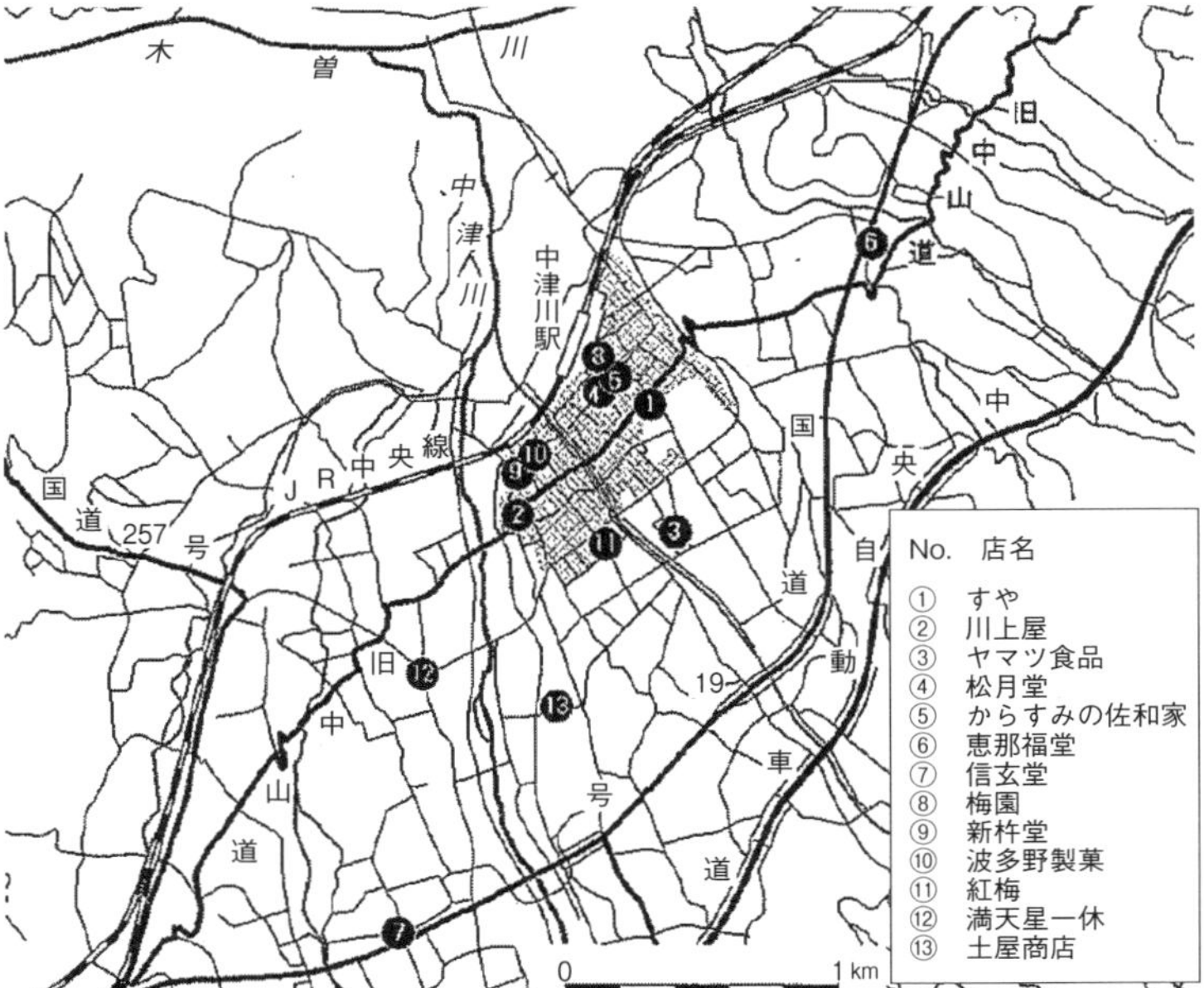

図3　中津川市（岐阜県）におけるクリ菓子メーカーの分布

館、歴史民俗資料館等の観光施設が集中している。そして周囲はクリ、リンゴ、ブドウ、アンズなどの果樹園に囲まれている。

これに対して中津川の場合、クリ菓子メーカーが立地する市街地には、最近ＪＲ中央線中津川駅前に「栗きんとん発祥の地」の碑が建てられたが、駅前の観光物産展や中山道歴史資料館を除くと、小布施のような特別の観光施設はみられない。逆に、クリ菓子メーカーが立地する市街地近辺から離れた周辺に木曽川沿いの自然資源や歴史的観光施設を擁している。中山道も歴史的な観光資源としての役割を担っており、二〇〇八年には落合宿馬篭宿等と連携し十三回目を迎えた中山道菓子祭りが、十月二十四、二十五、二十八日の三日間にわたり開かれた。

◘ 創業年・規模・主要商品

次に、以上にみたクリ菓子メーカーの立地を創業年、規模、主要商品の面から検討しよう（**表1、2**）。まず各メーカーの創業年代については、両市町とも江戸末期から近年まであり、今日認められる立地が特定の時期に実現したのではないことが分かる。

小布施町の場合、そのうち①、②、③は江戸時代に、④、⑤が明治期、⑥が大正期で、⑦、⑧、⑨が第二次世界大戦後という状況である（**表1**）。しかも、従業員数からみて規模の大きいメーカーはいずれも戦前に創業している。①、④、⑥は現在一〇〇人以上の従業員をかかえ、小布施を代表する位置にある。これに対し戦後創業した⑦、⑧、⑨は従業員一〇人未満で大きな格差がある。ただ、戦前創業のメー

表1　小布施町のクリ菓子メーカー

名　称	創業年	従業員数	主要商品	本店住所
①桜井甘精堂	1808年（文化5）	112名	純栗ようかん、純栗かの子、善光寺落雁	小布施町中町779（本店）
②塩屋桜井	文化年間創業	10名	栗ようかん、栗かの子、栗らくがん	小布施町537
③栗庵風味堂	1864年（元治元）	15名	初栗、栗ようかん、栗かの子	小布施町414
④竹風堂	1893年（明治26）	190名	栗ようかん、栗かの子、落雁「方寸」	小布施町973
⑤角屋	1890年（明治23）	23名	栗ようかん、栗かの子、栗落雁、栗最中	小布施町1498（小布施駅前）
⑥小布施堂	1922年（大正12）	120名	栗ようかん、栗かの子、落雁、栗かっせ	小布施町808
⑦小布施岩崎	1925年（昭和25）	4名	栗きんとん（茶きんしぼり）	小布施町620
⑧小布施栗菓製造	1965年（昭和40）	9名	栗かの子、落雁、栗福	小布施町都住497
⑨松仙堂	1968年（昭和43）	家族経営	栗ようかん、栗かの子、栗つくり	小布施町飯田607

（聞き取り調査により作成）

表2　旧中津川市のクリ菓子メーカー

名　称	創業年	従業員数	主要商品	本店住所
①すや	1802年（享和2）	40名	栗きんとん、栗こごり、栗納豆	中津川市新町2-40
②川上屋	1864年（元治元）	50数名（80～100）	栗きんとん、ささめささ栗	中津川市本町3-1-8
③ヤマツ食品	1866年（慶応2）	12名（20）	冷凍栗きんとん、栗納豆マロンドール	中津川市花戸町4-7
④松月堂	1907年（明治40）	20名（100）	栗きんとん、栗公方	中津川市太田町2-5-29
⑤からすみの佐和家	1916年（大正5）	家族経営	からすみ、栗粉餅、栗粉柿	中津川市太田町2-5-30
⑥恵那福堂	1930年（昭和5）	5名（20）	栗きんつば、栗蒸し羊羹	中津川市中津川913-10
⑦信玄堂	1934年（昭和9）	15名（10）	しぶ栗、栗きんとん	中津川市手賀野字西沼
⑧梅園	1937年（昭和12）	15名	めおと栗	中津川市大田町2-3-8
⑨新杵堂	1948年（昭和23）	50名	栗きんとん、栗三昧、栗粉餅	中津川市本町3-2-29
⑩波多野製菓	1948年（昭和23）	家族経営	栗いりからすみ、栗粉餅	中津川市本町1-3-18
⑪紅梅	1948年（昭和23）	家族経営	栗きんとん、大栗まんじゅう	中津川市西宮町2-22
⑫満天星一休	1968年（昭和43）	35名（40）	栗きんとん、栗子モチ	中津川市苗木2531-1
⑬土屋商店	2007年（平成3）	家族経営	平成19年から栗菓子	中津川市中津川3022-12

（　）内：最盛期の雇用者数を含めた従業員数　　（聞き取り調査により作成）

カーでも②、③、⑤のように一〇～二〇名の規模のものもあり、創業年の古いものが全て規模を拡大しているわけではない。

つまりクリ菓子産地の構造は、限られた比較的規模の大きいメーカーを中心に中小零細規模のメーカーが集まる形で成立している。[※9] こうした立地構造の下で各メーカーの主要な商品をみると、栗ようかん、栗かの子、落雁という点に共通性がみられる。これはクリ菓子産地としての小布施の特徴である。

中津川市の場合、十九世紀に①、②、③が創業しており、その後第二次世界大戦前までに④、⑤、⑥、⑦、⑧、さらに戦後に⑨、⑩、⑪、⑫、⑬が加わっているけではない。（**表2**）。ただし、メーカーの創業年次はそのままクリ菓子製造の開始年次を示すわけではない。一九三四（昭和九）年から和菓子一筋で歩んできた信玄堂⑦によると、栗きんとんの製造業者は当時数件しかなかったという。

菓子メーカーの規模については、小布施町の場合と同様、従業員五〇名前後のものから家族経営的なものまであり一様ではない。概して言えば、①、②のように規模の大きいタイプほど創業年が古く、戦後のものは⑩、⑪、⑬のように家族経営的な零細なタイプである。しかしながら、小布施町の場合に比べると、メーカー間の規模の差は小さい。そして主要商品については、⑧以外、すべてのメーカーが栗きんとんを製造している点に大きな特徴がみられる。

要するに、小布施町と中津川市のクリ菓子メーカーには、立地が地域的に集中していること、同時に創業年代が江戸末期から第二次大戦後にまで至ること、この二

※9　関連産業としては、町内に容器製造一社（二〇人前後）、段ボール箱製造一社、シール製造一社（一〇人前後）がある。

つの共通した傾向を指摘できる。

◘ クリ菓子の種類

しかし両地域のクリ菓子商品に注目すると、小布施の商品は比較的長持ちのする落雁や栗ようかんであるのに対して、中津川では秋口からの季節限定の商品である栗きんとんを主としている。[※10] もちろん、**表1**、**2**に掲げた商品名はそれぞれ代表的なものに限っており、実際上は他のクリ菓子も製造している。傾向としては規模の大きなメーカーほど多種類の製品を生産し、規模が小さいメーカーでは少ない。

図4と**図5**は両地域の代表例として、小布施の桜井甘精堂と中津川市の川上屋におけるクリ菓子を通年の商品と季節商品に分けて示したものである。これによって明らかなように、両社とも多種類の通年商品と季節商品を開発している。ここに産業として持続している経営的理由の一面が認められる。しかも両社の経営は前述のように小布施の桜井甘精堂は通年の商品に、中津川の川上屋は季節商品に重点が置かれている。

ところで、両地域においてそれぞれ特色のあるクリ菓子を製造し、しかも近接してクリ菓子メーカーが立地することは、厳しい競争条件をもたらす要因となる。この問題についてはどのように克服しているか。注目すべきは、それぞれのクリ菓子メーカーにおいてさまざまな差別化（＝個性化）の工夫をしている点である。クリ菓子につけられたさまざまな名称はそのことを端的に示している（**図4**、**5**参照）。クリ菓子

また個々のメーカーは商品名は同一でも全く同じものを生産しているのではな

※10　⑦の栗きんとんについては、五代目が中津川で修業し、小布施で製造を始めた故である。

い。あるいは商品の組合せによって特色を発揮している。例えば、小布施の⑧小布施栗製菓の場合、現在一般に落雁の原料は豌豆を炒って粉にしたものが利用されている中で、唯一クリ(九・七八パーセント)入り落雁にこだわった商品を製造している。②塩谷桜井は近年では純栗ようかんから栗塩ようかんに力を入れている。④竹風堂のようにクリ菓子とクリこわめしの両者を生産している例もある。さらに各クリ菓子メーカーは、規模の違いや方針にもとづいて商品販売先に特色を出していることは

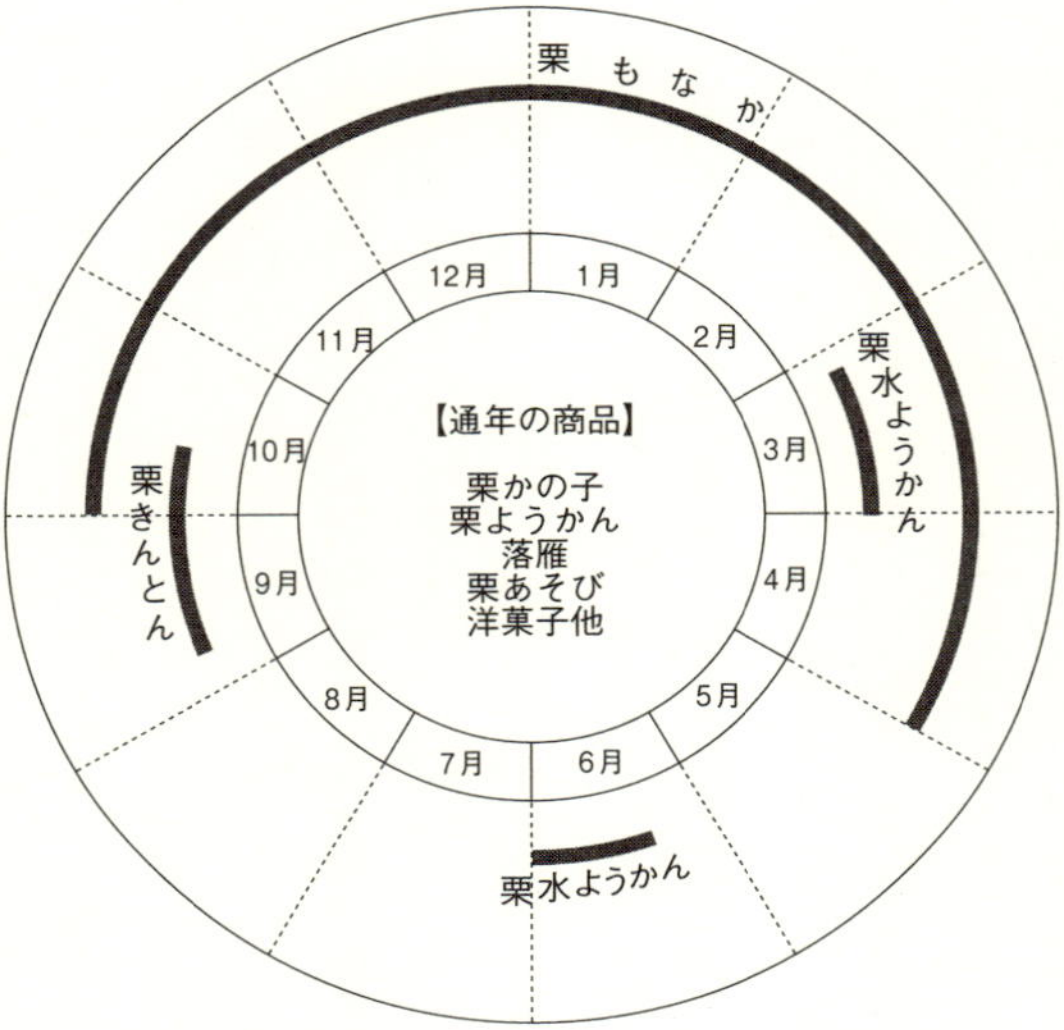

図４　小布施町（長野県）桜井甘精堂クリ菓子カレンダー

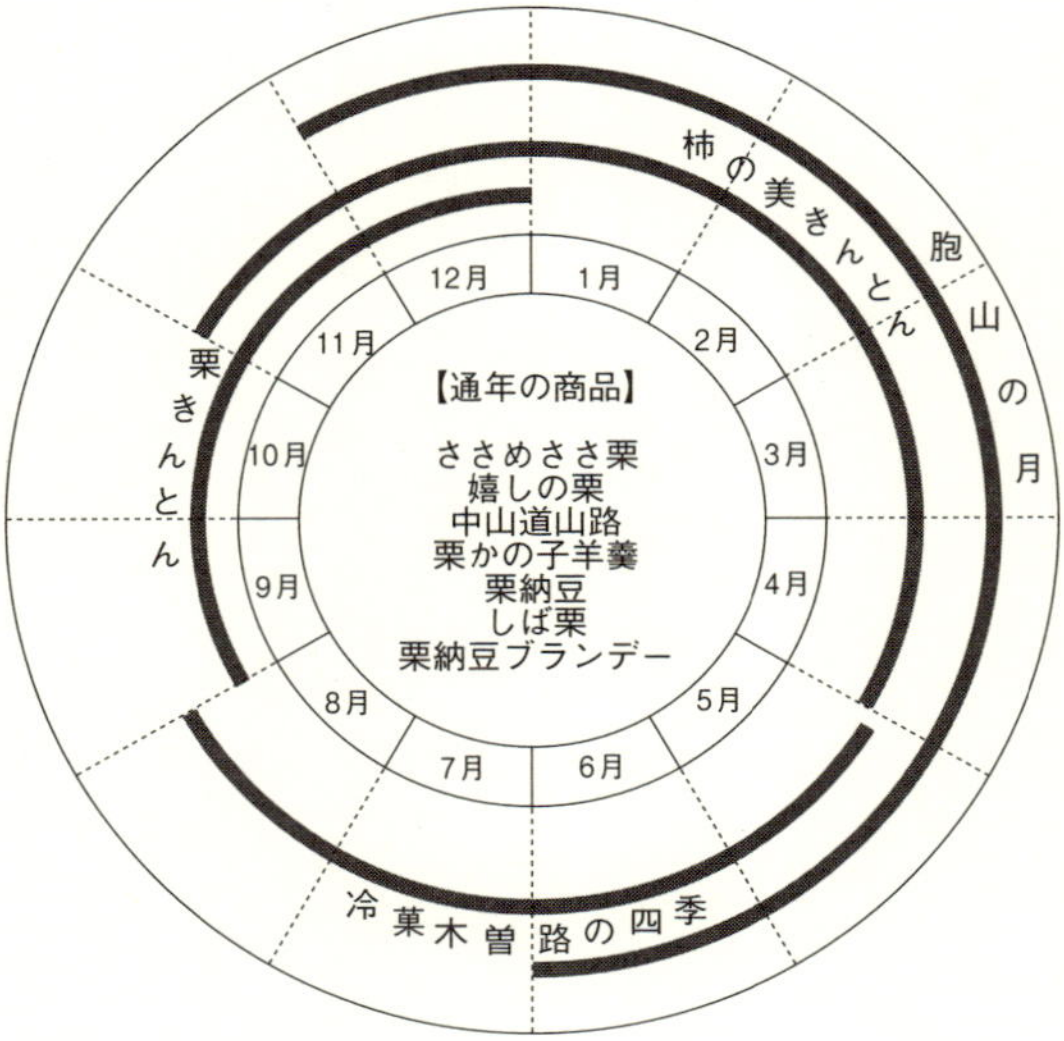

図５　川上屋のクリ菓子カレンダー

いうまでもない。

中津川の場合でも商品について個性を出すためさまざまな工夫がなされている。最も代表的な栗きんとんについてみると、製法自体クリを茹で、蒸して、中身をとり、砂糖を入れ、茶巾しぼりにして完成する簡単なものであるが、この単純で手作りによるところに表れる、微妙な形や味も売りものにしている。※11 ③ヤマツ食品では、栗きんとんを冷凍し、通年販売を売りにしている。⑤からすみでは一九八〇(昭和五十五)年から栗粉餅を復活させ、二〇〇〇(平成十二)年には干柿の中に栗きんとんをいれた栗粉柿を作るようになった。⑫満点星一休は栗きんとんの風味にこだわり砂糖を少なくしている。⑨新杵堂は、販売に工夫して、宅急便を利用して全国展開している。

以上から明らかように、小布施町と中津川市のクリ菓子産地はそれぞれ特徴的なクリ菓子を生産することで棲み分ける一方で、産地内では各メーカーがそれぞれに個性を発揮しつつ共存しているのである。

四　クリ菓子産業の展開事例

ここで、創業年次が古く、従業員規模の大きいクリ菓子メーカー四社を対象として、創業時から現在に至る発展のプロセスについて概観し、そのうえで両地域を通じてもっとも代表的な小布施町の①桜井甘精堂の発展プロセスを詳細に検討する。

※11　例えば、〝すや〟のパンフレットには次のような記載がある。「中津川には栗きんとんを作る店が何軒かあるのだが、どういうわけか〝すや〟に人気が集まっている。材料は同じものだし、加工法にもそうちがいはないはずなのだが、舌はごまかせない。おそらく、加糖をして煮る段階の火加減と時間とで、微妙な味のちがいを生じるのだろう」。

◇ 桜井甘精堂

現在の桜井甘精堂の初代（桜井幾右衛門）は、小布施町における栗菓子製造の初祖とされ、文化年間（一八〇四～一八一七年）に栗粉を用いて落雁[※12]を創製している。次いで一八一九（文政二）年に幾右衛門の弟武右衛門が純栗のようかんを、また一八九二（明治二十五）年には五代目（桜井佐七）により栗かの子が創製されている。最初のクリ菓子である栗落雁は当時、松代藩侯から用命を受けたり、加賀藩の前田侯により江戸表へのおみやげ品として利用された。一八六五（元治二）年には京都の伏見宮家から、看板や調度品にご紋章の使用を許されている（**写真3**）。しかし栗落雁は一九〇七（明治四〇）年頃まで続けられ、その後栗ようかん（明治四十一年全国共進会で受賞）や栗かの子の名声が高まるにつれ、製造を中断する。

ちなみに、桜井佐七はこの栗かの子について次のように述べている。

「私は菓芸の中の白眉と信じております。元来和菓子の一つ一つは、庶民のなかの菓子職人の芸術（中略）ですが、そのなかで、この栗かの子のような奔放自在な、菓味そのものに徹し切った栗むく無形態の発露の仕方は和菓子芸術の極致であろうと思っています。真の茶人を喜ばす融通無碍の境地は、何の作為も飾り気もなく、素朴の中に菓道の悟りの境地を蔵している大胆な至芸でございます」。

※12　落雁は、打ち物と呼ばれ、炒った粉に砂糖を加え、一定の型に入れて型打ちした菓子で、そこにゴマを振りかけた姿が「田の面に落つる雁のごとし」といわれたのが、名の起こりといわれる（長野県、一九七九：三五五）。

写真3　菊の紋章入りの栗落雁の盾看板

当社については改めて後述するが、現在は近代的な工場（**写真4**）を新設する一方、小布施町における地域販売以外に長野県内の特約有名菓子店、デパート、みやげ店、ホテルなどにおける商品販売のほか、さらに東京、神奈川、埼玉、千葉、静岡、名古屋、大阪、札幌、北九州等の百貨店やスーパーに出店し、全国展開を指向している。（桜井甘精堂パンフレット・聞き取りによる）

◎ 竹風堂

竹風堂は一八九三（明治二十六）年の創業で、二〇〇五（平成十七）年で一一二年になる老舗である。竹村猛志氏（竹風堂・代表取締役）によれば、昭和四〇年代までは小布施のクリ菓子屋は、扱う商品が似ており、数社ある当地同業者とのコップの中の小さな同質的競合に明け暮れていた。販売先も周辺の温泉のホテルや土産店の他は卸経由で一部を首都圏に出荷している程度であった（竹村、二〇〇五）。つまり、製造した菓子のほとんどを近隣の菓子店や鉄道弘済会、温泉旅館売店や土産店へ卸売りをしていたので、小売店の主人や奥さんや仕入れ担当者の顔色をうかがうことが商いの日常であったという。

こうした中で竹風堂は、一九七〇（昭和四十五）年に本店（**写真5**）を開設、卸から直売優先の業態に転換した。現三代目は「栗おこわ」を発案し、竹風堂名物として売り出した。

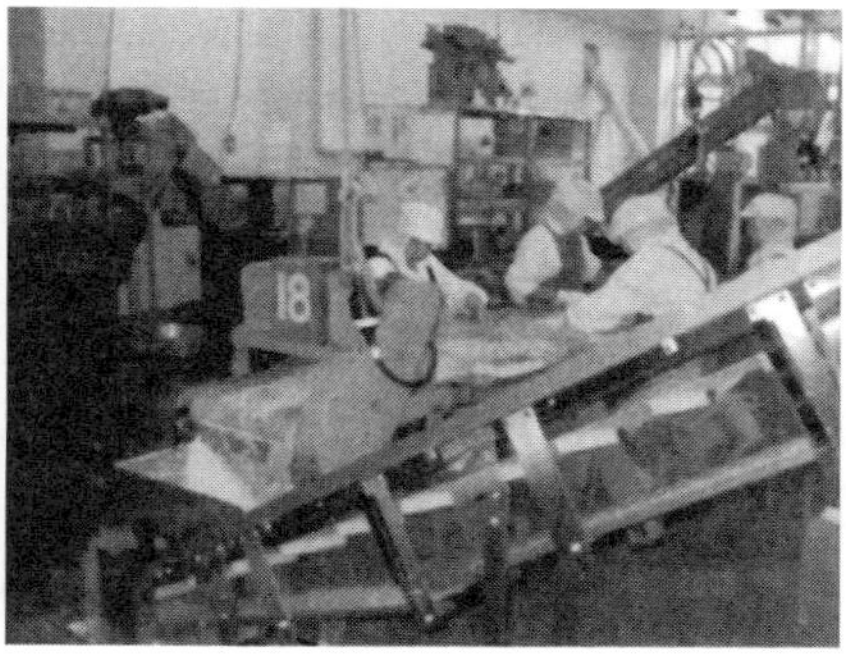

写真４　桜井甘精堂の新工場の内部

写真５　竹風堂の店舗

また小布施町のクリ菓子産業の地域ブランドの確立に率先して力を入れてきた。製品の品質向上やクリ苗木のプレゼント事業を行う一方、長野県内に限定した直営店を展開し、地域づくりに貢献してきた。現在は、クリ菓子工場を須坂市に新設する一方、アップルライン店、松代店、東急店（長野駅前）、さろん・ど・まろん（長野駅前）、長野緑店（長野駅ビル）、松本中町店、松本開智店、松本ミドリ店、あづみ野店、軽井沢ロータリー店と展開し、東京、名古屋、阪神の百貨店においても製品販売をしている。（竹風堂パンフレット・聞き取りによる）

◘川上屋

一八六四（元治元年）年に創業し、現在に至っている。創業当初は半職半農のような形で、駄菓子屋として豆菓子・せんべい・飴などを製造販売していた。二代目には駄菓子屋としての経営を幅広く行い、木曽方面に営業を行う傍ら、明治の終わり頃より各種の饅頭や羊羹の他周辺に自生する〝かや〟の実を使用した〝かやあられ〟などの製造を手がけるようになり、栗きんとんについても素朴な味の研究に努め駄菓子屋から和菓子の店へと変貌をとげてきた。

本格的な〝和菓子の老舗〟としての変革は三代目からで、菓子製造にあたって木曽路の鄙びた趣と素朴さをとり入れ、夜明け前・初恋・力作・ささめささ栗・中仙道山路等と命名したクリ菓子を数多く考察した。現在の四代目（原善一郎氏）もこれを受け継ぎ、栗きんとん（**写真6**）、栗かの子、羊羹、手造り最中、栗の葉を使った中仙道膝栗毛や柿の葉を巻いた柿の実きんとん等新しいクリ菓子の開発に努めている。現在、年間四〇種類から五〇種類程の商品を製造販売している。全国的に販売ルートをもち、特に百貨店での販売のほか地方発送を拡張している。(川上屋パンフレット・聞き取りによる)

◎ すや

創業は元禄年間ともいわれる。はじまりは、江戸から下ってきた赤井九蔵という人が「十八屋」の屋号をもって開いた酢の店であった。〝すや〟の現在の建物(**写真7**)は、間口五間半で五百坪あるという細長い家の裏が、菓子作りの仕事場になっている。

菓子を製造し始めたのは、七代目からで、創業以来親しまれてきた酢屋の呼び名をつづけ、「すや菓子舗」の看板を掲げて、金米糖、おこし、源氏豆等の駄菓子を、中山道沿いの村々へ手広く卸していた。駄菓子の卸し業を止めて、生菓子作りに切り変えたのは、八代目(万助)で、現当主の祖父にあたる。この人が、〝すや〟の名菓栗きんとんを、はじめて作った。栗のそぼろで小豆の餡を包んだきんとんは、古くから料理の口取りとして使われている。ちなみに、八代目万助が考察したのは、小豆餡を使わない栗ばかりのきんとんだった(すやのパンフレット・聞き取りによる)。

◎ クリ菓子メーカーとしての発展形式

今日のクリ菓子産業は、前述の来歴から明らかなように、菓子がはやり始めた幕末から明治期にかけて、芽生えてきたことを示している。しか

写真6　川上屋の栗きんとん製造

写真7　中山道に面したすやの店舗

し、四つの事例から見ると、江戸時代にはっきりと菓子製造がみられたのは桜井甘精堂のみで、本格的な展開は第二次世界大戦後のことである。桜井甘精堂の場合でも、当初の落雁から栗ようかんや栗かの子への転換がみられたのは明治期のことである。わが国において産業革命の影響が各地に浸透する過程で、共通して今日に繋がる菓子需要を引き起こしてきたものといえよう。

表3は、小布施町の桜井甘精堂の創業時から現在に至る約二〇〇年間の沿革を示したものである。この間の歩みは、大きく三段階、さらに区分すれば六期に分けてみることができる。

第Ⅰ段階は江戸末期から第二次世界大戦ごろまでの期間である。その間の一期は栗落雁の創製、二期は栗ようかん・栗かの子の創製期にあたる。この間に、今日のクリ菓子の基本の形が完成している。また菓子の商品性という点で一期と二期との共通点は、落雁の登場やブリキ缶に収めた「栗ようかん」の創製という点にみえるように、保存性の高いクリ菓子の製造が目指されている。一方、一期の栗落雁から二期の栗ようかんや栗かの子への転換は、甘味を重視したクリ菓子への移行を反映したものとみることができよう。これは、明治以降における砂糖の供給が好転したことと関係している。

第Ⅱ段階は、第Ⅰ段階までに準備されたクリ菓子製造が、会社組織として再出発し、展開をみせる時期である。現在の会社名は、一九六四年に命名されたものである。初めて季節商品としての「純栗最中」を創製し、また観光名所でもある善光寺

表3　桜井甘精堂の沿革

区　分		年　代	事　項
第Ⅰ段階	1期	1808年(文化　5)	桜井幾右衛門が小布施で初めて「栗落雁」を創製する。
		1819年(文政　2)	幾右衛門の弟、武右衛門が「栗ようかん」を創製する。
		1820年(文政　3)	「栗落雁」は加賀藩御用となり柏原本陣まで届ける習わしになっていた(～1850年＝嘉永3年)。
			松代藩が将軍家に献上し、小布施栗が天下に広まる。
		1865年(元治　2)	京都伏見宮家から裏菊御紋章付の栗落雁調製を仰せつかる(2月)。
	2期	1892年(明治25)	五代目(初代桜井佐七)が「栗かのこ」を創製する。栗落雁は衰退へ。
		1908年(明治41)	「栗ようかん」を全国共進会に出品。全国的に知名度を高める。
		1919年(大正　8)	六代桜井佐七、「栗ようかん」をブリキ缶に収めることに成功。
		1941年(昭和16)	太平洋戦争により良質の砂糖が出回るまで栗菓子の製造を中止する(～1949)。
第Ⅱ段階	3期	1949年(昭和24)	戦争により一時休業していた栗菓子の製造を再開。
		1954年(昭和29)	有限会社桜井佐七商店登記。
		1964年(昭和39)	株式会社桜井甘精堂となる。
		1966年(昭和41)	季節商品「純栗もなか」を創成。
		1970年(昭和45)	善光寺公許第一号の許可を得、赤エンドウの粉を使用した「善光寺落雁」を発売。
	4期	1977年(昭和52)	長野市大門町に直売所、「大門店」開店。
		1978年(昭和53)	長野市西後町朝日八十二ビルに、「長野中央店」開店。
		1980年(昭和55)	「ひとくち栗かの子」発売。
			長野駅前塩沢ビル地下1階に、「駅前店」開店。
		1981年(昭和56)	七代目桜井佐七、社長就任。
		1983年(昭和58)	小布施町北斎館横に、「逢瀬店」開店。
		1984年(昭和59)	「ひとくち栗ようかん」発売。
第Ⅲ段階	5期	1985年(昭和60)	「栗の渋皮煮」「栗ペースト」「栗みつ」発売。「マロンシュークリーム」「マロンフィナンシェ」発売。
			「長野駅ビル店(MIDORI地階)」開店。
		1986年(昭和61)	季節商品「栗水ようかん」創製。
		1987年(昭和62)	和三盆を使用した落雁「花逢瀬」を創製。
		1988年(昭和63)	新「本店(泉石亭)」開店。「栗の木美術館」を併設。
		1992年(平成　4)	花逢瀬の姉妹品として「花逢瀬・ひとひら」を創製。
			軽井沢町旧軽・三笠通りに「軽井沢店」開店。
		1994年(平成　6)	「純栗かの子ようかん」を創製。「マロンパイ」を発売。
			「逢瀬店」を全面改築し、「北斎亭」と改名。
		1997年(平成　9)	善光寺御開帳参拝記念「善光寺落雁」を発売。
			旧本店を全面改築し、「栗の木テラス」として開店。
		2002年(平成14)	長野市南千歳に新「長野店」開店(長野中央店を統合)。
			「栗の木テラス長野店」を併設。
		2003年(平成15)	「小布施浪漫」発売。季節商品「水ようかん(栗・小豆)」を創製。
	6期	2004年(平成16)	小布施町栗ヶ丘地籍に新本社と工場完成。2月より業務開始。
			季節商品「栗水ようかん(小倉)」を創製。
			手づくりもなかセット「栗あそび」を改良。
		2007年(平成19)	桜井英樹、現社長就任。
		2008年(平成20)	創業200周年を迎える。

(桜井甘精堂会社案内に基づき作成)

の名を使った「善光寺落雁」の販売を始めた（三期）。四期は核家族化の進展など消費者の購買行動の変化に合わせ、「ひとくち栗かの子」や「ひとくち栗ようかん」のような小口の商品開発にも着手している。

第Ⅲ段階には、従来の和菓子に加え洋菓子風のクリ菓子が生産されるようになった。水ようかんなどの季節性商品と共に商品の多様化の方向、あるいは和三盆[※13]使用等にみられるように、品質にも配慮した製品開発がみられる。これらを小布施市内の観光施設と連携させて販売店舗を整備し、県内に拡充している（五期）。現段階のうち六期として区分したのは、本格的な近代工場を設置して販売を始めた時期であるが、この動きはクリ菓子の製品を全国展開する体制が整ったことを示している。クリ菓子の近代的な工場建設は、小布施町の観光地化と一体となって菓子産業が発展した結果であるが、近年の観光客の減少傾向[※14]と併せて考えるとその対処策という意味をも持っているように思われる。

五　クリ菓子産業の立地要因

◇ クリ生産の伝統と交通位置

これまでのところで、小布施町と中津川市におけるクリ菓子産業の立地について、メーカーの分析、創業年、規模、製品の種類、沿革等について実態を明らかにしてきた。これらを、本章の前段でみたわが国における菓子の成立とクリ菓子の系

※13　江戸時代に国産化された砂糖である。荒尾（二〇〇五）によれば、わが国では江戸時代八代将軍吉宗の殖産政策の下で砂糖生産に着手したが、当初は「覆土法」によって分密されていた。現在その後に開発された「押し船」を使用した「加圧法」による「和三盆」のみが伝統食品として残っている。

※14　小布施町における観光施設等への入り込む客数は、一九九六年に九十四・六万人に達したがその後減少傾向にあり、現在では八〇万人代で推移している。

譜との関係、および対象地域の産業構造の変化の中に位置づけてみると、両地域に特異なクリ菓子産業を展開させてきた要因を次のように考察することができる。

わが国において、江戸時代に今日いうところの菓子が完成し、それが全国的に広まる江戸末期頃に両地域においてもクリ菓子文化が芽生えたようである。その立地は京都や江戸という消費の中心地ではなく、都市から離れた交通の要衝地でかつ宿場や市の開かれたところであった。その際原料となるクリの調達はどのようになされたのか。この点については両地域ともに、それに先だってクリ産地としての環境を有していた。その様子は、両地域について島崎藤村（一九五五）が残した名作中の一文からも窺うことができる。

「豊野で汽車を降りた。そのあたりは耕地の続いた野で、付近には名高い小布施の栗林もある」（『千曲川のスケッチ』）、あるいは「そこには名物栗こわめしの看板を軒にかけて、木曽路を通る旅人を待つ御休み処もある」（『夜明け前』）

小布施町は少なくとも江戸時代以前からクリの名産地として知られており（例えば、上原、一九五五、長野県、一九七九、市川・青木・金田、一九八六）、江戸時代には当地を管轄する藩抱えのクリ林を有していた。中津川市の場合についても、山林の多い当地域で野生のシバグリが多く、これに丹波系のクリを接木したり、山麓に苗木を植樹してきた。したがって、恵那郡中津町（現・中津川市）を中心にして坂本村・落合村（共に旧・中津川市）一帯は従来からクリ栽培が盛んであった（中津川市、二〇〇六：四八二）。

しかし、こうした歴史的・地域的な基礎条件のみで、今日みられるようなクリ菓子産業が隆盛をみたわけではない。さらに三つの重要な側面がある。第一は、両地域における文化的・自然的な観光資源の存在、第二は、大消費地である東京と名古屋の後背地に位置していたこと、そして第三には、両地域をめぐる全国的および国際的なクリ生産環境の変化とのかかわりである。

◘ 観光資源の役割

第一の点は、まず小布施の場合、葛飾北斎の絵画を集めた「北斎館」の建設をはじめ、さまざまな文化施設をつくり地域振興がはかられてきた。町全体が戦後にはリンゴだけではなく多様な果樹の複合産地化していたことも、観光資源として重要な役割を担ってきたと考えられる。それらに合わせ観光地に欠かせないお土産品としてクリ菓子に対する需要が喚起された。クリ菓子メーカーにとって、卸を通じて商品を販売していたところにこうした観光化によって地元で直販が可能になった。この事はクリ菓子産業が発展した直接の大きな理由であった。

中津川の場合は、小布施町ほど直接的な契機は認められない。もちろん、中山道整備事業（一九八六～一九九二年）、歴史の道整備事業（一九八七～一九九一年）など行政施策としての観光化努力が続けられている。

第二に、両地域が東京および名古屋の大都市圏の後背地に位置し、既述のように交通条件が改善されたことは、第一の点以上に重要な要因としてしなければならない。都市的なクリ菓子需要と生産地とが直結し、製品の直販を可能とすると同時に生産拡大に寄与した。それと同時に、宅配便などの形で商品販売を広域に展開することが可能となったことも大きい。桜井甘精堂の例から見れば、その第Ⅲ段階である。

◘ 他のクリ生産地域との連携

第三に、両地域の発展を地域外から支えた生産地域との連携がもう一つの重要な要因となった。多くのクリ菓子メーカーがこうして生産に力を入れたのであるが、その結果として原料としてのクリそれ自体への需要を増大させることになった。しかしながら、両地域とも従前からのクリの産地ではあったものの、その生産量はその需要を満たせるようなものではなかった。小布施は果樹産地として収益性の高い果樹が大半を占め、クリについては省力性が注目された程度にとどまっている。中津川の場合はクリが山間地域の商品作目として期待はされてきたが、労働力不足や高齢化のために大きな進展はなかった。

一方、わが国のクリ生産地域については、クリ菓子産業が伸びる時期に地域再編成が大幅に進展した。こうした状況の下で小布施の場合は全国一の産地である茨城県と、また中津川にあっては愛媛、宮崎、熊本県等の西南日本との結びつきを強めてきた。また韓国や中国からの輸入クリが菓子製造の発展に果たしてきた役割も小さくないと考えられる。しかし近年の供給サイドの傾向として、日本の産地がクリ菓子メーカーとの連携を深める中で栽培技術の革新を進め、大粒の良質クリを生産する動きがみられるようになったことが一層注目されよう（元木、二〇〇八）。

なおもう一つの新しい動きとして、クリ菓子メーカーが地元における生産者と連携してクリ生産を支援する動きが注目される。小布施では竹風堂がクリ苗木を無償配布することを行ったのはその一例であるが、近年中津川市周辺ではより組織的に製菓向きのクリ生産を行う動きがみられる。※15 フードシステム論的にとらえ、クリ菓子メーカー（消費）と原料としてのクリの供給側（生産）との関連でみれば、いわゆる「地産地消」に向う傾向を示唆している。※16 しかしこのような形のクリ菓子産地が本格的に展開する可能性は、現段階ではまだ未知数である。

六　むすび

以上、これまでのわが国における菓子についての概念の整理とその中でのクリ菓子の系譜を踏まえたうえで、今日のクリ菓子産業が中部日本の長野県小布施町と岐阜県中津川市において、集積ともいえるような立地をみせていることについて比較検討した。両地域を通じて判明した一般的傾向、すなわちクリ菓子産業の立地展開にかかわる史的および経済的ダイナミズムは次のように要約できる。

（一）クリ菓子の製造は十九世紀初期に、当時の交通の要衝地で、かつ地域資源としてのクリの産地という基盤のもとで芽生え、明治以降の近代化の過程で今日に続くクリ菓子の基本となる商品開発がすすみ、さらに第二次大戦後の経済成長期以降

※15　日本農業新聞二〇〇八年十一月十一日記事。

※16　フードシステム論（荒木、二〇〇二）的に小布施町と中津川市におけるクリ産業の展開を整理すれば、大まかには次のように要約することができる。

初期段階：
　地元産利用→クリ菓子製造→委託＋持ち込み販売

発展段階：
　地元産＜他産地産→クリ菓子製造→地域販売＋集客

現段階：
　地元産クリ増産？＞他産地産→クリ菓子製造→集客＋販路

にクリ菓子に特化した産業立地が認められるようになった。

(二)現在のクリ菓子産業は、地域の独自性を意識したメーカーの主体的な商品開発、当該地域の観光資源を活かした地域振興策、東京や名古屋の後背地としての位置的有利性の下での観光地化の進展、交通と情報の発展による製品の直販可能性の増大、国内および国外の主要クリ生産地との連携等、複合的な要因のもとで成立している。

コラム6

ニホングリの新品種「ぽろたん」

ニホングリには伝統的に、渋皮が離れにくい欠点があった。これに比べ中国の河北省北部産のクリ（通称中国グリ、甘グリ、天津グリ）は、果実は小さいが甘味が多く、渋皮が剥けやすく品質も優れていたため、早くから注目されてきた（猪崎 1978）。

例えば、明治時代後半に民間でチュウゴクグリの実生からの選抜が試みられ、大正時代には公的機関で日・中種間雑種育成や選抜が進められたりした。しかし決定的な育種には至らず、第二次大戦後の育種の重点は一時期クリタマバチ被害対策に置かれた。わが国において、クリの渋皮剥皮性が優れる品種育成に力点が置かれるのは、国の果実の育種目標が品質向上へと転換した 1990 年代になってからである。

それから約 10 年後、2006 年にその成果として農林水産省果樹研究所によって開発されたのが「ぽろたん」（早生）である。名前は渋皮がポロッと剥けることから命名された。「ぽろたん」の最大の特徴は、大果でかつ焼きグリにおいてはチュウゴクグリ並みに優れた剥皮性を有すること、であるという（齊藤他 2009）。

近年のニュースによると、「ぽろたん」が持つ渋皮がむけやすい特性（易渋皮剥皮性）の原因となる遺伝子が農研機構・果樹研究所によって解明された。そして、遺伝子マーカーを用いた「ぽろたん」の先祖品種の調査によって、易剥皮性がニホングリの在来品種（「乙宗《おとむね》」）に由来していること、しかもその特性が育種過程で易剥皮性遺伝子が「ぽろたん」に引き継がれ現れたことが判明した。

ちなみに、「ポロタン」は加熱すると渋皮が簡単にむける期待の品種で、約 30 グラムと大玉で甘味や香りも優れていることから、2010 年には国から早急に普及すべき「農業新技術 20」に選ばれた（日農 2014.1.22）。現在、「ぽろたん」よりさらに早生のあるいは晩生の品種育成も目指されている（齊藤他 2010）。

Ⅳ部　世界のクリ生産の動向と社会経済的背景
――日本の位置づけ――

Ⅳ部の概要

第Ⅳ部では、日本におけるクリと人間のかかわり合いにおける近年の変化を、世界の中に位置づけて検討し、わが国のクリ文化が文明化の中で変わりゆく背景について考察しよう。最初に改めてクリについての植物分類学的な位置を明らかにし、そのうえで最近五〇年間の世界のクリ生産の時間的および空間的な変化の方向性を明らかにする(第七章)。次にクリ生産の動向を規定してきた社会経済的な背景について理解するため、今日の世界のクリ生産の大部分を占める温帯ユーラシアの東西の主要地域、すなわち西ヨーロッパと東アジアの動向を比較する(第八章)。

第七章　植物分類学上のクリの位置と世界の生産動向

一　植物分類学上のクリの位置と地理的分布

◇ブナ科に属するクリ

クリ（栗＝chestnuts）は、植物分類学上でブナ科（Fagaceae）に属する植物である。ただしブナ科は、ブナ亜科、コナラ亜科、クリ亜科に三分類され、さらにクリ亜科（Castaneoideae）のなかのクリ属（*Castanea*）にあたるのが「クリ」である。したがってクリはコナラと従兄弟の関係にある。いわゆるドングリ[※1]は、コナラの総称でヨーロッパでいうオーク（oak）であり、日本では通常落葉のナラと常緑のカシに相当する。またクリ属とナラ属は園芸学上では、硬い殻に包まれた種子の子葉部分が食用に供されるので、クルミなどとともに堅果類（ナッツ類）に分類される（南木・岡本、一九八五）。

※1　ドングリについては、ウィリアム・B・ローガン（山下訳、二〇〇八）による近著が詳しく参考になる。

◇北半球の温帯に集中する分布

図1は、世界における落葉果樹とナッツ類の分布である。これらの主要な分布地域は北半球の中緯度の温帯地域を中心に、一部南半球にも及んでいる。クリに

ついても分布状況はほぼ同様であり、アジア、ヨーロッパ、北アメリカの温帯地域に十二種が原生分布する。※2 そのうち果実を食用として利用するのはアジア原生種のニホングリ(*C. crenata* Sieb. et Zucc.)とチュウゴクグリ(*C. mollissima* Bl.)、ヨーロッパのヨーロッパグリ(欧州グリ、*C. sativa* Mill.)北アメリカのアメリカグリ(*C. dentata* Borkh.)の四種だけである。(田中、一九三二、Woodroof, 1979, 中川他訳、一九八九、農山漁村文化協会、二〇〇〇)。このことについて、昭和初期の段階で田中は次のように解説している。

「北半球にのみ自生するもので、其の分布区域はアジア、ヨーロッパ、北亜米利加の大陸に跨がり、概ね摂氏十二度の等温線を中心として……アジアでは本邦・支那及び中央アジアの黒海沿岸地方、ヨーロッパは黒海の西岸地方よりアルプス・アペニン・ピレネーの各山麓一帯及び地中海沿岸各地・イギリス南部等に分布し、アフリカに於いては北部の地中海に面する温暖地方に僅かに

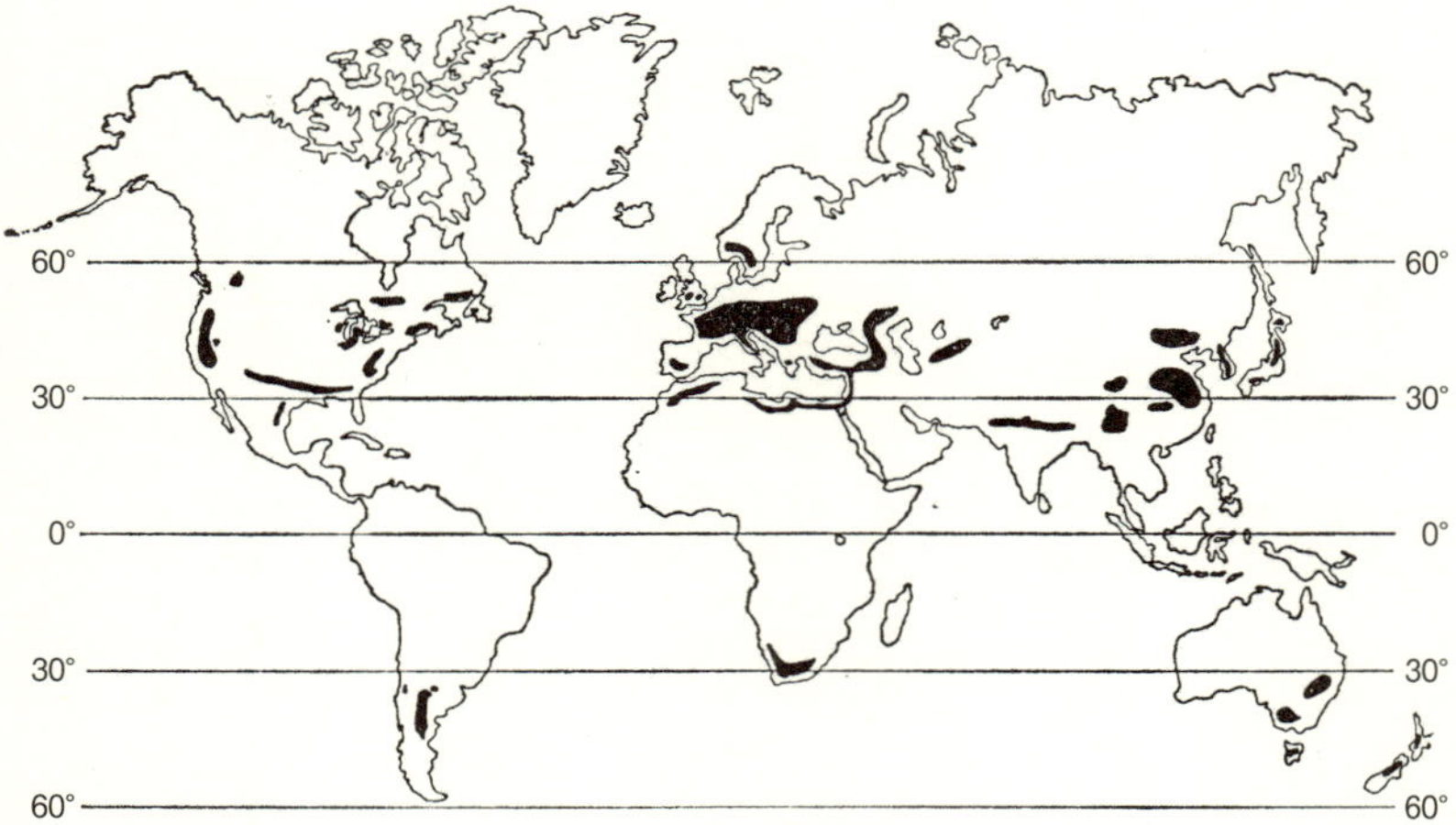

図１　落葉果樹およびナッツ生産の主要な地域
（中川他訳 1989：図 1.4 による）
南北両半球とも緯度 30°〜50° の範囲内に大部分が分布しているが、大洋の近くの温暖な気候の影響を受ける高緯度の地域および高地で冷涼な気候の低緯度の地域にも拡がっている。

存し、北米では合衆国版図の大半特に東海岸地方に多く又メキシコの北部にも相当の分布をみる。栗の栽培地域は以上に述べたる自生地以外に南米及び豪州などをも加えるに全世界に及ぶと謂うも過言ではなかろう」。「各国の栗の生産額を示せば**表1**の通りである。……この他にポルトガル・イギリス・ブルガリア・スイス・ロシア・支那・メキシコなどにも相当額の産出が予期せられる。統計に示す如く現在栗の産額の最も多いのはイタリー・フランス・スペインの三国である。就中イタリーは四〇万町歩の栽培反別を有し世界の産額の半ばを占めている」。

しかしながら、これらのうちアメリカグリについては、胴枯病[※3]に弱く一九〇〇年代の初頭ニューヨーク市で本病の発生が認められ、以来急激に伝播し約三〇年間でほとんど合衆国のクリを全滅させるに至った(猪崎編、一九七八：一七)。このため今日では中国グリと日本グリを主とした東アジアと、ヨーロッパグリを主とした西ヨーロッパの地中海北部地域、すなわちユーラシアの東西の地帯に集中的に分布する。

表1　世界各国のクリ生産額(1929年)

(田中 1933による)

国　名	生産額(単位：貫)
イタリー	161,013,333
フランス	53,605,067
スペイン	47,059,680
ブラジル	5,760,000
日本	5,378,444
ユーゴスラビア	4,507,787
アメリカ合衆国	2,080,000
ギリシャ	1,355,653
オーストリア	120,000
チリー	54,907

注)ギリシャは1928年の産額、ブラジルは1928～1929年の産額、日本は原統計に記録がないが比較のため昭和4年度農林統計林野産物の部の数字を1斗3貫800匁の割に換算して引用(アメリカ合衆国の統計は農務省年報)

※2　南木・岡本(一九八五)によると、クリ属は一〇種あまりとされ、同じクリ亜科に属するマテバシイ属(約一〇〇種)、クリカシ属(約一〇〇種)に比べて種は少ない。また、北半球に広く分布するが、多分に隔離分布的である。

※3　人間の皮膚病のようなもので、病害で枯損樹を招く。一八九〇年代にアジアから輸入した苗木に病原菌が付着していたといわれている。

二　最近五十年間の世界のクリ生産

◘ 世界全体のクリ生産の推移

世界のクリ生産量は、ＦＡＯ統計によると、一九六一年に五十九万四〇九八トン、二〇一一年現在では二〇一万四七三六トンと推定されている。この五〇年間に約三・四倍に増加したことになる。しかし、クリ生産はこの間一貫して増加してきたわけではない。**図2**に示すように、一九六〇年代には五〇～六〇万トン台で推移していたが、七〇～八〇年代になると五〇万トン前後に低迷した。ところが九〇年代に一挙に増加に転じた。とくに二〇〇〇年代以降になると飛躍的な増加を示し、今日の二〇〇万トン台という状況がもたらされたことが分かる。六〇年代から今日にいたるこの半世紀間は、世界経済が高度成長をとげ、さらに経済のグローバル化が進行した時期であるが、クリ生産においても巨大な変化が生じたのである。

◘ クリ主要生産国別生産量の変遷

世界における主要なクリ生産国の生産動向に注目してみよう。**図3**は、二〇一一年現在、クリ生産量で世界の上位一〇位までの中国、イタリア、スペイン、ポルトガル、フランス、トルコ、日本、ギリシャ、北朝鮮、韓国について一九六一年以降の動向を比較したものである。※4

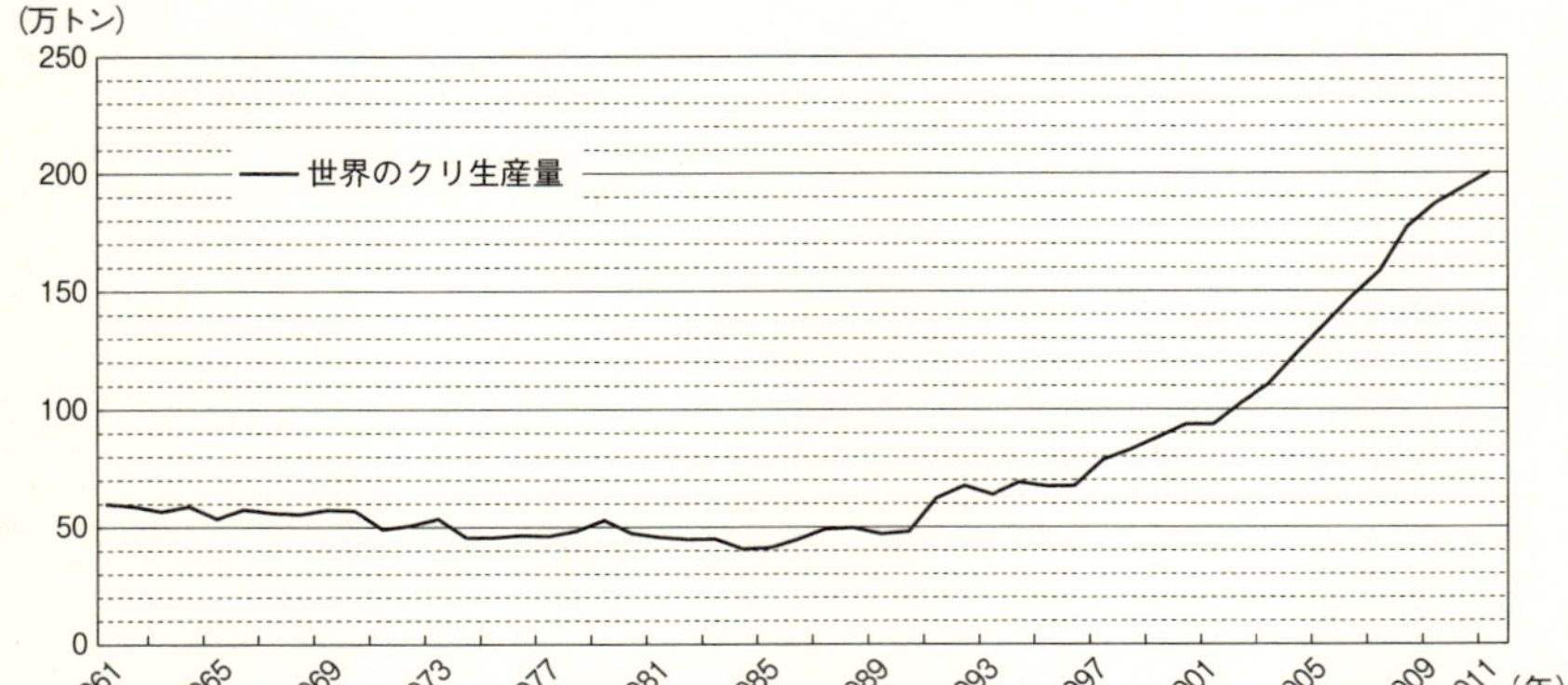

図2　世界のクリ生産量の推移（FAOSTATにより作成）

図3によると、クリ生産量の推移は国によって一様ではない。しかし、全体としては、次のような特徴を指摘することができる。第一は、世界のクリ生産量の動向は基本的に中国の生産量の動向を反映している。中国はこの五〇年間一貫して世界一位の生産を誇り、とくに九〇年代以降におけるクリ生産量の伸びは突出し、他のいずれの国々の場合をも圧倒している。第二に、この五〇年間に、ヨーロッパ諸国と東アジア諸国との間にクリ生産量の推移に大きな差異が認められる。この傾向は一九六〇年代から七〇年代にかけて現れており、たとえば東アジアでは生産量が各国共に増加傾向を示していたのに対して、ヨーロッパの場合は停滞的であったトルコ（ここではヨーロッパに含めて扱う）を例外として、全体に減少傾向を示していた。前者の典型例は日本の場合である。日本ではイタリア、スペイン、ポルトガルなどの生産量上位国が減少傾向をたどる中にあって、六〇年代後半には生産量を伸ばし、七〇年代にはスペインと接近し、中国についで世界二位の生産量を有していた。韓国もこの日本を追いかけるようにして生産を急速に伸ばしてきた（**図3**）。したがって**図2**で指摘したように、七〇年代から八〇年代に世界のクリ生産が停滞、減少をみたのは、かつての上位国であったヨーロッパの諸国がさらに減少傾向を強めた結果である。地域的にみるとこの間、東アジアでは韓国が依然として増加を示し、北朝鮮も同様の動きを見せたので、ヨーロッパと東アジアのクリ生産量の比重が交替を示す時期であったといえる。そして九〇年代にはこの傾向はいっそう明瞭になった。第三に、二〇〇〇年代に入ると東アジアでは中国のみが突出して生産量

※4　これらの一〇カ国のクリ生産量は、この五〇年間終始世界の総生産量の九〇パーセント以上を占める。

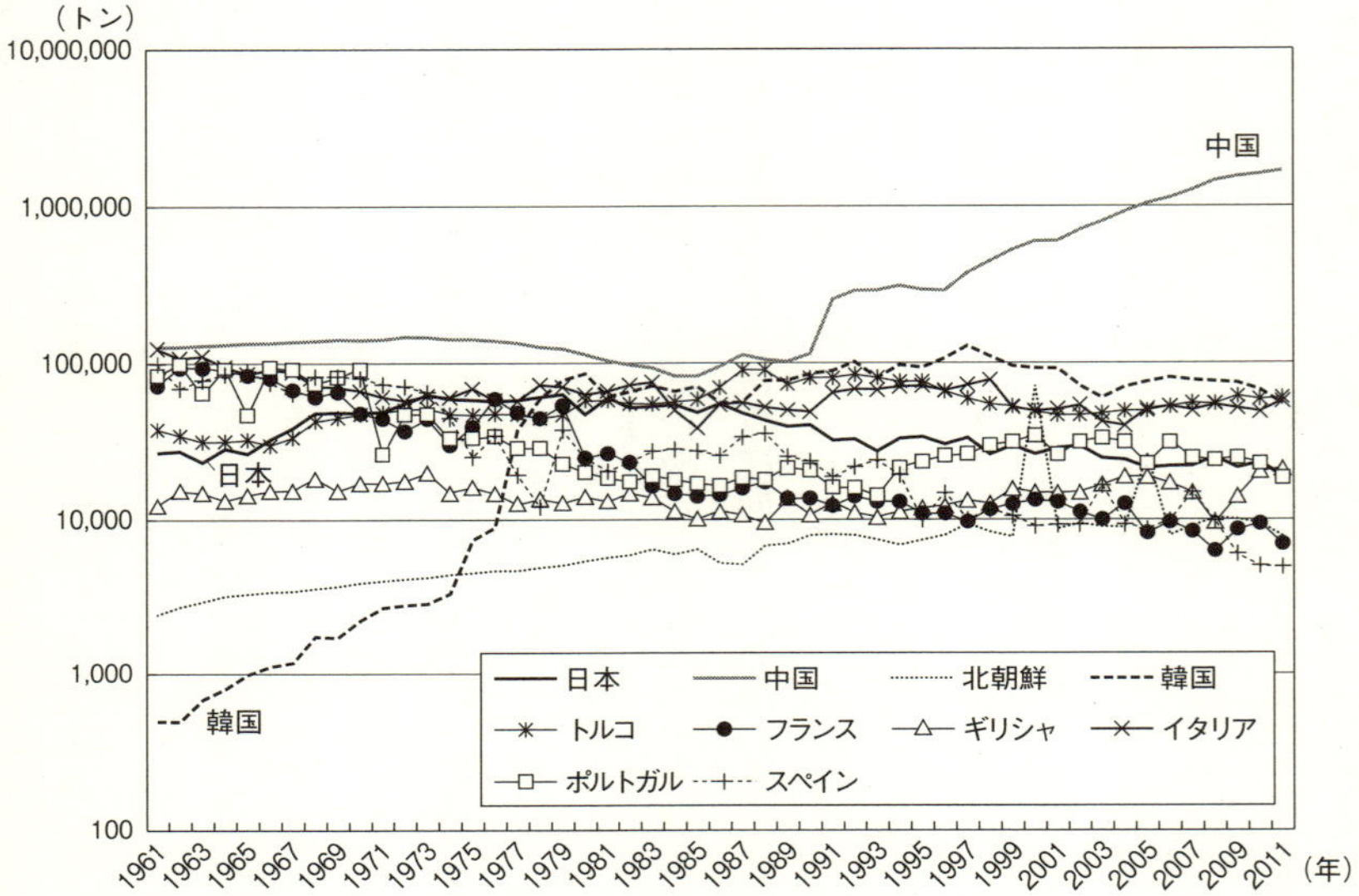

図3　温帯ユーラシアにおける主要クリ生産国の東西比較(生産量の推移)
(FAOSTATにより作成)

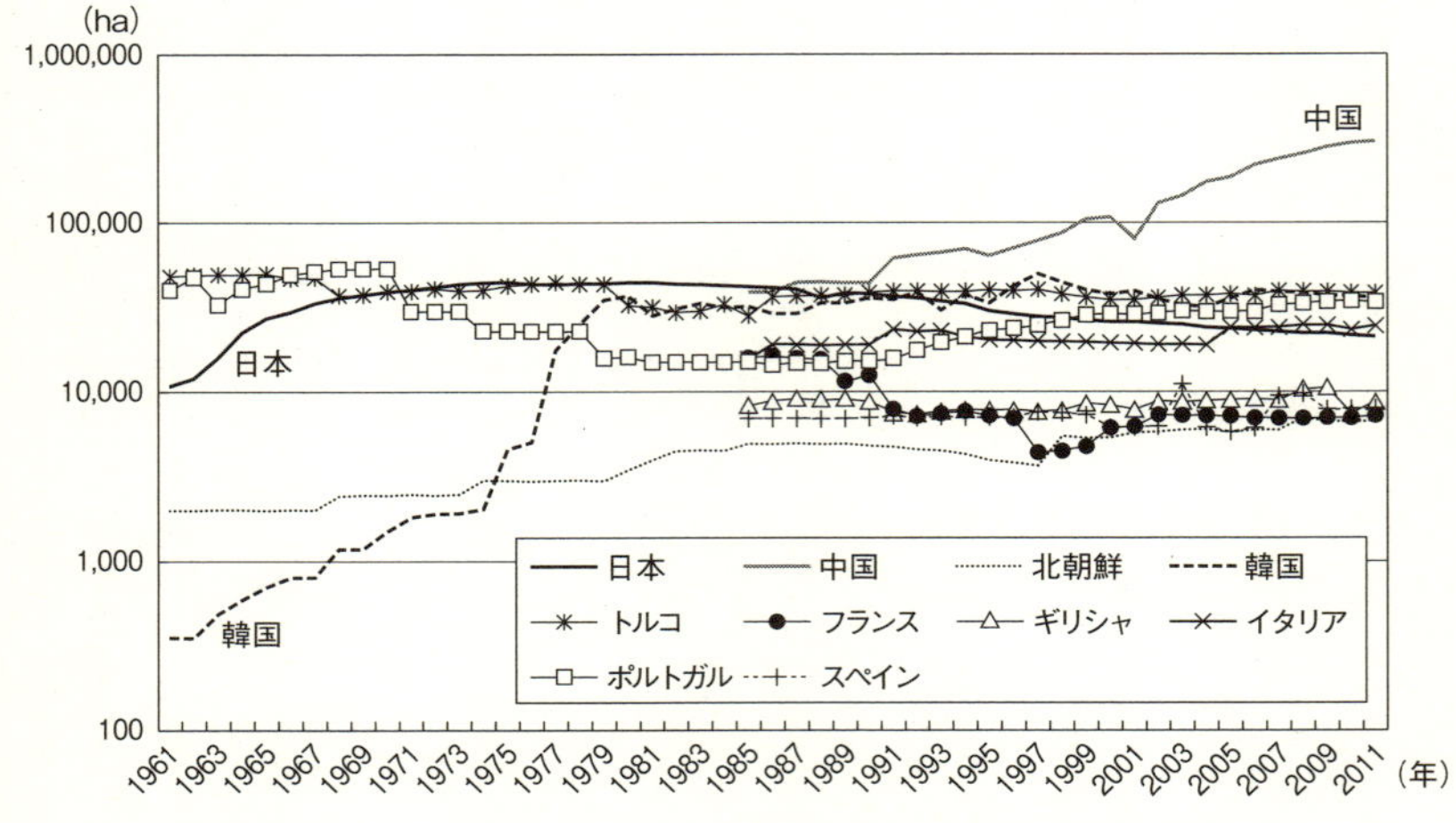

図4　温帯ユーラシアにおける主要クリ生産国の東西比較(収穫面積の推移)
(FAOSTATにより作成)

を飛躍させ、一方韓国は停滞、日本は微減傾向を示すようになった。

クリの収穫面積の推移も示しておこう（**図4**）。一九八〇年代以前については中国やフランス、イタリア、スペインなどの主要国の統計が欠如しているが、基本的に**図3**に示した生産量の推移にほぼ対応した傾向が認められる。**図4**によると、一九七〇年代から八〇年代にかけて日本が世界最上位の収穫面積を示したこと、およびフランスが九〇年代以降さらに減少の一途をたどってきたことを確認できる。

以上のように、世界のクリ生産は九〇年代以降の中国の急速な発展によって特徴づけられるが、それだけではなく六〇年代にはヨーロッパから東アジアへと比重を移す傾向にあること、また最近二〇年の間に東アジアでは日本をはじめ韓国でも減少傾向が認められることなど、大きな変動を伴ってきたのである。

◇ 地理的分布の東西逆転

つぎに、世界の主要クリ生産国における生産動向を地域的に確認するため、**図5**（一）（二）※5を示す。**図5**によると、世界のクリ生産は北半球の北緯三〇度から北緯五〇度の範囲内の温帯ユーラシアに分布していること、しかもユーラシアの東部（東アジア）と西部（地中海北岸を中心としたヨーロッパ）が舞台となっていることを確認できる。この東西両地域は世界の現代文明の発祥地域としても注目されてきたところであるが（例えば、中尾、一九七八）、クリ生産の中心地域でもあった。

さて、こうしたユーラシア東部と西部のクリ生産動向において、前述のように東西で対照的な差異が生じてきたのがこの五〇年間であった。**図5**の一九七一年

※5　ただし、**図5**の分布図には今日の主要クリ生産国の大部分が分布する北半球のユーラシア周辺に限定し、近年クリ生産がみられるようになった南半球（ボリビア、ブラジル、ペルーなど）は省いた。

と二〇一一年の分布状況から、クリ生産はユーラシアの西部から東部へとその比重を大きく変化させてきたことを改めて確認することができよう。なお、この間の地域変動がいつ、どのように展開したかについて図示は省略したが、東西両地域の生産の比重は八〇年代には逆転し、二〇〇〇年代以降になると大きな地域差となって現れてきた。東アジアの四カ国とヨーロッパの六カ国（トルコを含め）のクリ生産量が世界全体に占める割合、一九六一年当時は東アジアとヨーロッパの関係は二十六・八パーセント対七十一・九パーセントであったが、二〇一一年現在では八十八・六パーセント対八・四パーセントとなった。

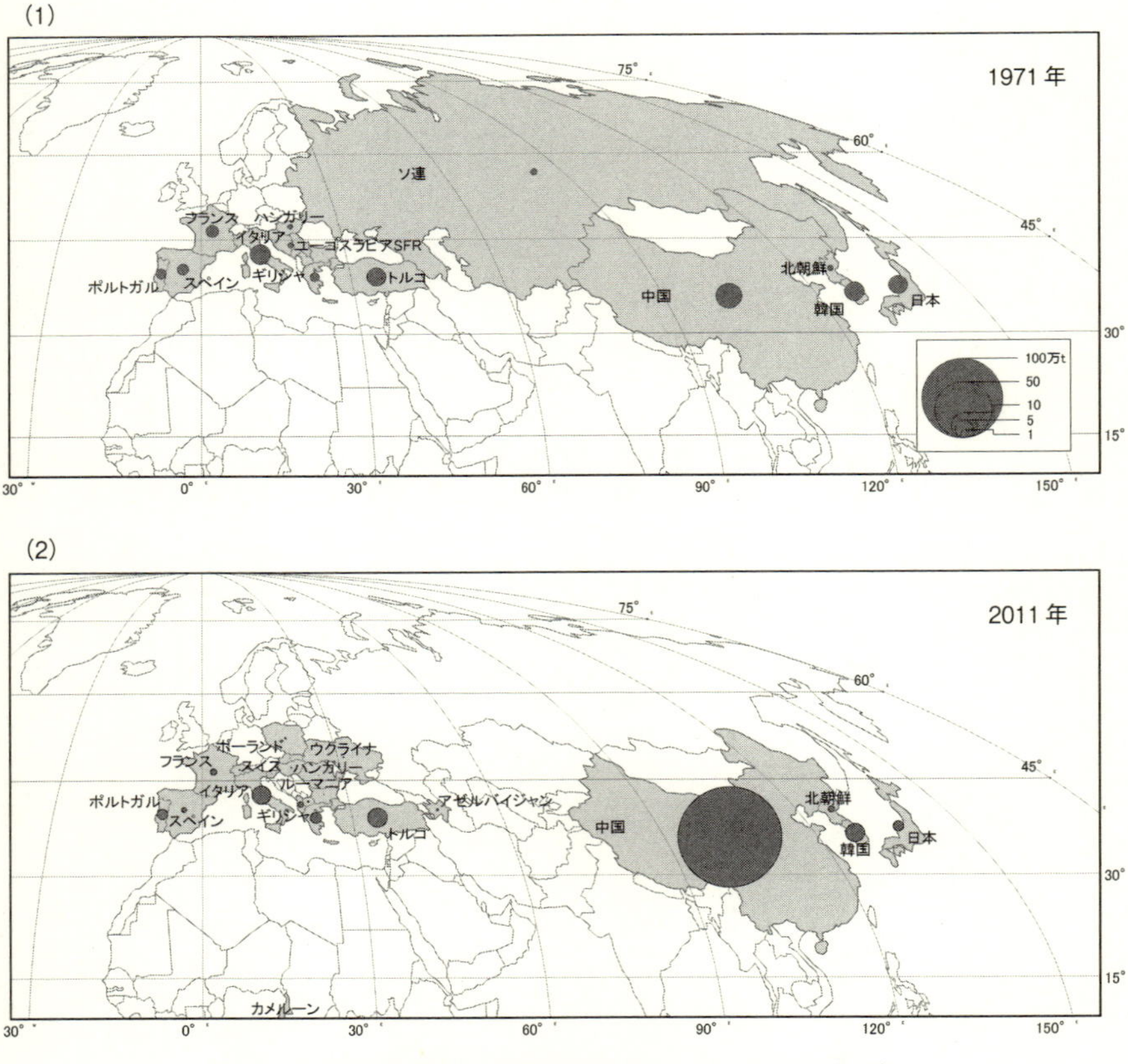

図5　クリ生産量の分布の変遷（資料：FAOSTATにより作成）

三　むすび

以上にみた世界のクリ生産動向に関して、ヨーロッパの主要クリ生産国は一九六〇年代に入ってなぜ減少傾向を示すようになったのであろうか、それとも減少傾向はそれ以前から生じていたのであろうか。また、クリ生産の減少はどのような背景のもとに生じてきた現象であろうか。一方、東アジアにおける日本の減少（元木、二〇〇八）については、韓国が一九六〇年代以降急速な増加から近年減少傾向に転じたこと、逆に九〇年代以降中国の飛躍的なクリ生産の増加はなぜ生じたのか、しかもこの動きは東アジアの日本や韓国の動きとどのように関連しているのか。

そこで、次章においてヨーロッパについては地中海北岸地域のイタリアと南フランスの場合について詳述された研究を紹介し、東アジアについては韓国と中国の動向を日本とのクリの需給関連をもふまえて考察する。

第八章　クリ生産の社会経済的背景
——温帯ユーラシアの東西比較——

一　温帯ユーラシア西部(西ヨーロッパ)の場合

◇ イタリアと周辺

地中海北岸地域のクリ栽培については、従来一般的には、ほとんど注目されることがなかった。例えば、この地域の農業的土地利用の公式的特徴としては冬雨夏乾燥型の気候の下でオリーブやブドウを基本とした多角的な農業の形式がよく知られている(**図1**)。日本においてもこの地域については宮脇　昭氏(一九七〇)や中尾佐助氏(一九七八)らによって照葉樹林と硬葉樹林の比較をまじえ文明論の観点から興味深い示唆が与えられてきたが、クリとのかかわりについては不明のままであった。しかし、この地域においても古くからクリが栽培されていた。[※1]

シュミットヒューゼン(宮脇訳、一九六八：一二三)は十八世紀後半の植生地理学者スラビー(Soulavie, 1752-1823)による南フランスの植物気候についてオレンジ気候、オリーブ気候、ブドウ気候とともに、クリ気候および高山気候を区分している。クリ

※1　安田(一九九三)は、地中海農耕の発展段階に関する論文の中でオリーブ栽培の起源と発展の契機が都市文明の誕生と深く結びついていたこと、そしてオリーブ栽培がクリ、クルミ、ブドウなどの果樹利用を伴っていたことを指摘している。

森山(二〇〇〇)は、M．トゥーサン・サマの研究を引用し、ヨーロッパにおけるクリ食とその栽培の起源が古代ギリシャまで遡ること、またフランスにクリが導入されたのはローマ時代のことであることを紹介している。

栽培は標高の高い位置にあり一般に目立たない存在であった。しかし、実際、ピット(Pitte, 1986)によると、地中海北部の山地部を中心にヨーロッパには早くからクリが栽培され、十七世紀中頃には、フランスにおいて接ぎ木をしたクリ苗を用いたクリ栽培が広い範囲に普及していたことを窺うことができる(図2、3、4)。

◆ ブラーシュの記述

ところで、当地域を含めた地中海周辺のクリ栽培については、地理学者のブラーシュがその特徴的な自然環境条件との関連をふまえ、詳細な記述を残している(ブラーシュ/飯塚訳〔初版〕、一九四〇、一九六四)。

「地中海のヨーロッパ側の各海岸は季節的な乾燥に悩まされているけれども、たゞ乾燥的である一方の地域とは異なって、冬と春と秋との間に降りそゝいだ水量は――カルスト的な地方を除いては――地下に持久的な水分の貯へを保有せしめるに十分である。喬木或いは灌木が長い根によって吸ひ上げるのは之である。地中海的な耕作に関しては下層土を大

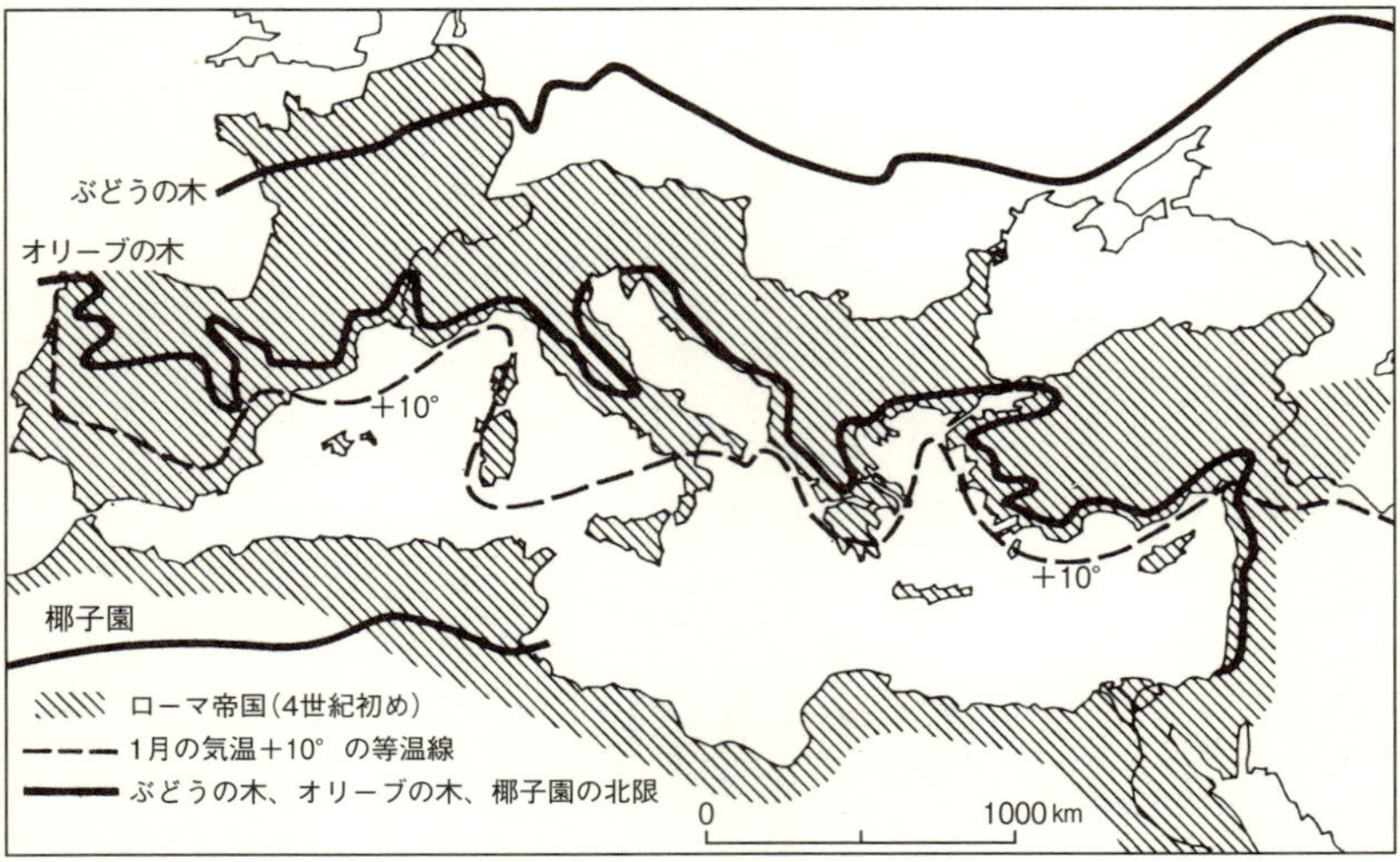

図1　地中海周辺地域の気温分布と主要果樹の栽培限界
(浜名訳 2004より)

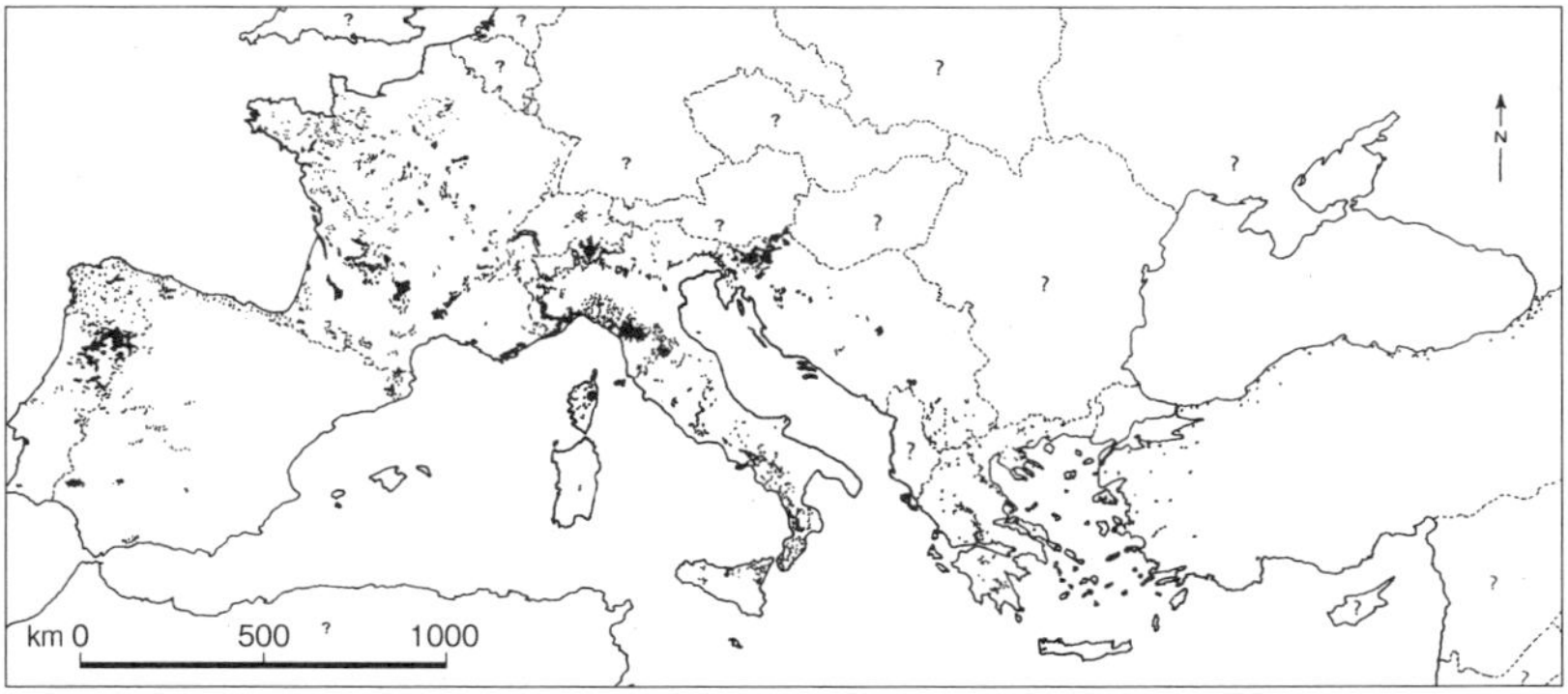

図2　ヨーロッパにおけるクリ栽培の分布（1958年FAO資料）
（Pitte 1986：35より）

図3　フランスでの接ぎ木の風景
（Pitte 1986：169より）

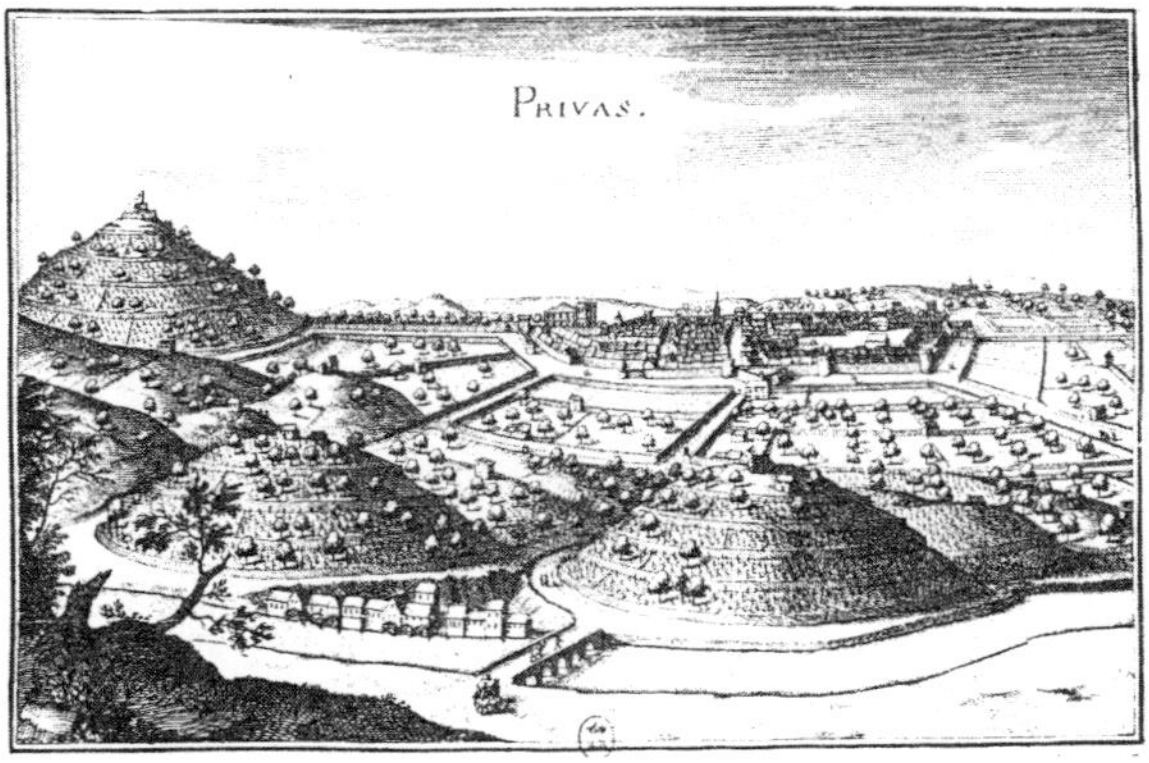

図4　1661年頃のフランス・アルデシュ県・プリヴァのクリ林の様子
（Pitte 1986：161より）

いに考慮しなければならない（一八二頁）。「これらは灌漑を必要としない植物である。私は如上の諸特徴からして、乾燥した表土と湿潤な下層土とをもつ國々を以って、濃密な耕作と稠密な人口との最古の地中海的形式と看做してい、と考へている」（一八三頁）。

「吾が地中海地域に於いて、稠密な人口が特に果樹栽培の地帯内に位置を占めるといふことは根強い事実である。（略）南イタリアに於ける如く集中的でありながら、自由に散在している人口の帯が、忠実に大体二〇〇《メートル》から六〇〇《メートル》の中間にあるオリーヴ樹の分布の跡をたどっている。葡萄畑とオリーブ畑とは互に随伴的になっているが、然し葡萄畑は現時の経済的諸原因によって平野地方へ引寄せられつ、ある」（一八九～一九〇頁）。

「階段的な栽培様式が最も大きな膨張力を発揮しているのはクリ林の場合であって、少くも地盤の性質が適合していさへすればそれは認められる。クリ林に伴って人口の稠密な地帯も高くなる。クリ林は漸く四〇〇《メートル》あたりから認められ始めるのであるが、さらに高く六〇〇乃至七〇〇《メートル》あたりに達しないと之が優勢を占めるには至らない。一條の聚落の列がしばしばオリーブ畑及び之に伴う諸々の栽培がクリ林に地位を譲る限界に合致している（註：Vivaraisにおいては、四〇〇《メートル》から五〇〇《メートル》のあたりでクリ林が桑畑及び葡萄畑を圧倒する）」（一九〇頁）。

「先づ第一段の斜面を蔽っているのはオリーブ樹で、之が五六〇メートル以上ではクリに代られているのであるが、他方に、平野は恰も小さな矩形の耕地の寄木細工のように展開していて、そこには葡萄が桑や楓の間にうねってをり、之にポプラや柳が加はって風よけを成し、穀類や野菜の繁殖を護っている。そしてこれら全体が、イタリアの最も密度の高い人口の一つを養っているのである」（一九六頁）。

「此の食用植物（クリ：著者補注）のお蔭で、稠密な人口の浪はアペニン、南アルプス並びにセヴェンヌの山腹に於いて最大高度にまで達することが出来た。今日では此等の高地は、石で築き上げて修繕や維持に手の離せない段畑の土盛りのために奪われる労働の余り面倒でもあり辛くもあることから人々の失望を買って、稠密な人口はなりたたなくなってしまっている。かような無駄骨仕事は最早や住民達の能くし得るところでもなく好むところでもなくて、それがために嘗て開墾されていた段畑も上方の部分は、石は崩れかゝり、空しく草の茂るまゝに見捨ててあるといふような光景を呈してゐることが珍らしくない。垂直の方向に進退する一種の潮の干満人口の運動を支配する。人口は嘗て安全さを求め、また屡々健康の適地を求めて、高地に慕ひよった、今日に於いては逆の方向にはたらく引力が優勢である」（一九〇頁）。

要するに、ブラーシュの記述は地中海北岸の斜面においてブドウやオリーブに対してクリは高度的に棲み分け、標高の高い地域において高い人口支持力を有していたことを明らかにしている。同時に彼の記述において、当時クリ栽培はすでに高地斜面の立地条件が労働力（減少）問題と関連して後退期にあったことが示唆されている。

◘ ブラッキの記述

このこととの関連では、R・ブラッキ（横山訳、一九八〇）による記述がある。時期は明示されてはいないが、引用すると以下の通りである。

「技術上の進歩によってイタリアの果実生産は世界でも有数のものとなったが、つねに収穫に大変動をもたらす寄生虫の危険と気まぐれな気候の変化にさらされている」（一四一頁）。

「以前、大量に消費されていた果実はクリである。クリの木は山の斜面に多く、今日でもアルプス山脈のとくに西部の渓谷や、アペニン山脈の主として北部の斜面にごく普通に生育している。クリの生産量は数十年前には六〇万トンであったが、いまでは六万トンに落ち込んでいる。とくに高価なのはクーネオ産のマロンで、製菓業界からの需要がある」（一四二頁）。

「クリの消費が減った理由は（略）何よりもまず山間部の人口が減少し、それにともなってクリの畑の手入れが十分でなくなって、病気（すす病）が広まったことが原因である。さらにタンニンをとるために、クリの木を伐採したことがあげられよう。加えて近年、食習慣がいちじるしく変わったことも手伝っている」（一四二～一四三頁）。

◇南フランス

南フランスの場合も、クリ生産はやはり山間部を中心に大きな役割を果たしていたが、社会の近代化がすすむ過程で急激な減少傾向をたどるようになった。このことについては、森山軍治郎氏が民俗学の観点から注目した業績が光る（森山、二〇〇〇、二〇〇一b）。しかし、ここでは社会経済的観点から考察しているピットやプラノールの記述を掲げておきたい。

◇ピットの記述

ピット（手塚・高橋訳、一九九八）は、フランス近世の田園地帯における、クリ農業専門化の事例について、次のように記している。

「ルエルグ地方やセヴェエンヌ山地、ヴィヴァレ地方、コルシカ島などのようにケイ質岩に富む南フランスの中位山地では、すでに十六世紀から地域経済が危機的な状況を呈していた。中世に進んだ農業開発は、多くの場合、狭小な段畑でのライ麦（まれに小麦）栽培に立脚していた。その生産性はきわめて低く（一㌶当たり三〇〇〜五〇〇kg）、十六世紀にみられた人口増加にとうてい対応することができなかった。実を食べるために古くから栽培されていたクリが、大勢の農民に安定した食糧を保証する「恵みの木」となったのは、まさにこの時期のことだった。よく手入れされたクリ園は、一㌶当り約二㌧の収穫量をもたらした。パンとの栄養的な差異を割引いたとしても、ライ麦にくらべて三倍ものカロリーを提供したのである」（九〇頁）。

「一四六四年の課税台帳によると、ヴィヴァレ地方やセヴェンヌ山地の村々では、当時からクリ園の面積がしだいに増加しつつあった。（略）切迫した食糧事情のためにクリの木が成育するまでの期間中、土地を遊ばせておくことは論外だった。こうして十五世紀末から十六世紀にかけて、成育中のクリ園に穀物を混作するという中間段階が広く認められた。その後、十七世紀の初め頃からは、クリの専作が土地利用の大部分を占めるにいたる。このような成り行きは、決して驚くべきことではない。中世以来、フランスの各地で多種多様な樹木が混作という形で栽培されてきたからである。オリーブやクルミ、さらにはモモやリンゴといった液果類など、その種類はじつに多様である」（九〇頁）。

「コルシカ島では、支配者だったジェノバの行政当局が樹木作を積極的に奨励した。コルシカ総督は、一五四八年の布告で樹木作の拡大を強制的に命じた。すなわち、すべての地主や小作人は、毎年四本の樹木（果樹、桑、オリーブ、イチジク、栗のいずれか）を植えねばならず、さもないと罰金を徴収された。このなかで栗はひじょうな成功をおさめ、コルシカ島の景観を一変させた。それまでコルシカ島を特徴づけていた羊の放牧地は減少し、それに代わって樹園地が増加した。栗園の拡大はとくにコルシカ島の北東部で目立ち、やがてこの地域はカスタニツィア（「栗の里」）という名で呼ばれるにいたった。奇妙なことに支配権をにぎったフランス政府は、この「森のパン」の拡大を阻止しようと試みている」（九四頁）。

「しかし十八世紀の末頃には、クリ栽培で支えることができる人口密度が、一平方km当たり一四〇人に達した。かくして、島民たちの不満の高まりと、さらにはリムーザン地方でクリ栽培の問題になじんでいたチュルゴーの意見により、官僚的な発想にもとづくクリ栽培禁止の決定が一七七四年に撤廃され、それから十九世紀の末まで、コルシカ島におけるクリ園の拡大が続くことになった」（九五頁）。

◇ プラノールの記述

最後に、プラノール（手塚／三木訳、二〇〇五）による次の記述も引用しておこう。

「農産物を遠方の市場まで輸送することが可能になったとき、専門化への動きがまず顕著に現れたのは南フランスであった。地中海に面した農村地城での多角的な農業経営は、たしかに早い時期から付近の都市消費市場と結びついて変化し始めていた。たとえば、マルセイユを市場とする周辺の農村地域(プロヴァンス地方の低地農村)では、すでに十九世紀の初頭から、農業生産の地域分化と専門化の傾向がはっきり認められた。すなわち、アルク川の流域やトゥルブル川上流の丘陵は小麦地帯としての性格を強め、ガーゼ盆地はブドウ栽培地帯、トゥルブル川の下流低地やベール湖の周辺地域はオリーブ栽培地帯として特徴づけられるようになった。(略)しかし、この時期の南フランスでみられた最も著しい変化は、遠隔地市場への出荷と結びついていた。(略)野菜園芸産地や果樹園芸産地が南フランスの各地で形成されたのは、鉄道時代が到来した十九世紀半ば以降のことである。そのさい、産地形成の核になったのは、都心に近接して古くから存在した灌漑農業地域であった。それまで都市の縁辺部に限定され、農産物の販路も地方市場に限られていた園芸産地が、鉄道時代の到来とともに大きな発展をとげたわけである」(四三九頁)。

「これに対して、穀物生産では自給できないという恵まれない地域が存在した。こうした地域では、異なったタイプの農業経済に向かう必要があった。その一つは、山間地域に人口密度の高い農村を成立させ、きわめて特徴的な性格を示した。そこでの中心作物はクリであった。ケイ酸質土壌に強いクリの木は、地中海側の中位山地や冬が比較的温和な大西洋側の山地に適していた。その面積当たりカロリー生産量は、管理のよいクリ園の場合、当時における穀物畑の約三倍に達した。クリ栽培が土地の大半を独占し、モノカルチャー的性格を示すにいたった地域も存在した。たとえば、中央山地南東部のセヴェンヌ地方やヴィヴァレ地方である。また、コルシカ島の北東部もそうで、カスタニチア（クリの里）の名で知られている。後者の場合、一七七〇～九〇年の地籍図によれば、全農地の九割近くがクリ園で占められた。セヴェンヌ地方でも、すでに十六世紀の半ばから、クリの生産が穀物の三・五倍に達していた」（二七六頁）。

以上の引用文から明らかなように、イタリアを中心とした地中海地域やフランス南部では、クリが山間部を中心に、かつては高い人口支持力を担うものとして重要な役割を果たしていたのである。ところが近代化がすすむ過程で、小麦を主とした穀物栽培の拡大、いっぽう農村部からの労働力の流出がすすむ中でクリ栽培は後退傾向を示し今日に至っている。このことは、次に述べるように日本における最近の傾向と類似する。しかしながら、ヨーロッパにおける近年のクリ生産の後退傾向は、クリの消費がなくなったことを意味するものではない。※2

※2　北崎（二〇〇五）は、イタリア北部に近接するスイスの「栗の森」におけるクリ拾いやクリ料理を中心とした文化について写真を添え、すぐれたエッセイを記している。本稿では触れなかったがピット（J.R. Pitte, 1986）の歴史地理学的大著とともに、地中海北岸地域からアルプス山地周辺における根づよいクリ文化の実状を理解するうえで参考になる。

二　温帯ユーラシア東部（東アジア）の場合

東アジアの日本、朝鮮半島および中国ではクリが自生し、その植栽と生産の歴史は古い。しかし、各国の最近五〇年間についてみると、クリ生産の動向には明瞭な違いが認められる（第七章**図1、2**参照）。日本は一九六〇年代から七〇年代にかけてはヨーロッパと対照的に増加傾向を示していたが、八〇年代半ば以降はヨーロッパと同様に減少傾向に転じ今日に至っている。一方、韓国の生産量は一九六〇年代以降七〇年代にかけ急速な増加をみせ、その後八〇年代にも増加を続けてきたが、九七年をピークとして以後減少傾向にある。これに対して中国の場合は九〇年代以降増加に転じ、とくにその後半から飛躍的な増加を見せてきた。

以下、韓国と中国の生産動向について検討し、その上で日本を含めた三国の間のクリ流通をめぐる関係について考察する。

◘ 韓国のクリ生産傾向

韓国におけるクリ生産の動向については、農村経済研究院山林政策研究室による「栗の育種と栽培に関する国際セミナー」の資料（根岸抄訳、二〇〇五）に紹介されている。それによると、第一に、韓国におけるクリの生産量（二〇〇三年）は六万トン、生産額は推定一九二九億ウォンに達し、クリは単一の作物としては農林産物の中で重要な位置を占めている。

第二に、韓国ではクリ栽培農家（二〇〇三年現在、二万八七二九人と推定）の九十五・二パーセントが主要な生産団地に所在し、地域的には国の南部（慶尚南道に五十二・五パーセント、全羅南道に二十一・八パーセント）を中心に分布し、他に忠清南道（十九・八パーセント）が主産地を構成している。しかし韓国のクリ栽培者の動向からみると、全国的には近年（一九九〇〜二〇〇三年）マイナス四十七パーセントと大幅な減少となっており、しかも全羅南道（マイナス五十七パーセント）、慶尚南道（マイナス三十四パーセント）、忠清南道（マイナス十四パーセント）の間で地域差が大きい。これは、従来のクリの生産団地だった南部地方の減少が著しく、一方、中部地方の忠清南道では減少傾向にあるものの、新しい生産団地の形成が進んだことによる。ここではクリの栽培歴が一〇年以下のものが四十六・一パーセントを占め、クリ栽培への期待も小さくない。

　例えば、忠清南道の公州市での著者の聞き取り[※3]によれば、クリを活用した農村活力増進事業計画をすすめ、その結果二〇〇九年の栽培面積は全国の九・七パーセント、生産量では十三パーセントを占め、年間一七三億ウォンの収益を上げている。ただ、この新しいクリの主産地においても栽培者数は減少傾向にある。この理由は、ＦＴＡ妥結などグローバル化による世界経済の急変や課題に対して地域の対応が立ち後れ、一方クリ生産農家の高齢化（平均六十三歳）、クリ樹の老齢化（二〇年以上五十三パーセント）、クリ栽培土壌の急激な酸性化（八〇〜九〇パーセント）、および中国グリの輸入増大による価格下落によりクリ栽培農家の所得は増加が見込めなくなってきたことにある。また近年、山地を開発しクリの栽培面積は増加しているが、山林の景観破壊や山崩れなどが問題となっている（**写真1、2参照**）。

※3　二〇〇九年十一月の現地調査による。

写真２　階段をつくり開園されたクリ園
（中央部、手前は水田）

写真１　山なりに開かれたクリ園

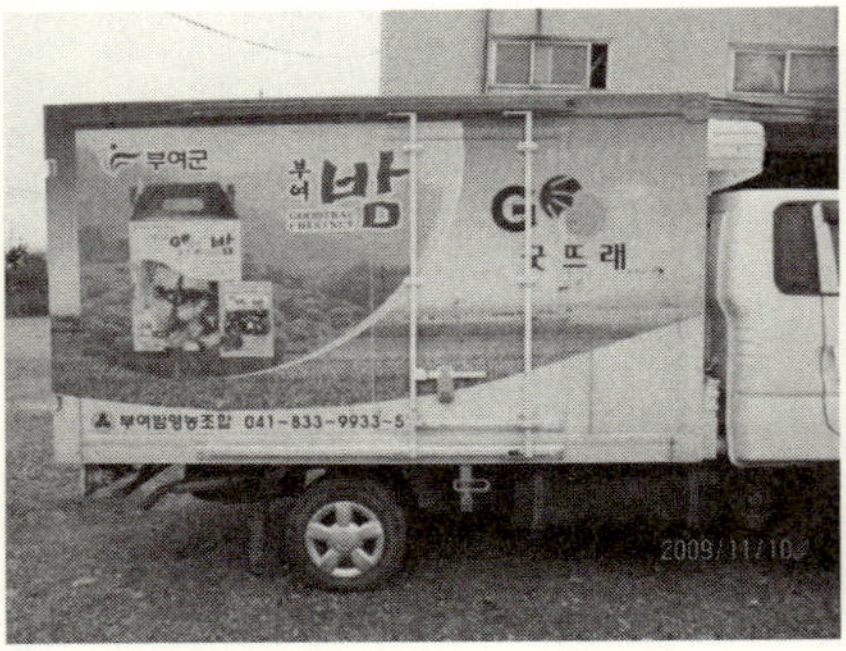

写真４　韓国ではムキグリの消費が多く、細めな販売がみられる

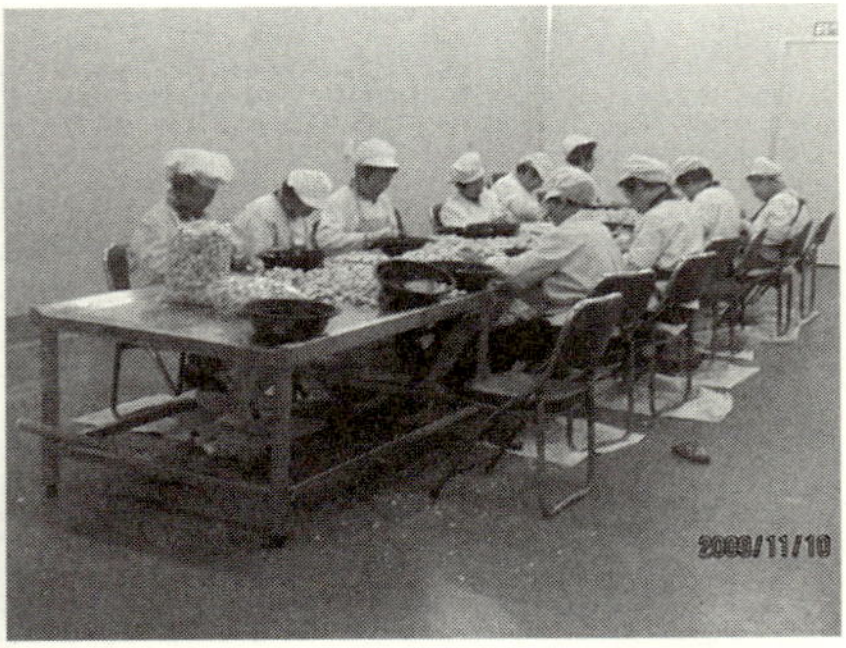

写真３　手作業によるクリむき作業

写真６　日本と類似したクリ菓子の生産

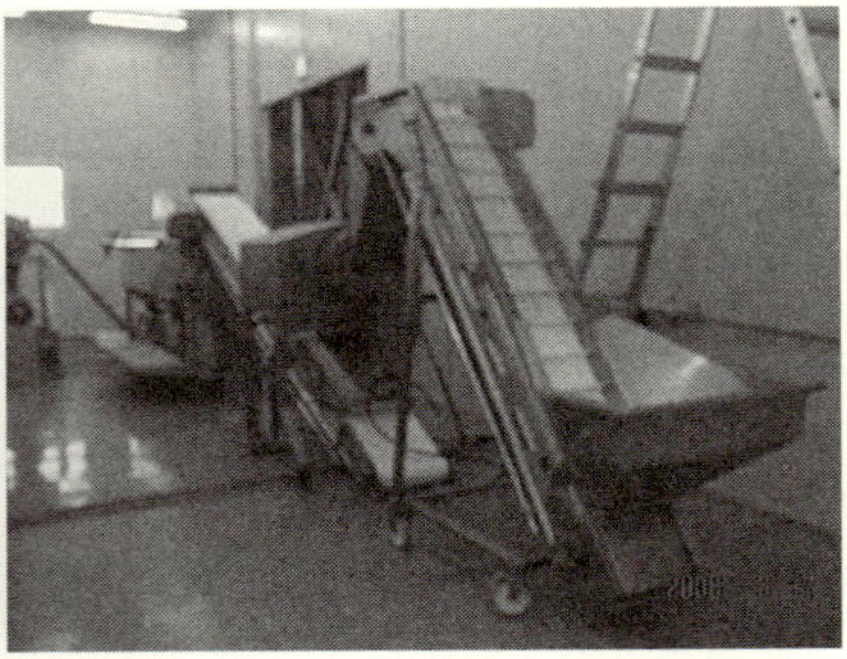

写真５　イタリアから導入した最新のクリ加工施設の一部

第三に、しかしこうしたなかで、韓国ではクリの国内需要を満たす必要性[※4]に加えて、対外的なクリ製品の輸出に関心が向けられている。

忠清南道では農林部が、一九九六年に農産物産地流通センター設置事業および特産物の品質推薦指定事業をはじめ、扶余郡の新鮮グリが二〇〇三年にアメリカFDA食品成分検査、翌〇四年に扶余郡共同ブランド（グットゥレ）[※5]の使用承認をうけ、さらに〇六年には韓国農林食品輸出入組合から輸出用クリの生産履歴制の指定をうけ、日本、アメリカ、インドネシア、中国などへの輸出推進を図る体制を整えた。一方、国内的にはグットゥレクリ祭りと称して、クリの販売（**写真4**）を促進するため、百済文化祭と連携したクリ拾い体験のイベントを実施している。

◎ 扶余栗営農組合法人

最も特筆すべきは、扶余栗営農組合法人（忠清南道扶余郡九龍面大陽里に所在）の対応である（**写真3、6**）。企業紹介書（二〇〇八年一月）によると、同法人は一九九四年六月に二一六戸の農家を組合員として組織され、八五〇ヘクタル、三〇〇〇トン生産を確保して、九～一〇月に収穫し年中出荷を目指している。

また、マロングラッセ等のクリ加工を目指し韓国初の火焔剥皮ライン、マロングラッセ製造ライン、ピューレ製造ラインを先進地のイタリアから導入して施設整備を図っている（**写真5、6**）。

当法人の成立には、二〇〇六年に忠清南道の扶余郡が山林庁のクリ剥皮加工支援事業、〇八年には地域特化技術革新先導企業支援事業——クリ剥皮を利用したクリ

※4　韓国では、正月にナツメ、くるみ、銀杏、松の実、クリの五つの木の実を食べないと一年は息災に過ごせないという習わしがある。このため、クリを正月まで保存しておかなければならない。昔は屋敷の中庭にキムチなどの漬物を漬けておく瓶置き場があり、その片隅に室穴を掘ってそこに砂を入れてその中に生クリを入れて正月まで保存していた。現在は農協が大型の冷蔵庫に保存して正月に出荷している（現地聞き取りによる）。

※5　グットゥレ：扶余郡の共同ブランド：自然環境に恵まれた(Good)豊かな土地で生産された最高の農産物の意。

加工食品事業――、農林技術開発事業成果活用に伴う技術実施権の確保、さらに日本との間でクリ加工技術移転契約を取り交わすなど、国内外との密接な連携を図っている。この法人では、国内市場のみではなく、グローバルマーケットへの進出を大きなビジョンとしている。〇八年に中国とインドネシアにおける新しい富豪層を中心としたアジア市場、およびピューレ、クリ羊羹、マロングラッセを中心に日本市場にも進出し、〇九年にはアジア市場占有率を十五パーセント確保した。さらにピューレ※6やマロングラッセを中心にヨーロッパに進出し、〇九年にはヨーロッパ市場占有率を五パーセントとし、一〇年には一〇パーセント以上の拡大をめざしている。

当法人がとくにヨーロッパ市場進出を果たしたことは、前章で確認したようにヨーロッパにおけるクリ生産が大幅に減少していることに鑑みると、世界戦略の動きとして注目されるのである。

◇ 中国の板栗

中国におけるクリの代表品種は板栗※7として知られている。前述のように、中国の場合、板栗を中心としたクリの生産は一九七〇年代には停滞し、九〇年代以降飛躍的に増加を示すようになった。このことについては中国独自の理由と中国をめぐる国際情勢、とくに日本や韓国とのかかわり合いが複雑に関与していたことを指摘しなければならない。前者については、赵丰才主編(二〇〇六)に詳細に記されている。その要点は次のとおりである。

すなわち、新中国成立後の大躍進の時期に、クリは食糧不足を補うものとして奨

※6　ピューレ（フランス語のPurée）：野菜や果実を生のまま、または加熱しミキサーなどですり潰し、半液体状にしたもの。料理の付加食材として利用される。

※7　中国国内での栽培と流通は板栗が大部分を占めている。クリの呼称について孙歩洲編(一九八六：二一四)は、次のように記している。「俗称板栗、与桃、李、杏、枣并列为我国古代的五果、其树是我国栽培最早的果树之一。栗子、种类较多、一般大者称为板栗、小者称为山栗、小如指盖者称为茅栗。其中以板栗种植最广、通常称之为栗子。板栗根据产地不同、又有北栗和南栗之分」。

励された。しかし、一方でクリ樹が製鉄用などの燃料として伐採されたため一部の地区では「食糧優先」の方針を施策としたことによりクリ林から農地への転用がすすめられた。クリ林の面積が激減したのである。クリ生産がこうした状況から回復し、発展をみたのは一九八〇年代から九〇年代にかけてである。市場経済に向けた新しい社会変化のもとで、今度はクリは山区農民の経済(商品)作目として採用されるようになった(**写真7、8**)。実際、河北・遷西、湖北・羅田、安徽・金寨、北京・懐柔など、二十一の「クリの郷」が現れた。一方、栽培技術面では品種改良および豊産園のモデル農場を作り整枝、病虫害対策、貯蔵や加工面での支援がなされるようになった。かくして中国は二〇〇三年末には、全国の栽培

写真7　山地斜面の粗放的なクリ園(1970年代)
(中田慶雄氏提供)

写真8　クリの放任栽培(1970年代)
(中田慶雄氏提供)

写真9　クリ生産基地(1990年代)

写真10　クリ祭り(1990年代)

面積一一〇万ヘクタール、年間生産量一〇〇数万トン、輸出量二〇万トンに達し、世界最大のクリ生産国となった。

経営的な面からいえば、以上のような中国におけるクリ生産の発展は、山区を中心に昔の粗放経営から基地建設をベースとした集団化経営への転換の所産であり、いわば一九七〇年代末から始まった改革開放政策を背景とした農村改革の所産であるといえよう（写真9、10）。

◎ 中国の日本グリ導入

従来、中国における板栗の栽培は長期間にわたり実生繁殖をした品種が混在して、経営は粗放的で単位面積当たりの生産量が低く、平均三〇〇kg／ヘクタールで、フランスの十一パーセント、日本の十三パーセント、イタリアの十四パーセントに届かない状況であった（根岸訳二〇〇六）。こうした中で山東、河北、北京、遼寧、河南、浙江、安徽の各省では、一九八〇年代から優良品種の接ぎ木、植栽管理（土壌施肥、整枝）、病虫害を防止するなどの技術の改善や収穫時期の適正化などの総合的な実験を進めてきた。山東省の果樹研究所では一九八三～八五年の年平均単収は三九九〇kg／ヘクタールであったが、移植した接ぎ木の四年次で五〇四〇kg／ヘクタール、六年次で八一六七kg／ヘクタール、八年次で一万八八二・五kg／ヘクタールの生産を上げた、という。

一方、中国における日本グリの新植のスピードについては根岸（二〇〇六）の指摘が興味深い。根岸は、一九七〇年代後半に日本グリの苗木を背負ってクリの栽培技術を指導してきたS氏が「こんなになるとは夢にも思わなんだ。わしらの役目は終わったわ」と、一言漏らされたのが印象に残った、と述懐している。このことは中国のクリ生産の発展には、板栗のみではなく日本グリが、かなり大きな比重をもって取り入れられていることを示唆したものと考えられる。

◎日本・韓国との関係

最後に、中国におけるクリ生産の急速な伸びについては、国内消費の増加以外に、日本や韓国などとのクリ流通関係に触れなければならない。とくに日本とのかかわりについては、第二次世界大戦前と今日の改革開放時代では同一ではない。戦前には、中田慶雄氏(一九八七)によると、中国山東省出身の李全章氏が一九一〇年代のはじめ、中国産甘栗を輸入して、東京の浅草で販売したのが最初といわれている。当時は、天津、大連、山東等から輸入されたという。大正時代初期には、毛利、千疋屋などが東京で甘栗の販売を開始し、一四(大正三)年には現在の甘栗太郎本舗の元祖(北沢重蔵氏)も甘栗の販売をはじめた。またほぼ同時期に甘栗太郎の栗取扱店として神戸でも佐野回漕店が天津甘栗の販売を開始した。さらに一八(大正七)年には小林洋行が、郷里(長野県出身)の北沢千代蔵氏の指導を受け販売を開始した。かくして、二〇年東京の池の端で世界万博が開かれたとき、甘栗太郎が実演販売を行い、好評を博した。これを契機に二一年からほぼ十五年間は、年間約三〇〇トンから四〇〇トンの天津甘栗が日本へ輸出された。[※8] 昭和に入ると、大阪の西川商店も天津甘栗の販売をはじめ、三五(昭和一〇)年頃には中国クリと朝鮮グリの二種類が輸入販売された。

※8　したがって、中国栗を、〃天津甘栗〃として商品化したのは、甘栗太郎本舗の北沢重蔵氏、千代蔵氏、鈴木一平氏、小林照元氏、磯貝博氏、白井三吉氏、柴源一郎氏、藤田清古氏等第一代の甘栗専業者であるといわれている。

このように、中国のクリは日本向けに戦前から輸出され、その流れは今日に及んでいる。中田(一九八七、二一三頁)は次のように記している。

「中国栗と日本栗は、その用途がまったく異なる。中国甘栗は、年間をとおして冷蔵保存ができ、全量焼甘栗として販売される。日本栗は、秋の収穫期に集中して、栗御飯や食品加工用に使われる。日本栗は糖分の注入が可能であるが、中国甘栗は糖分を注入できない。したがってまた、日本市場では、ぜんぜんマーケット競合をしない商品である。むしろ、中国甘栗の輸入販売拡大により栗の消費市場全体が拡がれば、日本栗の販売も伸びる関係にある。栗の取り持つ縁で相乗効果がある」

ところで、日本では、高度成長期以降クリ生産が減少し加工向けクリの需要が満たせなくなったとき、西南日本を中心に韓国(の南方)からのクリ輸入が続いた(元木、二〇〇八)。しかし、韓国における日本向け輸出が減少すると、商社と華僑が中心になって中国で日本グリの栽培をはじめた。根岸はそのことを一九九六(平成七)年の中国訪問時に、T漁業が遼寧省で日本グリを栽培し、その剥きグリを日本に輸入してたことを確認している。しかも、最近ではこれが山東省まで南下してきたという(同氏談)。一方、韓国でも中国山東省に中国式のムキグリ工場を作って、現在では韓国からクリを集荷して中国へもって行き、中国の工場で剥き[※9]、それを中国から日本へ輸出するというやり方をとっている(同)。この理由について根岸氏

※9　クリを剥くシステムについては、根岸氏によれば、韓国では日本とおなじに皮栗を家庭に配って内職で剥き、それを回収するやり方であるが、中国の場合は工場に人員を集めて剥くやり方である。一般的には広いホールに作業台をおいてその周りに一〇人近くの人が囲んで作業台の上におかれた皮栗をピッキングして剥いて、それを水の張った器に収めている。

(二〇〇五)は、次のように述べている。

「韓国の栗栽培は戦後、「両班[※10]」が解体しないまま土地所有をしているため大地主が栗栽培をしている。日本のように農地解放があれば何チャン農業といえども土地が足かせになってなかなか農村から離れられないのですが、韓国の場合は土地に執着のない農村の小作人は工業化が始まったソウルを始め賃金の高い都市部に瞬く間に移ってしまい、収穫期にクリを拾ってくれる労働力が確保できないというのが実状でした。二〇〇人とか三〇〇人とかいう労働力を都市部からバスで送り迎えする姿がみられる」

以上から、中国におけるクリ生産の突出した発展は、中国の経済発展に伴いクリが国内向けに普及・増産されてきたことによるだけではなく、東アジア全体の中でみると、経済成長を先行した日本において農山村からの労働力不足が、韓国からの輸入を促し、それを追いかけるように韓国が経済成長を果たし労働力問題に直面するに至って、中国におけるクリ生産あるいは剥きクリ生産を促してきた、という側面も見逃せない。韓国におけるクリ生産が減少あるいは日本向けの剥きクリ輸出が困難になってきた背景については、根岸が指摘したように、韓国独自の農村構造に由来する面も見逃せない。しかし韓国におけるクリへの関心(需要)が決して低下しているのではなく、より付加価値を高める動きが中国の生産と連携しながら進展しているとみることができる。もちろん、日本においては、より高度なクリ食文化が

※10　一般的には「朝鮮の高麗・李朝時代における文武の官僚の総称」のことであるが、地方にあってはその多くは地主層を意味する。

追求されているが、日本の場合、外国グリへの依存が高まる一方で高級食品のための国内産クリが要望されている（元木、二〇一〇）。

三　むすび

世界におけるクリの生産動向（最近五〇年間）には、近年著しい変化が生じている。一九六一年当時はヨーロッパが東アジアを凌駕していたが、それ以降の世界の経済成長と経済のグローバル化が進行する中で、両者の関係が逆転し、東アジアがクリ生産において圧倒的比重を占めるようになった。とくに中国におけるクリ生産は九〇年代以降飛躍的に増加し、二〇一一年現在の世界のクリ生産量は六一年当時の三倍以上に達している。東アジアの域内でみると中国の台頭は、クリ生産の比重が日本から韓国、さらに韓国から中国へという生産地の移転の過程と軌を一にして実現したといえる。

したがって、単に中国独自にクリ生産が激増したわけではない。一方、ヨーロッパにおけるクリ生産の後退傾向については、近代化の過程で一九六〇年代以前からみられたことで、その意味では世界のクリ生産の変容プロセスは、ヨーロッパで先行し、東アジアがそれに続く構図となっている。

コラム7

クリ料理の西と東

スイスのクリは、北崎二郎氏(2005)によると、“パンの木”とか“生命の木”と呼ばれ、ジャガイモが入ってくるまで食生活を支えていたという。

その食べ方はじつに多彩で特徴はクリを粉にして使うことにある。もちろん焼いたり煮たりしてクリの実そのものも使うけれど、粉にすることによって食品のバリエーションははるかに広がるわけだ。スイスではパンからケーキ、パスタ、ビールに至るまでさまざまな食品にクリの粉が利用されていた。

クリを粉にするのはけっこう手間がかかる。まず拾ってきたクリを燻蒸小屋で1カ月ほどじっくり燻蒸する。クリがすっかり乾燥したら袋に詰めて叩き殻を取り、それから粉にひく。ティチーノ州あたりの村ではいまでもこのような昔からの手作りでクリの粉をつくっている。

日本の場合もクリの食べ方は多彩である。しかし、日本では粉にして使うことは少なく、クリの形や色合いを残したものが多い。ご飯や赤飯の中にクリを入れて炊き込んだクリご飯はその代表例である。正月のお節料理に使われる金団は、黄色いクリの色を金といい、丸い固まりなので団というが、これは黄金色の丸い小判を意味して財がたまるように祈願する意味があるという。9月の十三夜をクリ名月と呼びクリを供えるのに由来する。またシバグリを蒸して乾燥させたあと、臼で搗いて皮と渋皮を取り除いたあと乾燥させカチカチにした搗クリ(かちぐり)は「搗く」の古語の「かち」が、「勝ち」に通ずるということから、縁起物として武家の出陣や正月の祝いものとして利用されてきた。このほか美濃地の「栗きんとん」もクリを粉にした料理ではない。製法は、まず蒸したクリの中身を丁寧に取り出して裏漉し、砂糖を合わせてじっくり炊きあげ、ひとつづつ布巾でしぼって、クリの形につくるものである。今日一般的なクリ羊羹やクリ入りどら焼きなどの菓子もクリの形をとどめている。

以上のように、クリを粉にする食べ方と粒の形を残した食べ方の違いは、ちょうど麦の世界の粉食文化と米の世界の粒食文化の相違にも通じている。

終　章

本書『クリと日本文明』は、日本において早くから人間生活と深いかかわりを持ってきた植物のクリについて、文明史の観点をまじえて考察したものである。本書で明らかにしたことは、以下のようにまとめることができる。

一　要　約

◇日本文明の中のクリ―人間関係の変化

日本文明にとって、縄文時代は黎明期あるいは基層をなす時期にあたる。それ以降日本列島に稲作文明が、つづいて近代工業文明が導入され、そしていま日本はグローバル化した世界経済のもとで新しい環境変化に直面している。

縄文時代には日本列島に自生していたクリ（シバグリ）は重要な生活資源をなしていた。この時代にクリは単に採集・利用の対象としてだけではなく「半栽培」（人間による管理）へと進んでいたことが考古学や植物学の成果として指摘されている。しかもクリは生活に必要な他の植物あるいは焼畑作物などと組み合わせ、総合的な土地利用管理の一環として位置づけられていた可能性もある。この段階は単純な意味でのクリと人間生活とのかかわりあい（クリ―人間関係）というのではなく、むしろ多様な植生と人間とのかかわり合いが展開していた時代と考えることができる。

その後、日本列島では水田稲作農耕が導入されると、本格的な文明形成の時代を迎え、その中でクリ―人間関係にも新しい変化がみられるようになる。今日からみると、社会における「都」「市」の発生と展開、そして封建社会の形成、さらに近代化にともなう産業構造の地域的再編成の中に、その変化の動向を窺うことができる。

一つは、畿内に都城が成立し日本の統一がはじまる過程で、クリは「市」における交換物となり、藩政時代にはクリが今日いうところの菓子として成立し、さらに近代以降はその産業化がはじまり、今日では都市型社会の消費文化を特徴づける高級菓子の一翼を担うようになってきた。その土台となった丹波系のクリは天然のシバグリを改良したものであるが、それが都城の成立の時期に前後して、その近接地で見出されたのである。

もう一つは、クリの生産と生産地域に関わる変化であるが、この点は二分してみることが必要である。古代国家が誕生した頃から近世までの時代と、近代化の開始以降戦後の経済の高度経済成長期までの時代である。前者の段階には、稲作が寒冷な山間地や東北日本に向かって発展してゆく過程で、丹波系の改良グリとともに在来のシバグリも、果実（林産物）と材の両面で大きな役割をにない、とくに稲作のフロンティアとしての東北地方では、クリがその補完作物あるいは救荒作物として奨励・栽培された。

そして後者の段階になると、商品作物としてのクリへの関心の高まりに加えて、燃料や建築材としての需要もあり、シバグリと丹波グリはしばらく併存する期間が続いた。しかし経済成長期にはシバグリが衰退し、いわゆる果樹としての丹波系のクリ生産が中心の時代となった。本書ではこうした新しい動向をクリの産業風土の形成として分析した。

この約一〇〇年間は、工業化・都市化が進展した太平洋ベルト地帯に対して、東北日本は食糧（稲作）基地として位置づけられ、クリは稲作との連携をうすめ関東や西南日本における産業の一部門として産地化が図られるようになった。とはいえ、専業的なクリ栽培が一般化したというのではない。兼業化する農家とクリとの複合、あるいは都市から離れた遠隔地の農山村の振興の手段として、主に行政施策の支援を受け、不要化した雑木林の転換によるクリ園の造成が進められた。建材のコンクリート化とエネルギー革命（薪炭から石油などの化石資源利用）の影響がこのようなかたちで現れた。日本全体としては、工業化・都市化地域の発展と食糧（米生産地域）基地の形成を基本とした国土利用の地域的分業化が、全国的規模で展開し、その一環としてクリ栽培地域も劇的に再編成されてきたのである。

かくして、新しい文明の要素が導入され、社会の構成が変わる度に、クリと列島に暮らす人々とのかかわりは、経済的および地域的に変容しつつ今日まで続いてきた。

◎クリ―人間関係が持続してきたことの文明史的意義

日本列島において何故、クリと人間のかかわりが縄文時代以来今日まで、長期間にわたり持続してきたのか。このことは、クリが食糧、果実（菓子）、さらにその材としての有用性等、他の植物にはない多面的な性質を有していたため、時代の変化に柔軟に対応できたことに起因する。そして土地利用上から注目すべきは、新たな文明としての水田稲作が、クリが自生していた高燥な山地や山麓などの傾斜地ではなく、沖積低地を中心に立地したことである。そのため両者は土地利用の上で対立することなく互いに棲み分け、共存することが可能であった。今後の検証が必要であるが、世界の代表的なクリ産地であるヨーロッパ（地中海北岸を中心とした）では、東アジアに劣らず早くからクリ栽培への関心は高かったが、産業革命以降、生産は大幅に減少するようになった。この理由は、クリ栽培地が硬葉樹帯より高位の、立地条件に恵まれない山地であったこと、あるいはフランスなどで穀物（小麦）生産の商品化の影響があったのではないかと考えられる。

古島敏雄氏は、人間の生存の基盤をどこに求めるかによって、その後の人間と自然とのかかわりあいは異なってくると指摘している。日本では稲作を基軸とした文明発展がつづく中で両者は対立することはなく、むしろ常に連携しつつ維持されてきた。実際、藩政時代はもちろん近代社会の形成時代においても、その基調として水田稲作は存続しつつ、両者は互いに相補うかたちで社会の変化に対応し役割を果たしてきたのである。

このように日本においては、旧来の文明と新しい文明が対立することなく、組み合わさり、むしろ相乗的に社会発展を導いてきたことが、クリ―人間関係が持続してきた土地利用上の要因になってきたように思われる。しかし、果たしてこのことだけがその決定的な要因をなしてきたのであろうか。そうではなく、さらにより深い意味合いが含まれているのではないか。すなわち、四周を海に囲まれた日本列島においては、生存のための環境を形成する思想として、所与の多様な資源を複合的に利用することの大切さが、人々の考え方に定着してきたためではなかろうか。この点は、今後検討しなければならない。いずれにせよ、クリが縄文時代以来今日まで、さまざまにその役割を果たしつつ、生産レベルでも消費のレベルでも根強く持続してきたのである。

◘ 分岐点を迎えたクリ―人間関係

ところで、近年のクリ―人間関係には、経済成長期までの時代とは異なる、新しい変化が認められる。例えば、クリの生産地が産業風土の形成というかたちで地域分化をみせるなかで、クリを低樹高で栽培する方式が普及して来た。これはこれまでのクリ栽培史を通じて、技術上の一大革新といっても過言ではない。低樹高栽培が実需者の要望である大グリ生産と、栽培者の労務管理のし易さという両面の期待を受けて展開している。また、ぽろたん（コラム6、一七〇頁参照）の開発は、懸案であった剥離性の良い大グリの誕生を意味しており、新しい需要を生み出す動きとして注目される。さらに、経済成長期に日本のクリ生産地は関東以西の西南日本に特化する傾向を示してきたが、近年東北日本においても良質で大玉のクリ生産を実現している事例も見られる。秋田県の西明寺グリの里（コラム5、一三八頁参照）は、その一例である。この場合、クリとカタクリの（花）のコラボレーションにより、観光機能も加え存続を図ろうとしている点にユニークさが認められる。これらは、これからのクリ栽培の新しい可能性を示している。

とはいえ、今日の日本のクリ生産は世界の中に位置づけてみると、期待されるような状況下に置かれているとは言えない。ユーラシアにあって東アジアのクリ生産地と対比される地中海地域を含むヨーロッパでは、一部を除き早くから生産を減少させ、代表的なフランスやイタリアなどにその傾向がはっきりと現れている。日本のクリ生産も近年急速に減少に転じてきており、これは茨城や熊本、愛媛などの主要なクリ生産地域でも例外ではない。だがその理由はヨーロッパの場合と同じではない。東アジアのクリ生産は日本を追うような形で生産を拡大してきた韓国や中国などから、安価なクリが輸入され、その影響で日本の生産者の意欲を低下させてきたという事情がある。将来的にはしかも、中国における近年の突出したクリ生産の発展が、これまで以上に日本のクリ生産に対する抑制要因となるかも知れない。

このように、日本のクリ生産をめぐる今日の状況には積極的な側面と消極的な側面があり、大きな分岐点にあると言える。ただし、こうした状況は、単にクリ自身の動向についてだけではなく、一部集約的な分野を除いて、日本の農林業一般がいま抱えている基本的な課題であると言って過言ではない。

二　クリからみた日本――今日の課題

今日の日本社会は、グローバル化した政治経済システムに支えられ、人々が巨大都市へ集住する傾向を強めている。限られた生産部門を除いて、農山漁村における労働力の流出とそれにともなう生産活動の縮小は地方都市の衰退を招いている。一方生活物資の外部依存がすすむ中で、農山村でさえ自然―人間関係の希薄化が、地域の維持機構の崩壊や地域環境の悪化などさまざまな問題を引き起こしている。

ここで大局的観点に立って、改めて今日の課題について考えてみよう。その際、グローバル化すること自体が問題というのではない。文明の発展は、空間的には私たちの生活圏の拡大を通して成し遂げられてきたからである。ただし、つい最近までの日本の歴史は、自然がもつ多様な特性と蓄積してきた文化的特性を社会の持続的発展の仕組みに取りこんできた。それが日本の変容のモデルであったように思う。ところが今日の日本を被う文明の枠組みは経済性が極度に優先され、歴史の中で検証、評価されてきた日本的特性を忘れかけてきている。すなわち、グローバル化は、経済合理性を強め、しかもそれが単なる市場競争を通して進むのではなく、特定の部門への集積を基軸として展開するというのが今日の特徴である。したがって、個々の地域あるいは産業部門が自立のために多様な複合を形成して、それぞれ所与の自然および文化的な条件の下で独自の文明的枠組みの下に作りあげてきた環境の維持を困難にする。換言すると、国際的な枠組みの下で経済活動が進展する中で、個々の事象の枠内での経済合理性の追求が強調される反面、所与の多様な諸条件との関連性を前提として問題解決を図る考え方が急速に薄れてきているように思われる。その要因の一つにはこれまでの日本文明の基礎として、また多様な環境利用上で靭帯の役割を果たしてきた稲作の役割が低下していることが大きく関係しているとみられる。しかし、本質的には自然―人間関係が急速に希薄化してきたことが、より重要なことではなかろうか。

その根底には、多くの人々が巨大都市に集住するようになり、自然―人間関係が希薄化し、日本文明がこれまでに培ってきた歴史的な現実（教訓）よりは、経済性に関する教育と意識が、いわば片寄ったかたちで普及している、という問題があるように思われる。例えば、近年環境という言葉が多方面で使われているが、実際の使われ方をみると、人類にとっての環境それ自体についての理解よりは、過度な経済成長がもたらした環境問題に関する対症療法的解決に向けて、いわば個別の環境科学の視点が優先されがちである。したがって、環境という言葉が本来有している総合的な真の意味の理解は必ずしも深められているようには見えない。

ここに、今日の日本の本質的な課題があると言ってよいのではあるまいか。グローバル経済がすすむ中で経済合理性がいっそう求められることは、ある意味必然的なことであろう。しかしながら、その優れた面を評価しつつも、マイナス面にも配慮し日本的な良さを確保していくことがいま大切である。そのためには経済合理性の追求と対比できる程度に、いわば環境合理性とも言うべき考え方が強調されねばならない。そのことがより積極的な意味でのグローバル化への対応の方途ともなるであろう。ところが現実には経済競争のための知識と技術に偏重した雰囲気が社会を覆い尽くしている観がある。

◎ 一つの提案――環境合理性を考えるために――

日本においていま最も肝要なことの一つは、環境という言葉に含意される歴史的な意味、すなわち日本人がそれぞれの時代を通じて自然―人間関係を組み替え社会発展にむすびつけてきた、いわば日本的な環境形成の本質を理解することではなかろうか。ただ環境という言葉は主観的なものであり、この言葉を強調するだけでは前述の課題に向けた啓蒙活動には限りがある。どうすればよいか。それを克服していくためには日本文明史を人々の生活レベルに即して、具体的に考えられる機会を提供することが有意義であるように思う。端的に言えば、そのような認識を深めることができるような場所を準備することである。

コラムにも掲げた北海道のクリ公園は、クリの巨樹が人間と植物との長い歴史を伝えており、そこでのクリ拾いの光景は、経済合理性と言うこととは別次元で、人間が生存を続けるための環境合理性とは何かを考える契機になるであろう。しかも、クリは稲作以前にまでさかのぼって日本列島の環境形成について考えることができる希有な植物である。

本書でみてきたように、人間生活とクリとの多様な関わりを日本の文明史の問題として考えることの意義は小さくない。またユーラシアの中で日本のクリの問題を扱うことによって、日本の独自性について理解することにもつながる。グローバル化がすすむ中で、日本人自身がこれまで培ってきた自然―人間関係の歴史を振り返ることができるようなところとして、ジオパークのような啓蒙の場を準備できないであろうか。

そうした名称を各地にみられる博物館になぞらえて言うならば、「日本クリ博物館」と呼んでもよい。その候補地については、丹波グリの発祥地とされる畿内周辺地域か、クリの商品栽培が始まって以来日本を代表するクリ産地としての地位にある茨城県が適当であろう。中でも後者がより適切ではないか、というのが私の考えである。同県中央部の旧常陸国の国府が置かれた石岡市が有力な候補地になり得るであろう。この周辺地域は日本最大のクリ産地であるという以外に、クリが東北日本と西南日本の両方にかかわる形で人々の生活とつながってきたこと、が主要な理由である。ちなみに、この周辺地域は人口が集中する首都圏はもちろん茨城県内にあってエアーポケットと呼んでいいほどに、開発による自然の破壊は少なく、見方によっては常陸風土記の世界をいまに残している。この地でクリについて過去を振り返り未来を展望することは、日本社会に持続する文化と文明の仕組みの本質を再考する上でも大きな意義を持ちうると考える。

文献

会田良實（一九九六）『土木と文明』、鹿島出版会。

青木直已（二〇〇〇）『図説　和菓子の今昔』、淡交社。

網野善彦（一九九三）「日本列島とその周辺――「日本論」の現在――」、『岩波講座　日本通史第1巻　日本列島と人類社会』所収、三～三七頁、岩波書店。

荒尾美代（二〇〇五）「「和三盆」技術の成立時期に関する研究」、食文化研究、一、一七～二六頁。

荒木一視（二〇〇二）『フードシステムの地理学的研究』、大明堂。

安藤万寿男（一九六四）『日本の果樹』、古今書院。

石田英一郎（一九七二）「日本文化の条件と可能性」、梅棹忠夫・多田道太郎（編）『日本文化の構造』、講談社、一五～二七頁。

市川定夫（一九九三、一九九九第3版）『第三版　環境学――遺伝子破壊から地球規模の環境破壊まで――』、藤原書店。

市川健夫・青木廣安・金田巧子（一九八六）『小布施栗の文化誌』、銀河書房。

市川健夫（二〇〇二）「長野盆地の自然と土地利用――その風土の歴史地理学的考察――」、国立歴史民俗博物館研究報告、第九六集、二六五～二九三頁。

伊藤清三（一九五五）「わが国に於けるクリの栽培」、山林、八五五、三～七頁。

伊藤　仁（編）（一九九二）『和菓子入門』、主婦と生活社。

猪崎政敏（編）（一九七八）『クリ栽培の理論と実際』、博友社。

茨城県クリ振興協議会（一九六五）『茨城のクリ栽培』。

茨城県農業試験場化学部（一九六四）『特殊調査および改良対策試験成績書』。

上原敬二（一九五五）「我が国における栗栽培の歴史――特に丹波栗について――」、山林、八五六、一～七頁。

内山幸久（一九九六）『果樹生産地域の構成』、大明堂。

ヴォーゲル、エズラ・F／広中和歌子・木本彰子（訳）（一九七九）『ジャパンアズナンバーワン：アメリカへの教訓』、TBSブリタニカ。

梅棹忠夫（一九六七）『文明の生態史観』、中央公論社。

――（編）（一九八八）『日本文明77の鍵』、創元社。

梅谷　隆・片桐澄雄（二〇〇二）「高品質安定多収栽培を目指した一年技利用によるニホングリ〝石鎚〟の低樹高栽培」、茨城県農業総合センター園芸研究所研究報告、第一号、四五～五五頁。

梅原寛重・濱村半九郎（一八八五）『勧農叢書　栗樹栽培法』、有隣堂。

江上敏勝（一九六四）「八代地方の果樹造成と今後の課題」、地理、九（一〇）、八三～八八頁。

江波戸昭・小林孝一（一九六一）「甲府盆地のブドウ（二）」、地理六（二）、一〇六～一一六頁。

――（一九六五）「北九州におけるミカン生産の発展（一）、（二）」、地理一〇（一）、九七～一〇三、一〇（二）、六五～七一頁。

海老原武士（編）（一九六七）『現代のクリ』、農業図書株式会社。

遠藤安太郎（一九三八）『山林史上より観たる東北文化之研究』、日本山林史研究会。

大熊仲次郎（編）（一九一三）『埼玉県の果樹栽培』、埼玉県農会。

大八木智一・石井英也（一九八〇）「出島村における栗栽培地域の形成」、霞ヶ浦地域研究報告、第二号、五五～六七頁。

大八木智一・内山幸久（一九八三）「出島村飯岡集落における果樹苗木の生産・販売形態」、霞ヶ浦地域研究報告、第四号、一〇一～一〇九頁。

岡本素治（一九九五）「クリ」、『週間朝日百科　植物の世界』所収、通巻一〇八七号、八三～八五頁。

奥山益朗（編）（一九八二）『和菓子の辞典』、東京堂出版。

小田宏信（二〇〇四）「産業地域論――マーシャルから現代へ――」、杉浦芳夫（編）『空間の経済地理』所収、二四～五二頁、朝倉書店。

小樽市（一九九五）『小樽市史　第9巻』、小樽市史編纂係・小樽公園誌（年代不詳）。

小布施町史現代編編纂委員会（二〇〇四）『小布施町史　現代編』、小布施町。

神尾真司・塚本　実・田口　誠・柳瀬関三・松村博行（二〇〇五）「クリの省力化および生産性の向上を可能とする超低樹高栽培法（改良型岐阜方式低樹高栽培法）の開発」、農業及び園芸、八〇（二）、二七〇～二七七頁。

葛西大和（一九六九）「立谷川扇状地の果樹栽培地域」、東北地理、二一（一）、三〇～三七頁。

上高井誌編纂委員会編（一九六〇）『長野県上高井郡誌　社会編』、上高井教育委員会。

神谷美和（二〇一三）「中世骨寺村の開発と公事――厳美町本寺「カイコン」における出土花粉・イネ科プラントオパール調査から」、一関市博物館研究報告　第十六号、一～一三頁。

川久保篤志（二〇〇八）「一九九〇年代以降のアメリカ合衆国カリフォルニア州におけるカンキツ産地の変貌――日本のオレンジ輸入自由化と絡めて――」、人文地理、六〇（二）、五七～七六頁。

木内信蔵（一九七九）『都市地理学原理』、古今書院。

岸　俊男（編）（一九八七）『日本の古代9　都城の生態』、中央公論社。

北崎三郎（二〇〇五）「スイスの秋色」、SKYWORD、一〇、五四～六四頁。

北村龍行（二〇〇五）「農業改革と食料自給率」、都市問題、九六（二）、四九～五六頁。

北村嘉行（二〇〇六）『工芸産業の地域』、原書房。

――――（編）（二〇〇八）『中小工業の地理学』、三恵社。

鬼頭　宏（一九八三）『日本二千年の歴史　経済学と歴史人類学から探る生活と行動のダイナミズム』、ＰＨＰ研究所。

――――（二〇〇二）『文明としての江戸システム』講談社。

窪田重治（二〇〇一）「愛媛の栗産地の形成とその変容」、愛媛の地理、第一五号、一六～二五頁。

熊本県農政郎（一九七〇）「菊池川農業水利の諸問題」。

小池晶子（二〇〇二）「茨城県千代田町における観光行動からみた観光農園の展開」、茨城地理、三、一～一七頁。

河野友美（編）（一九九一）『菓子　新・食品事典10』、真珠書院。

児玉幸多（一九八八）『中山道をゆく』、中公文庫。

小林　章（一九八六）『果物と日本人』、ＮＨＫブックス。

小林孝一（一九六五）「加工資本と原料ブドウ生産地の発展構造――塩尻市の実態把捉を中心に――」、経済地理学年報、一〇、四五～五五頁。

齊藤寿広他（二〇〇九）「ニホングリ新品種」、果樹研究所研究報告、第九号、一～九頁。

――（二〇一〇）「クリの品種改良と新品種で進むクリ産業の今後の展開」、果実日本六五（八）、三四～三八頁。

佐久間文雄・田比良和生・保坂光良・石塚由之・渡辺幸夫（一九九〇）「クリの低樹高整枝せん定に関する研究（第二報）――結果母枝の形質並びに密度が収量・果実肥大に及ぼす影響」、茨城県園芸試験場研究報告、第一五号、一～二六頁。

桜井明俊（一九五〇）「茨城県の果樹園芸地域の概観」、新地理、三（五）、一一八～一二八頁。

佐々木高明（一九七一）『稲作以前』、ＮＨＫブックス。

佐々木博（一九六六）「甲府盆地東部と南西ドイツKaiserstuhlにおけるブドウ栽培景観の比較」、地理学評論、三九（二）、四四～七一頁。

佐藤洋一郎（二〇〇〇）縄文時代と栗、秋の味覚「栗づくし展」、虎屋文庫、六～一二頁。

山村振興調査会（一九六九）『中予丘陵山村のすがたと進路―果樹作振興と林野開発を中心に』。

島崎藤村（一九五五）『千曲川のスケッチ』、新潮文庫（一九八二年版）。

――（一九六九）『夜明け前　第二部（上）』、岩波文庫（二〇〇八年版）。

志村　勲（二〇〇三）「果樹の品種改良の歴史と未来18　クリの育種――その流れ」、農耕と園芸、一一月号、三〇～三二頁。

下中弥三郎（一九五八）『風土記日本』、平凡社。

杉浦章介（二〇〇五）「「世界の中の地域」・「地域の中の世界」（2）グローバルとローカル」、杉浦・松原・武山・高木（編）『人文地理学――その主題と課題――』所収、二五九～二九二頁、慶応義塾大学出版会。

鈴木三男（二〇〇二）「縄文時代のクリ林利用の技術史」、特別史跡三内丸山遺跡年報、五、二三～二六頁。

鈴木洋太郎（二〇〇二）「クルーグマンの産業立地モデル」、松原　宏（編）『立地論入門』所収、四九～五六頁、古今書院。

全国農業構造改善協会（一九六八）「熊本県高森町における農業構造改善の基本構想について」。

大会記事（一九八二）「地方圏における地域開発の諸問題」、経済地理学年報、二八（四）、六七〜七五頁。

高柳長直（二〇〇二）「グローバル経済化におけるアメリカ合衆国ワシントン州のりんご栽培の地域的変動」、経済地理学年報、四七（四）、四〇〜五五頁。

竹村猛志（二〇〇五）「連続リレーエッセイ　商いの美学」、店長会議、二〇巻初春号、一八〜二〇頁。

田中諭一郎（一九三三）『栗の栽培法』（一九三五訂正再版）、明文堂。

玉井哲雄（二〇一三）「日本都市史の構築――アジアを視野に――」、国立歴史民俗博物館・玉井哲雄編『アジアからみる日本都市史』所収、一五〜四二頁、山川出版社。

玉城　哲・旗手　勲（一九七四）『風土――大地と人間の歴史――』、平凡社。

為国末幸（一九六〇）『西明寺栗の優良品種選抜報告書――仙北郡西木村西明寺の実態調査による――』、秋田県林業経営協議会事務局。

――（一九六九）『クリの栽培と経営』、誠文堂新光社。

千野裕道（一九七六）「縄文時代のクリ――炭化木材の樹種を中心に――」、歴史公論、一〇三、四四〜五一頁。

塚本　実・後藤光憲（一九八〇）「クリの低樹高整枝せん定法」、中山間地農試レポート、第三号、一三〜一九頁。

塚本　実・棚橋一雄（一九八二）「クリの整技せん定によるクリタマバチ・実炭そ病の耕種的防除法」、中山間地農試レポート、第六号、七〜九頁。

辻誠一郎（一九九七）「クリと人のかかわり史」、林業技術、六六六。

辻　稜三（一九九四）「わが国における堅果食の分布に関する基礎的研究」、立命館文学、五三五、六九〜一〇三頁。

中尾佐助（一九七六）『栽培植物の世界』、中央公論社。

――（一九七八）『現代文明ふたつの源流』、朝日選書（朝日新聞社）。

中川昌一・湯田英二・堀内昭作・松井弘之（共訳）（一九八九）『温帯果樹園芸』、養賢堂。［Melvin N. Westwood (1978) *Temperate-Zone Pomology*, W. H. Freeman and Company, New York.］

中島常雄（編）（一九六七）『現代日本産業発達史ＸⅧ　食品』、現代日本産業発達史研究会（玉城　哲：第四編　製菓工業、三二九〜三九四頁）。

中田慶雄（一九八七）『甘栗讀本――中国甘栗貿易の歴史と未来――』、青年出版社。

中津川市（二〇〇六）『中津川市史下巻Ⅰ』。

長野県（一九七九）『長野県果樹発達史』、長野県経済事業農業協同組合連合会。

中村孝也（一九九〇）『和菓子の系譜』、図書刊行会。

中山圭子（一九九三）『和菓子物語』、新人物往来社。

並河淳一（一九九〇）「各地の古木・名木⑰丹波グリの古木（群）」、果実日本、四五（八）、五二〜五五頁。

西田正規（一九八九）『縄文の生態史観』（第二刷一九九五）、東京大学出版会。

日本枕木協会（一九五九）『まくらぎ』。

根岸忠司（抄訳）（二〇〇五）「韓国の栗栽培および生産現況」。（原文日本語訳：キムソンチャン（編）『栗の育種と栽培』、国立山林科学院山林資源部）。

――（二〇〇六）「中国板栗の生産及び研究現況」（未公表）。

根本広行（一九八一）「栗栽培地域――友部町の場合――」、茨城県高等専門学校紀要、第四号、四三〜四九頁。

農山漁村文化協会（編）（二〇〇〇）『果樹園芸大百科７　クリ』、農山漁村文化協会。

野本寛一（二〇一二）『自然と共に生きる作法・水窪からの発信』、静岡新聞社、一一五〜一一七頁。

長谷川典夫（一九五八）「福島盆地松川扇状地の和梨栽培地域――扇状地土地利用の一つの問題――」、東北地理、一〇（三）、六五〜七四頁。

浜名優美（訳）（二〇〇四）『フェルナン・ブローデル　地中海Ⅰ　環境の役割』、藤原書店。

原田信男（二〇〇三）『江戸の食生活』、岩波書店。

ひがし美濃広域観光ネットワーク会議（二〇〇六）『栗全書』。

ピット、ジャン＝ロベール／手塚　章・高橋伸夫（訳）（一九九八）『フランスの文化と風景　下』、東洋書林。

兵藤直彦（一九四九）「栗経営の体験」、農業及園芸、二四、六九～七二頁。

――――（一九五七）「茨城県の栗の栽培」、山林、六月号、一～一〇頁。

――――（一九七八）「わたくしのクリ栽培」、猪崎政敏（編）『クリ栽培の理論と実践』所収、六二九～六五五頁、博友社。

藤田佳久（一九八六）「農業地域構造の形成と変動」、川島哲郎（編）『経済地理学』所収、四一～七二頁、朝倉書店。

藤本　強（二〇〇七）『都市と都城』、同成社。

ブラーシュ／飯塚浩二（訳）（初版一九四〇、一九六四）『人文地理学原理　上巻』、岩波書店。

ブラッキ・R／横山　正（訳）（一九八〇）『全訳世界の地理教科書シリーズ19　イタリア』、帝国書院。

プラノール、グザヴィエ・ド／手塚　章・三木一彦（訳）（二〇〇五）『フランス文化の歴史地理学』、二宮書店。［Xavier de Plancher (1988) *Geographie historique de la France*, Fayard (Paris).］

古島敏雄（一九六七）『土地に刻まれた歴史』、岩波新書。

ブロック、マルク／河野健二・飯沼二郎（訳）（一九五九）『フランス農村史の基本的性格』、創文社。

北海道庁編（一九一三）『北海道森林誌』。

堀田　満（一九七七）「根栽農耕文化の作物」、『週間朝日百科 世界の植物72』所収、三二一八～三二二〇頁。

本間俊郎（一九九〇）『日本の人口増加の歴史　水田開発と河川の関連』、山海堂。

松原　宏（二〇〇二）「立地論の課題」、松原 宏（編）『立地論入門』所収、一三九～一五〇頁、古今書院。

松村祝男（一九八二）「米の生産調整と外国産果実の輸入にともなう桜桃栽培地域の変容について」、熊本大学文学部論叢、第八号、一～三四頁。

松山利夫（一九八二）『木の実（ものと人間の文化史47）』、法政大学出版局。

三澤勝衛（一九三九）「千曲川流域の地理（2）」、地理学、七（一二）、一七～二三頁。

三野紀雄（二〇〇〇）「先史時代における木材の利用（3）――石狩低地帯における木材利用の地域的・時代的な差異について――」、北海道開拓記念館研究紀要、第二八号、一～二五頁。

緑川　祿（一九二五）「食糧問題解決の一助として栗の造林を勧む」、埼玉県山林会報、第七号、一～五頁。

南木《ミナキ》睦彦・岡本素治（一九八五）「ブナの来た道」、梅原　猛ほか『ブナ帯文化』所収、六五〜八六頁、思索社。

宮川善造・田辺健一（編）（一九六四）『環境の地理学としての地理学』、大明堂。

宮崎文雄（一九六九）「熊本県におけるクリ栽培の沿革」、『熊本の栗』（熊本県果実農業協同組合連合会）、九〜一五頁。

宮崎安貞（編録）（一九三六）『農業全書』、岩波文庫。

宮本常一（一九六三）『開拓の歴史／双書・日本民衆史二』、未来社。

宮脇　昭（訳）（一九六八）『シュミットヒューゼン　植生地理学』、朝倉書店。

――（一九七〇）『植物と人間――生物社会のバランス』、NHKブックス（日本放送協会）。

元木　靖（一九六九）「茨城県におけるクリ栽培地域」、東北地理、二一（三）、一五〇〜一五九頁。

――（一九七四）「熊本県内陸部におけるクリ栽培の発展」、東北地理、二六（二）、九六〜一〇七頁。

――（一九九七）『現代日本の水田開発――開発地理学的手法の展開――』、古今書院。

――（二〇〇七）「日本列島におけるクリと人間とのかかわり合い」、立正大学『経済学季報』、五七（一・二）、一〇五〜一二五頁。

――（二〇〇八）「グローバル経済下における日本のクリ生産の動向と栽培技術革新」、立正大学『経済学季報』、五八（一）、九九〜一三〇頁。

――（二〇一〇）「中部日本におけるクリ菓子産業の地域的集積――小布施町と中湊川淑の比較」、立正大学『経済学季報』、五九（三）、二七〜五八頁。

森田美比（一九五七）「茨城栗」、茨城県農業改良普及員資料、八三頁。

守安　正（一九七一）『日本銘菓辞典』、東京堂出版。

森山軍治郎（二〇〇〇）「山間部フランスのクリと近代――食生活の偏見と栽培の意味――」、専修大学北海道短期大学紀要（人・社編）、三三、三四七〜三九八頁。

――（二〇〇一ａ）「クリの民族史をめぐって・日本編」、東北学、第五巻、三二七〜三四五頁。

――（二〇〇一ｂ）「近代フランスのクリ民族誌――環境・食生活・民俗をめぐって――」、専修大学北海道短期大学紀要

（人・社編）、三四、二一一～二七〇頁。

――――（二〇〇二）「樹木文化の伝統と近代――飛騨、秩父のクリと板葺き民家の場合――」、専修大学北海道短期大学紀要（人・社編）、三五、一九～七四頁。

矢崎武夫（一九六二、一九七四：十一版）『日本都市の発展過程』、弘文堂。

安田喜憲（一九九三）「オリーブ栽培の起源と発展」、佐々木高明（編）『農耕の技術と文化』、集英社、五〇三～五〇八頁。

――――（一九九五）「クリ林が支えた高度な文化――花粉が明らかにした遺跡の変遷――」、梅原　猛・安田喜憲（編）『縄文文明の発見――驚異の山内丸山遺跡』所収、一一八～一五三頁、ＰＨＰ研究所。

――――（一九九八）『世界史のなかの縄文文化 増補改訂版』、雄山閣。

山折哲雄（編）（二〇〇五）『環境と文明――新しい世紀のための知的創造――』、ＮＴＴ出版。

山本候充（編）（二〇〇四）『日本銘菓事典』、東京堂出版。

ローガン、ウィリアム・ブライアント（山下篤子訳・岸　由二解説）（二〇〇八）『ドングリと文明――偉大な木が創った１万５０００年の人類史――』日経ＢＰ社。

和田照雄（一九六四）「産地形成と地域計画」、大内　力・金沢夏樹・福武　直（編）『日本の農業』所収、一八〇～一九七頁、東大出版会。

渡辺　建（一九九九）「木曽路の玄関口」、伊藤安男（編）『地図で読む岐阜』所収、八一～八八頁、古今書院。

渡辺　誠（一九九六）「クリの穴貯蔵」、名古屋大学文学部研究論集（史学）、四二、一～七頁。

――――（二〇〇〇）「縄文人・弥生人は何を食べたか」、渡辺　誠・甲元真元（編）『普及版・季刊考古学』所収、二〇～二三頁。

和辻哲郎（一九七九）『風土――人間学的考察――』、岩波文庫。

Fukui Hideo（福井英夫）（1956）"Regional Approach on the Areal Differentiation of Agrar Land-Use Pattem in the Yonezawa Basin". *Sci. Reps. of Tohoku univ. Sev. Ser. (Geogr.),* No.5, 27-58.

Kitagawa Junko（北川淳子）（2004）*The Nature and Development of Chestnut(*Castanea crenata*) and Horse Chesnut (*Aesculus turbinate*) Culture in Japan.*

Pitte, Jean-Robert（1986）*Terres de Castanide: Homones et paysages du Châtaignier de l'Antiquité à nos jours*, Librairie Arthème Fayard（Paris）.

Woodroof, Jasper Guy（1979）*Tree Nuts: Production Processing Products*（Second Ed.）, AVI Publishing Company, ING.（Westport、Conneticut）.

孙步洲（編）（一九八六）『中国土产大全』、南京工学院出版社。

赵丰才（主編）（二〇〇六）『中国栗文化初探』、中国农业出版社。

初出一覧

序章、終章、および各コラム、第一章は書き下ろし、第二章から第八章までは以下の既発表論文を元に加筆修正した。なお、「現在・近年・最近」などの表現は論文発表年時のまま統一はしていない。また、写真は提供者を明記したものを除いてすべて著者が撮影したものである。

第二章
「日本列島におけるクリと人間とのかかわり合い」、立正大学『経済学季報』、第五七巻一・二号、一〇五～一二五頁（二〇〇七）。

第三章
「茨城県におけるクリ栽培地域」、東北地理、二一（三）、一五〇～一五九頁（一九六九）。

第四章
「熊本県内陸部にかけるクリ栽培の発展」、東北地理、二六（二）、九六～一〇七頁（一九七四）。

第五章
「グローバル経済下における日本のクリ生産の動向と栽培技術革新」、立正大学『経済学季報』、五八（一）、九九～一三〇頁（二〇〇八）。

第六章
「中部日本におけるクリ菓子産業の地域的集積――小布施町と中津川市の比較――」、立正大学『経済学季報』、五九（三）、二七～五八頁（二〇一〇）。

第七・八章
「世界のクリ生産の動向について――温帯ユーラシアの東部と西部の比較――」、立正大学『経済学季報』、第六三巻第二号、二〇一三年十一月、九五～一二〇頁（二〇一三）。

あとがき

本書は、クリに関する地理学的研究をベースとして、日本の文明史的視点に立ち、まとめたものである。

私がなぜこのような本を作ろうと思ったのか、一言しておきたい。そもそものかかわりは、私が大学二年生（地学科地理学）の進級論文作成のため、研究テーマを考えていたときにさかのぼる。日本は環太平洋の火山国に位置していることから、火山に関心を持ち、当時の自然地理学の恩師西村嘉助先生に相談して、火山の形態として特徴のあったバルチスタン（パキスタン）の泥火山の研究をしてみようと論文を読み始めていた。ところが実際に論文作成ということになると、調査の難しさを含め準備不足は歴然であった。浅はかさを感じつつ考えあぐねていた折、偶然に、私が生まれ育ったところが火山灰に覆われた土地であることに気づいた。しかも火山灰土壌からなる洪積台地の特性を活かし、郷里が日本一のクリ栽培地になっていたことに関心を持った。東北大学の地理学の伝統として自然地理学と人文地理学の両面に関心を持てる状況であったことが幸いし、自然的なテーマから人文的なテーマに変更することができた。卒業論文では進級論文を発展させ、茨城県のクリ栽培地域についてまとめた。当時、大学院では日本社会の工業化や都市化への関心が高まり、一方そうした社会変化への対応として商品農業論が盛んであった。そこで大学院に進学した当初、卒論につづきクリの研究を当時急成長していた熊本県において調査をすすめ論文にまとめた。ところが、商品農業の成立に際して、その根幹としての初期投資をめぐる問題について、水田稲作による資本蓄積との関連の有無が学界の大きな関心事項となっていた。このようなことから、冒険と思いつつ、私は水田や稲作に対する深い理解が必要なことを痛感し、学位論文は水田開発に集中することとし、しばらくはクリから離れることとなった。

クリに再び関心を向けるようになったのは、その後勤務先となった埼玉大学を経て立正大学に移った頃からである。中国の地域研究とあわせてクリに関して、商品経済的な関心のみではなく、文明史的に取り上げてみようと思うようになった。社会があまりにも大きく変わり、環境問題と文明論への関心が出てきたことの影響があったかもしれない。しかし私は中国研究に重点をおいていたため、クリの研究は細々と進め、気づいたらもう定年間近になっていた。

卒論で手がけたクリのテーマを本書のような形で上梓できたことについては、私が地理学の道に入ってから出会った大学内外の先学と同僚・後輩、現地調査の際にお世話になった農家の方々、クリ菓子製造業者、そして官公庁の方々からのご教示に啓発され、学んだことが大きい。ここにお名前をあげられないが、その時々の皆さんの顔と印象を思い浮かべながら、すべての方々に感謝の意を表したい。

最後に、出版に際しては一昨年上梓した『中国変容論――食の基盤と環境――』につづいて、海青社にお世話になった。ご高配をいただいた宮内久社長と、福井将人氏に心から御礼申し上げる。

索　引

索引は事項・地名・人名の順に配列した。

事　項

略　語

あ　行

か　行

さ　行

た　行

な　行

は　行

ま　行

や　行

ら　行

わ　行

地　名

人　名

著者紹介

元木　靖（もとき・やすし）

1944年　茨城県生
1968年　東北大学理学部地学科地理学卒業
東北大学大学院理学研究科博士課程単位取得退学、博士（理学）
旧勤務先　埼玉大学（教養部、教養学部、大学院文化科学研究科）
立正大学（経済学部、大学院経済学研究科）
現　在　埼玉大学名誉教授、立正大学名誉教授
国立研究開発法人国立環境研究所客員研究員

主要著書

『現代日本の水田開発――開発地理学的手法の展開――』古今書院（1997年）
『食の環境変化――日本社会の農業的課題――』古今書院（2006年）
『中国変容論――食の基盤と環境――』海青社（2013年）

Chestnuts and Civilization in Japan

クリと日本文明《くりとにほんぶんめい》

発行日――――2015年8月1日　初版第1刷
定　価――――カバーに表示してあります
著　者――――元木　靖
発行者――――宮内　久

海青社
Kaiseisha Press
〒520-0112　大津市日吉台2丁目16-4
Tel. (077) 577-2677　Fax (077) 577-2688
http://www.kaiseisha-press.ne.jp
郵便振替　01090-1-17991

 ● ISBN978-4-86099-301-6　C3025　● Printed in JAPAN
● 乱丁落丁はお取り替えいたします